李晓巧 著

千年手账

中国古代经济的另类观察

成都时代出版社
CHENGDU TIMES PRESS

精神到处文章老

诸荣会

所谓"手账",即随手记下的账单也,相当于今日之"流水"。

文章写成流水账,便面目可憎;可据流水账写成的文章,有时倒别有读头。

不是吗?一本《鲁迅日记》中多流水账,可是君不见人们据此写出了多少锦绣文章!李晓巧这本《千年手账》也属此类。

论此类文章中之佳作,就近年来涌现的,孤陋寡闻如我者,以为可推黄仁宇之《万历十五年》,该书通过研究万历十五年明王朝各地和中央财税资料,得出了一个结论,即万历十五年,是明王朝国祚的一个分水岭,甚至是中国漫长封建社会的一个分水岭——此观点别致新颖,令人不能不为之信也、服也、叹也!

我不知道李晓巧《千年手账》的写作,是否受到了黄仁宇先生《万历十五年》之启发，但是其写作雄心应该较之有过之而无不及！因为黄先生所研、所据之"手账"只为"一年"的，而晓巧目光所及竟然为"千年"！而这也让我在读到书稿前，仅初看书名便为晓巧捏了把汗——不说别的，只说把中国时跨"千年"的"手账"搜罗得尽量齐全，梳理得尽量有序，抽剥出其中义理等，就实在不是一件容易的事，更何况还要就此写出锦绣文章呵！故而也曾腹诽其"千年"二字有虚张声势之嫌！然而，当我有幸对书稿先睹为快后，又不得不佩服晓巧雄心之外的巧思和妙笔。

最能体现其所据手账为"千年"特点的，是书中那标题中有"中国（我国）古代……"字样的篇什，如《中国古代如何管控盐》《中国古代怎么收税》《古代社会真的"轻商"吗？》《古代那些商人出身的政界人物》等，其中考之据之"手账"并非只属一朝一代，由此可以看出，作者在写这些篇什时，是做了大量功课的，而做如此功课，一是需要检索大量第一手史料，二是需要坐冷板凳。

当然，书中依"断代"手账为据之篇什更多，如《宋代房租那些事儿》《唐朝向国外买什么》《唐宋卖场那些事》《汉朝捐款第一人》《由明清米价看康乾盛世》《清代弃婴的经济根源和育婴堂的建立》《晚清的劳务输出》

等。这些篇什，晓巧或许并非写于一时一地，但是可以看出，并非完全是无意为之，应该也属于有计划书写，尤其是将这些篇什编于一书之内，读者读后还是很易品出文章间关系和各朝间联系的，而这种"关系"和"联系"，又正体现了作者写尽"千年"之雄心。

众所周知，今人若办财产抵押、住房贷款，一定要出示个人收入"流水"，唯其银行才能评估你的财务实力，并由此决定给不给你抵押和贷款，及抵、贷数额，可见"流水"（即古之"手账"）的证明力之强。而本书正因为据"手账"（当然为广义"手账"，其包括狭义"手账"之外的相关档案、笔记、诗文等）成文、成篇、成章，所以给人第一感觉便是所有文字都落在了"实"处。换言之，本书最可贵之处便是立论有据，议论在理，结论可信，即使有的篇什只属文史随笔，并无明确结论得出，只是一种知识性的介绍，也让人觉得"是那么回事儿"。对此我这里以《古代社会真的"轻商"吗》为例稍作细说。

此文论点可谓开门见山："我国古代社会并非总是'轻商'。"

然论点中之"古代""古"到何时？

作者为之端出的第一条"手账"出于《周易》："日中为市，致天下之民，聚天下之货，交易而退，各得其所。"

其足够"古"了吧!

然后,便以时代为序,一路举例为证:从春秋时期,管仲辅佐齐桓公大搞"国际贸易""国际招商",顺引出《剑桥中国明代史》中"中国经济至迟在战国时期起就已经具有商业性了"的论断,和钱穆先生《中国经济史》中"我国历史上的第一个皇帝秦始皇实际上并不是重农轻工商,而是农工商并重,重视工商业投资的"的说法;当然还有《吕氏春秋》中"秦始皇令倮比封君,以时与列臣朝请"的事实。随后为了证明汉代商业的繁荣,作者还以"汉宣帝时期,5个钱就能买大约120斤米"的事实为证;同时还以《西都赋》《东都赋》等相关描写为旁证。至于唐宋元明清各代,因距今时间较近,相关"手账"性史料更为丰富,作者更是信手拈来,我在此就不一一举例了。通看全文论证,不作过多的分析、推理和议论、抒情,只是一路例证而已。然而,这对于一般读者来说已经足够了——因文章论点对传统"定论"之反弹琵琶,已颇为新颖吸睛,所以即使作者不用生风的议论和华丽的抒情也足够吸引读者了。故就辞章而言,虽"略输文采",但作为一篇文史随笔仍为难得佳作。

文章之道,按桐城派观点莫外乎义理、考据、辞章,三者偏颇之间,文章便高下优劣分焉!而以此标准观之,

我以为这本《千年手账》考据为最胜。而这之于身份为一报人的作者李晓巧来说，尤为难能可贵，因为报人文章，多数用力恰恰在考据之外。为此，有着"麻将桌上写社论"本事之文章大家梁启超，也曾为人所诟病其笔下文章多"报馆味"。当然，并不是说有些"报馆味"的文章就一定不是好文章，更不是说作为报人的李晓巧，笔下文章多"报馆味"，相反，我想说的是，作为报人的李晓巧，在这本书的写作中似乎一直在努力摆脱报人写作的影响，且以此本《千年手账》来看，成效可谓明显。

晓巧之前出版的《历史是个圈》我也曾通读过，所收文章多短小精悍，很符合报章文章的特点；内容虽在说"古"，但作者兴趣更多在"今"，甚至连叙述语言也多当下潮语。这本《千年手账》相较之下，似乎很有些不同了，且这种不同我以为应该是晓巧的主动追求和有意而为。《千年手账》中所收文章，形制和篇幅上不再刻意追求短小精悍，而是长短随意了许多，让读者明显感觉到作者的文字挥洒自由了许多，取材视野开阔了许多，表达的思想深刻了许多。而通过这一切明显可以看出，无论是作为一名媒体工作者，还是一名文史写作者，抑或一位历史文化散文作家，李晓巧笔下的文字已越来越成熟。

说到这里，我还想另外指出一点，李晓巧在这本《千年手账》中所表现出的工程意识,也是其作为一名写作者趋于成熟的标志。我之所以这样说,是因为这是多数散文随笔类作家成长过程之一般规律:从最初的凭灵感无计划无规律地零打碎敲,慢慢聚沙成塔、集腋成裘;再到有意识地自立项目、自建工程、自出精品;最终"精神到处文章老",即到达思想自由、笔下自然、人生自在的境界。晓巧正壮年,假以时日,相信他一定能达此境界。

是为序。

2023 年 2 月 7 日

(诸荣会:江苏教育出版社编审、国家一级作家)

目录
CONTENTS

第一章——国 计

历史上的吃喝账本 …………………… 003

古代如何在钱上"做手脚" …………… 009

中国古代如何管控盐 ………………… 017

中国古代怎么收税 …………………… 032

粮食与诚信以及春秋霸业 …………… 037

特殊的"雷人"政策 ………………… 041

货币的百变"面具" ………………… 045

汉代北方匈奴的"理财"奇招 ……… 050

隋炀帝"大工程"助推帝国灭亡 …… 053

唐朝的缺钱囧事 ……………………… 062

后周皇帝的"分田到户" …………… 066

宋朝如何搞好粮食生产 ……………… 069

宋朝如何扶贫济困 …………………… 074

宋代"钞票"的恩怨情仇 …………… 079
"乱理财"理乱大元帝国 …………… 083
明朝初年的实物经济 ……………… 087
明朝太监与国家经济 ……………… 091
"朝贡勘合贸易"与明朝倭患 ……… 096
"火耗归公"与"廉政缩水" ………… 120
清朝如何维护粮食安全 …………… 125
明清漕运经济账 …………………… 129
晚清政府开展过哪些国际援助 …… 137

第二章——民　生

说说古代中国的马车 ……………… 143
唐代的"陪门财"与"富女婿" …… 151
宋代房租那些事儿 ………………… 154
说"嫁妆" …………………………… 158
敢同皇帝谈工资的那些人 ………… 162
明清时期甘薯推广的历史借鉴 …… 165
古代那些私家园林别墅 …………… 170
由明清米价看康乾盛世 …………… 173
清代弃婴的经济根源和育婴堂的建立 …… 177

晚清的劳务输出 …………………… 180

左宗棠倡导的棉花经济 …………… 185

第三章——商　业

古代社会真的"轻商"吗？ ……………… 191

古代那些商人出身的政界人物 ………… 196

唐朝向国外买什么 ……………………… 200

唐宋卖场那些事 ………………………… 204

从陆上丝绸之路走到大唐的外商 ……… 208

"逼"出来的明代沿海地区商人 ………… 212

明清时期的市井造假之风 ……………… 216

清代的人参经济 ………………………… 220

"五口通商"原本只有"四口" …………… 226

清代如何寄送文书物件 ………………… 230

清代的世界首富 ………………………… 235

清代那些炫富的"土豪" ………………… 238

日本如何向清朝商人捞情报 …………… 242

"经济作物"罂粟加重清末大饥荒 ……… 246

"中国留学生之父"的铁路计划

　　为什么流产 …………………………… 252

恶名昭彰的崇文门税关 …… 257

洋人眼中的晚清商人 …… 262

第四章——士 林

汉朝捐款第一人 …… 267

古代官场的自费项目 …… 269

唐朝官员的"官家饭" …… 271

宋朝官员与房产 …… 275

康熙皇帝为何容忍江宁织造的巨额亏空 …… 280

两江总督——清朝官员眼中的"香饽饽" …… 285

清朝士大夫之间的人情经济往来 …… 289

"京漂"曾国藩的租房经历 …… 294

清朝官场的"小金库" …… 298

清朝明目张胆卖官 …… 303

沈葆桢一道奏折节省白银三百万两 …… 306

晚清乡试主考官能得多少津贴 …… 311

甲午海战后，日本强索遣送清军战俘费 …… 314

英法驻华使馆拖欠清政府房租 …… 320

大清王朝的铁路惊梦 …… 323

第一章

千年　手账

国计

历史上的吃喝账本
——从中国古代的吃喝风和反吃喝说起

中外历史上都有过大吃大喝的情况,欧洲中世纪宫廷有狂吃滥喝的例子,我国古代历史上也刮过吃喝之风。

成语"酒池肉林",就是先秦时期统治阶层胡吃海喝的一个写照,其结局如何?懂点中国历史的人都知道。

再说三国时期的吴主孙皓,在历史上之所以被定为暴虐之君,除了残暴执政外,也跟他狂吃海喝无节制、常常在酒席上找大臣们的茬儿极其相关。《资治通鉴》卷八十记载:"吴主每宴群臣,咸令沉醉。"醉也就醉了,他还借酒做文章,"置黄门郎十人为司过,宴罢之后,各奏其阙失",于是,无论是酒醉吐真言,还是酒醉说胡话,只要有说孙皓坏话的,一律治罪,"大者即加刑戮,小者记录为罪,或剥人面,或凿人眼",手段相当残忍,于是,"上下离心,莫为尽力",吴国迅速灭亡。

在晋朝,无论官府还是民间,常有聚会,一喝酒就烂醉,借酒发疯,行为放诞,还自我标榜。文学史上所谓的"竹林七贤",都挺能喝的,尤其是刘伶,自己说自己"天生刘伶,以酒为名,一饮一斛,五斗解酲",经常大醉酩酊。晋室南渡以后,吃喝之风依然如故,流风遗俗,换了一批玩家酒客而已,所以整个晋朝的政治并无太大建树,社会也不安定,民间怨气颇多。

唐朝初期,统治阶层以隋朝灭亡为镜鉴,尚能做到励精图治、勤俭节约,但是随着国力渐强、经济繁荣,唐朝中期后,从上到下的风气有所改变,唐玄宗时期,奢靡吃喝之风逐渐盛行,到了天宝年间更是无以复加,《明皇杂录》中记载,天宝中期,公主们为了向唐玄宗表示忠心,纷纷争着做好吃的送给皇帝,"水陆珍馐数千,一盘之贵,盖中人十家之产",且不说数千道名贵菜肴,唐玄宗能否吃得完、要花多少钱,光是一个盛菜的盘子就要耗费十个中产之家的财产。

《南部新书》也有记载,早在唐朝开元年间,宫廷和皇亲国戚流行吃黄鱼,为满足权贵们的需要,"故打河阳作池养之"——在河阳地区组织民夫专门挖了个大水塘来养黄鱼,而这个池塘就叫"黄鱼池"。后来,这个"黄鱼池"竟然与唐朝一次著名的政治事变扯上了关系。那是在唐文宗开成末年的一个冬天,"黄鱼池"水结成的冰就好像有花纹的丝绸一样,虽然好看,但当时有人认为是不好的兆头,果然,没多久就发生了"甘露之变",导致唐文宗被宦官幽禁至死,很多亲信大臣也被夺权的宦官诛杀。虽然唐代民间把"黄鱼池"的冰与政坛事件牵扯在一起有迷信色彩,但是从另一个角度也反映出晚唐时期宫廷权贵奢靡享乐的生活是受到百姓唾弃的。

宋人叶梦得在《石林燕语》中说北宋名臣寇准的酒量好,个性张扬,常常大摆筵席,其宴会上光大蜡烛就得用三十多根,还有歌舞助兴,"必盛张乐,尤喜《柘枝舞》,用二十四人,每舞连数盏方毕"。这成为他为政的一个瑕疵,他也常因此而受到批评和牵累。

南宋在吃喝上是个什么样儿?《建炎以来朝野杂记》中有个例子:宋宁宗嘉泰年间"成都三司(三个衙门)互送,则一饭之费计三千四百余缗",而"建康六司乃倍之"。嘉泰三年(1203年),"上(皇帝)御笔严监司互送之禁"——禁止官员借公务之机,大吃大喝,奢侈浪费。然而,南宋政府衙门之间互相迎来送往、豪吃海喝的事情依然难免,尤其天高皇帝远的地方没有任何改变,"远方自如"也成为历史上南宋弊政之一。

有些学者认为,宋代是士大夫们的乐园,可惜的是,当官员们把帝国当成"享乐"之园后,情形也就岌岌可危了。

明朝的吃喝情形在《万历野获编》中可窥其一斑,书中说万历皇帝一天的饮食开销,价值北京城里的一套大房,"常见一中贵卖一大第,止供上(万历皇帝)饔飧一日之需",这让负责办理皇帝御膳的大太监们愁眉不展,这么多钱怎么来呢?于是,权势赫赫的明帝国太监就伙同吏部、兵部卖官鬻爵,"居间之所得半充牙盘进献"——太监们将不法收入的一半用来打理皇帝的吃喝。如果有稍微正直清廉的官员敢于不同太监们同流合污的话,那肯定得挪位子,甚至有性命之忧,所以,当时人说:"真可慨也夫!"这是万历年间的情形,上行下效,从官场到民间,奢靡吃喝之风一时盛行,由此看来,史学家们认为貌似繁盛的万历时期实乃明朝灭亡的起始点,是有其道理的。

历史总有类似之处。清朝的吃喝风应该说也是从号称的"乾隆盛世"开始的,乾隆皇帝几次千叟宴在历史上留下了热闹的印记,虽然也有那么点尊老讲礼的因素在内,但更多的是满足乾隆皇帝的自大心理和虚荣心,目前笔者还没有见到过关于乾隆时期"千叟宴"前前后后的确切开销数字,揣想之下,定然不是个小数目,这些都由当时国库支出。此风一开,整个盛世王朝都一片歌舞升平,酒气醺醺,所以那个时代出个大贪官和珅也就不足为怪了。晚清历史,吏治外交千疮百孔,但这对皇宫大内的御膳没有丝毫影响,皇帝和太后吃的每一餐都是一百多道菜,需要摆六七张桌子。清朝文献显示,慈禧太后一天的伙食费可以买2400斤大米,不过,一比较就不难看出,慈禧的吃喝开销与历史上的帝王相比,还不是最高的。

再说几句晚清官场的吃喝。晚清重臣翁同龢的侄儿翁曾翰的日记显示,他在京城为官时,几乎日日要赴宴,招饮、作陪、接场、预祝、补祝、公请、团拜等等,名目繁多,应接不暇,往往一天喝几场酒,甚至熬夜喝酒。这也是他头痛、体虚等的病因。他常常想戒酒,但是当时京城官场吃喝成风,人在江湖身不由己,最后身体不堪重负,41岁就积疾而亡。翁曾翰还只是一个没有太大实权的文学侍从京官,他的应酬便已如此,那些身居要职、手握大权的晚清官员耗费在吃喝上的时间精力更是可想而知。

历史上,也有很多反对奢侈吃喝、提倡饮食节俭的好例子

唐朝初期有一位宰相叫李勣,他不仅功勋卓著,有功于大唐帝国,而且为人低调、非常节俭。一次,一个老家的乡亲到京城去拜访他,到了饭点,李宰相就留他吃饭。唐朝人爱吃胡饼,宰相桌上也是饼,客人吃饼,嫌弃胡饼边缘不干净,就顺手撕了扔在一边,"裂却饼缘",李勣见了很生气,着实训斥了他一番:"年轻人啊,你应该知道,这块饼包含了农人的汗水,田地要犁两遍,土壤肥沃后才能下种,还要灌溉、锄草,精心呵护,年景好才得丰收,辛苦收割,脱粒扬清后,才得到麦粒,还要碾磨成粉,然后才能做成一块饼。你随意撕饼扔掉,太不应该了。在我这里,问题还不大,如果当今皇帝看见你这样,非砍了你的头不可!"可见,唐朝初期,一些深明大义的睿智统治者是率先垂范提倡节俭的,这为唐帝国的发展开了一个好头。

北宋名臣范仲淹,不仅政绩卓著,而且"以清苦俭约著于世",言传身教,让范家子孙都严格遵守节俭的家风。《曲洧旧闻》中记载了个小故事,说是范仲淹的儿子范纯仁官居宰相后,一次请晁姓朋友吃饭,饭局过后,晁朋友不经意间感慨:"啊,范丞相家的家风终于有所改变了!"别人煞有兴致地追问他何出此言。他回答:"盐豉棋子,而上有肉两簇,岂非变家风乎?"——以前范丞相家吃饭,就是米饭上盖着发酵豆豉佐餐，这次去他家吃饭，豆豉上加了两片肉了，这难道不是改变家风了吗？听得大家哈哈大笑，然而，笑声中充满了深深的敬意。可见，作为北宋高官显贵世家的范家的俭约家风是有传承的。

另一位北宋名臣王安石同样节俭，他"饮食粗恶，一无所择"，即便位居高官，依然是厨师做什么他就吃什么，而且最有意思的是，他吃饭时只夹最靠近他饭碗的菜肴，撰了什么就是什么，他这吃饭习惯同他的大名一样，成为千古佳话。虽然王丞相这种吃法众人惊异，但真正表明他不把吃喝放在心上。"吃饭是为了活着，但活着不是为了吃饭。"

《元史》记载，元文宗年间有个清官叫秦起宗，去担任抚州路总管（相当于省级长官）时，抚州路衙门大摆宴席欢迎新长官，秦长官就问办事人员，办酒席的钱哪儿来的？办事人员不敢欺瞒，回答说是跟民间商人赊借的。秦起宗立即让办事人员将一切物品归还商人，只是象征性地吃了个工作餐。因为长官带头廉洁奉公，严禁大吃大喝，所以秦起宗领导下的抚州路"官府僚佐有宴集，成礼即止"，深得百姓称赞。

众所周知，明太祖朱元璋是个草根出身的开国皇帝，很有个性，他和皇后一贯简朴节约，到了灾年，据说常吃"麦饭野菜"，所以明朝初年的官场，乃至于民间，绝不敢在吃喝上铺张浪费。

清朝初年的顺治、康熙皇帝也是饮食节俭的模范。康熙皇帝在颁发全国的《圣谕十六条》中有五条都涉及各级各地官员"尚节俭，惜财用"，禁止奢侈浪费、大吃大喝。他如此要求官员们，自己也是这么做的，康熙皇帝平时都是"粗食软蔬""不喜厚味"，吃东西清清爽爽，适可而止，而且不是重要庆典，他的餐桌上绝不放酒具。由此，宫中的饮食开支大大减少，"先是光禄寺（掌管皇宫膳食酒宴的机构）供应宫中用度，每年用银七十万两有余；朕（康熙自称）渐次节省，不使滥溢，一年止需七万两余"——数据最有发言权，康熙皇帝禁止大吃大喝、提倡节俭的效果立竿见影，皇宫全年吃喝开销一下子减少了90%！可见，康熙提倡饮食节俭并非光说不练，同时也说明了之前的吃喝浪费是何等触目惊心！

康熙皇帝推崇饮食节俭不仅营造了康熙朝励精图治、欣欣向荣的吏治和社会氛围，奠定了清朝兴盛的根基，同时，他自己也饮食得法，养生有方，在位61年，安享尊荣。

历史需要常常回看。历史上的大吃大喝之风给每个时代都造成了不同程度的负面影响，有的国破，有的家亡，有的殒身，更重要的是形成了不良社会风气，贻害深远。历史上不胜枚举的例子也足以证明，反对浪费，推崇节俭，必定会提升人民的精神状态，促进吏治清明、社会和谐以及国家强盛。"历览前贤国与家，成由勤俭破由奢。"可见，破、败与奢侈吃喝是大有关联的。

古代如何在钱上"做手脚"

货币是商品交换的产物，同时，也是推动人类商业交换行为发展的一个重要因素。贝、鹿皮、金、银、铜、纸币乃至于粟帛等实物都曾作为中国古代的货币流通过。其中，用铜铸造的货币使用时间最长、流通范围最广。

中国是世界上最早使用铸币的国家，距今3000多年的殷商晚期，就使用过金属货币"无文铜贝"，周朝建立后，"周而有泉"，铜制钱币逐渐普及（吕思勉语）。春秋战国时期，随着商品经济的发展，铜钱成为普通货币。

著名史学家吕思勉认为，古代的铜钱起初可能是由民间铸造的，因为最早期的铜钱重量不一，如果是国家铸造的，重量应该一致。汉文帝时代甚至鼓励民间大商人铸造铜钱。到了汉武帝时期，才禁止民间私铸铜钱，地方政府也不能铸造。五铢钱一律由中央政府的上林三官负责铸造，流通全国。这使汉帝国的币制达到空前稳定，货币信用也好，而国家铸钱的金融传统也奠定下来。

随着古代商业流通发展，对货币的需求量逐渐增加，受铜开采量的限制，官府所铸造的为数不多的铜钱无法满足市场需求，于是，在很长的历史阶段，民间也私铸铜钱。无论是官造，还是私铸，古人都曾经在铜钱上"做手脚"。

首先来看官方怎么在铜钱上"做手脚"

官府在不得已的情形下,以少钱充多钱。1600多年前,十六国时期汉国(后改称前赵)君主刘粲主政期间,内政混乱,经济凋敝,主管财政的官员动足了脑筋,"三司使王章每出官钱又减三钱,以七十七为陌",但是,国家收赋税依然使用以八十为一百的"八十陌"钱,这相当于国家购买支付强制压价,在钱上面动歪脑筋,饮鸩止渴,做了个坏示范。

大同元年(535年),梁武帝下诏:"顷闻外间多用九陌钱。陌减则物贵,陌足则物贱;非物有贵贱,是心有颠倒……徒乱王制,无益民财。自今可通用足陌钱。""九陌钱"就是指以九十充当一百使用的钱。梁武帝下这诏书的背景是当时社会,无论官方、民间,都普遍从一串钱中抽10%出来,使得货币价值缩水,物价上涨。

虽然官府曾有令禁止抽钱出来,但因利益驱使,综观整个梁朝,铜钱"短斤少两"之风愈演愈烈,"大同(年间)后,八十为百,名东钱;七十为百,名西钱;京师九十为百,名长钱。"(宋代王应麟《小学绀珠》)对此,官府也是默认的。

陈朝流通两柱钱和鹅眼钱,价值相同,但实际重量是两柱钱重,鹅眼钱轻。重量的不均衡,看似为政府省了铸造材料,却为货币市场埋下了紊乱的诱因。

中唐以后,铜钱更加缺乏,政府也模仿前朝在钱上"做手脚",官府实际开支以不足百钱之数为"陌",称为"垫陌",其不足之数则称为"除陌",这一套由唐宪宗年间主管财政的官员皇甫镈确立的制度称为"垫钱法"。唐昭宗末期,朝廷曾规定可流通八十充当一百使用的钱币。

宋太宗时期,曾规定以七十七钱为"陌",如同十六国时期的汉国,时称"省陌",钱陌足百数则称"足陌",实际是沿袭了唐朝的"垫钱法"。北宋沈括在《梦溪笔谈》中说,宋代一百个钱书写为"陌",其意思同"百"字,是计算钱数的单位。南宋文学家洪迈的《容斋随笔》中记述,宋代足额一百的"陌"钱,又被称为"十十钱",很形象。钱有足额的,自然就有不足额的,在钱上"短斤少两",当时人都知道。

可见,古代官方在钱币上"做手脚"是完全公开的行政行为。虽然官方以不足额钱流通市场解了一时之"渴",却对国家、社会贻害深远。

在货币史上还有个荒唐的官方例子。唐朝末年的卢龙节度使刘仁恭,骄奢贪暴,大肆搜刮百姓,为自己在幽州西面的大安山上建造了座宫殿,极其豪华壮丽,"选美女实其中,与方士炼丹药,求不死",匪夷所思的是,为满足其贪婪好货之心,他将辖区内能收敛到的所有铜钱,都集中到了他的大安山宫殿里。民间没有流通货币怎么办呢?他脑洞大开,"令民间用堇泥为钱"(《资治通鉴》)——以黏土造钱给百姓用,这在古今中外历史上罕有其匹。公元907年,刘守光攻破了他爹刘仁恭在大安山上的"安乐窝",并囚禁了刘仁恭。后来,刘氏父子都被后晋军所擒,处死。

其次,来看看古代民间在钱上做的"小动作"

民间流行扣减铜钱数量。梁朝官方铸造铁钱后,民间因为取得铁比较容易,私铸成风,大同年间,市面上公私铁钱泛滥,"所在铁钱,遂如丘山,物价腾贵"(《隋书》),相当于现代货币超发,币值暴跌。因交易用的铁钱数量极大,开始出现了"大额货币"——以"贯"计数。按照规定,"贯"是1000个钱,但是各地在钱的数量上都用"幻影大法",名为"一贯钱",实际数额只是700钱、800钱,至多900钱,其中猫腻大家都心照,懒得去追究。尽管政府一再要求钱数必须足额,"诏下

而人不从,钱陌益少"。

民间明目张胆地扣减铜钱数量,如前文所说,跟政府的默许有密切关系。上行下效,且更昭彰。梁朝末期,整个金融市场失控,甚至于民间"遂以三十五为百",抽去了65%的应付价值,这样一来,钱的购买力可想而知,也助推了社会动荡。

沈括说北宋"至今输官钱有用八十陌者",意思是说北宋年间,民间缴纳税赋有沿袭前朝习惯用80个钱充作100钱使用结算的。其实,宋代货币钱陌制分为足陌制与短陌制,沈括所言的是一种省陌形式,如前文所述,在宋朝初期,政府是允许"短斤少两"的,这属于短陌制的一种。而宋代短陌制除了"省陌"外还有两种类型:一是行陌,二是市陌。"行陌"是各行各业自定的短陌,因行业区分各不相同;"市陌"是各地在不同情况下的短陌,形式很多。如宋人孟元老的《东京梦华录》中记载:"都市钱陌,官用七十七,街市通用七十五。鱼肉菜七十二陌,金银七十四,珠珍、雇婢妮、买虫蚁六十八,文字五十六陌,行市各有短长使用。"其中,"官用七十七"是"省陌",可以用之与官方结算;"街市通用七十五"是当时东京的"市陌"结算标准;其后,鱼肉菜行、金银行、服务业以及书写润格等,都有各自的"短陌"标准。宋代的行陌、市陌,完全是民间所为,支付标准繁缛复杂,不利于商业的发展,对普通百姓也是种剥削。

民间在铜钱中的"鱼目混珠"行为

南北朝刘宋时期,市面流通的货币缺乏管理,轻重不一,给交易带来很大困难,有人特意将官铸的铜钱进行剪、凿,以取铜另外牟利,这些经过修剪的"残疾铜钱"照样混入市场流通,助长了刁滑的社会风气。当时即有大臣建议:"若官铸已布于民,便严断翦凿:小轻破缺无周郭者,悉不得行。"虽然有识之士想要禁止剪凿官方铜钱、混用残破钱币的非法行为，却没能严格执行。

梁武帝时期铸造了肉好周郭的"五铢钱"，"周郭"是指铸钱的圆边及方孔都有凸起的轮廓，很精致。还铸造了一种圆边没有凸起轮廓的铜钱，称为"女钱"，以这两种钱币作为法定货币。尽管官方一再重申必须用法定货币，但是百姓却悄悄在市面上用前朝古铜钱，"趣利之徒，私用转甚"，轻重不一、规格各异的铜钱使得市场交易矛盾颇多。

陈朝的流通货币，两柱钱重，鹅眼钱轻，于是民间奸商将两柱钱熔化了改铸鹅眼钱，瞬间就得暴利。陈文帝天嘉五年（564年），朝廷铸造法定货币"五铢钱"，规定"一（五铢钱）当鹅眼（钱）之十"，到了陈宣帝太建十一年（579年）又铸"六铢钱"，1个六铢钱法定兑换10个五铢钱，也就是说，100个鹅眼钱才能换1个官方的六铢钱。这使得鹅眼钱的币值更低，恶性循环，其材质更劣，混杂使用，钱币市场乱象横生，当时属于陈朝的岭南一些地区就不用钱币，采取易货交易，"多以盐米布交易，俱不用钱"。

北朝的钱币私铸也悍然成风，被大做手脚的劣币充斥市场，军事强悍、政治专断的北方政权虽然也对金融货币管理做出了些努力，但是没有什么效果。隋唐时期，被做手脚的劣质铜钱也不少。

五代时期，"闽铸铅钱，与铜钱并行"。当时的湖南地区还铸造锡钱，与铜钱并行流通，1枚铜钱等同100枚锡钱，起初只是在湖南境内使用，因商业来往，也流布到了中原。后唐同光二年（924年）三月，政府指出民间混用铅、锡钱属于非法行为："泉布之弊，杂以铅锡，江湖之外，盗铸尤多，市肆之间，公行无畏。"尽管政府禁止铅锡钱流通，若有发现，立即没收，但是政府的"手"无法完全抑制商业洪流，铅钱、锡钱不仅在福建、湖南流通，在中原民间也照用不误。还有不法商贩在流通铜钱中掺杂铁钱、铅锡钱，以次充好。

两宋时期铜铁钱并行，因铜器比铜币值钱，出现毁钱铸器现象，铜钱在市面上日趋紧俏，有些地方使用铁钱，并产生了世界上最早的纸币——交子。元代曾铸行过少量的铜钱，但主要流通货币是纸币，这在中国古代是较突出的现象。

清代铜钱制度沿袭明朝，主要铸行小平钱，即一文小钱。清朝民间商务中大数额的用银两，小数额支付用铜钱，钱、银并行，因法令趋于严峻完备，在钱币上动心思做手脚的案例日趋减少。

古代政府对在钱币上"做手脚"的民间行为有相应的惩罚措施

汉武帝时期，法令严峻，颁布缗钱令后，规定私自铸造钱币判处死刑，元狩六年（公元前117年）一清查，"自造白金、五铢钱后，吏民之坐盗铸金钱死者数十万人"（《资治通鉴》），而没有查获的私造钱币之人更是无法计算，所谓"犯者众，吏不能尽诛"。

王莽新朝，对私造钱币和货币造假行为判处死刑，但是私自铸造钱币的利润太诱人，顶风作案的人比比皆是，政府也只好退一步，王莽地皇元年（20年），政府"乃更轻其法，私铸作泉布者与妻子没入为官奴婢"，官吏以及犯法私造钱币人的邻居如果知情不报，也与犯法者同罪，反观可知，当时在钱币上"做手脚"的现象非常普遍。

王莽减轻私铸钱币的刑法，貌似仁政，实际上却助长了更多人的谋取暴利、作奸犯科之心。"（王）莽既轻私铸钱之法，犯者愈众，及伍人相坐，没入为官奴婢；其男子槛车，女子步，以铁琐琅当其颈，传诣钟官以十万数。"

后唐天成年间，不法商贩在流通铜钱中掺杂铁钱、铅锡钱，政府一再重申："应中外所使铜钱内铁镴钱即宜毁弃，不得辄更有行使。如违，其所使钱不计多少，并纳入官，仍科深罪。"（王溥《五代会要》）

综观史料，官方对民间私铸钱币的管制以隋朝初年最成体系

隋文帝统一南北建立大一统的国家后，除旧布新，对流通货币也进行了改革。"以天下钱货轻重不等，乃更铸新钱"，隋朝初期铸造的新钱非常精美，"背面肉好，皆有周郭，文曰五铢，而重如其文。每钱一千，重四斤二两"（《隋书》）。为了防止奸商私自铸造钱币偷工减料，隋文帝下令在各个城门关口展示100个隋朝新铜钱作为样式，经过的客商人等，查验身上所带钱币，将之与政府新钱币对照，"勘样相似，然而得过，样不同者，即坏以为铜，入官"。看来，隋朝早期，即便是私自铸造的铜钱，只要样式、重量与官造的钱币一样，也就可以堂而皇之地流通于市面了。这种无奈之举同当时的技术有关，因为除了对样式与重量进行比照外，也没有更好的防伪措施了。

隋文帝重铸五铢钱后，一再严令禁止使用南北朝时流通的形式各样的劣币。但是，市场那么大，帝国政府无法对每一场交易都监督到位。于是，中央政府将这个推行新钱的任务交给地方政府，命令：如果地方还在使用以前的旧钱、劣币的话，一经查到，县令扣减半年的俸禄。这项举措直接跟地方长官的经济利益挂了钩，又经过一年多时间的严令推行，五铢钱得到了普及，"自是钱货始一，所在流布，百姓便之"。

旧问题解决，新问题又出现了。因为当时铸造五铢钱，都要掺杂一些锡、铅，这两种金属比铜要便宜很多，于是，在铸造时掺入多少锡铅，成为牟利多少的关键，私商铸造，追求利润第一，从外表和重量上看，钱币符合政府标准，但其中的含铜量却大大降低了。

最大的资源掌握在政府手中，商人铸造钱币做手脚不是要用锡、铅吗？隋文帝时期规定："禁出锡镴之处，并不得私有采取。"从材料源头上断除了奸商做假的条件。然而，暴利之下，偷工减料的钱币难以禁绝。对此，隋帝国干脆"一刀切"，不许私人再铸造铜钱，《隋书》

记载："是时钱益滥恶,乃令有司,括天下邸肆见钱,非官铸者,皆毁之,其铜入官。"而且执行起来相当严厉,一些顶风作案,铸造、使用劣钱的人甚至被处死,这一措施起到了前所未有的效果,"数年之间,私铸颇息",此后的整个隋文帝时期,帝国的金融市场、商业市面都平稳有序地走向繁荣。

好景不长,杨广继位后,内政急遽混乱起来,一些豪强又开始私铸钱币,变本加厉地做手脚,"钱转恶薄",隋朝开国皇帝煞费心力整顿出的渐渐正规的货币流通市场,一时之间,变灭殆尽,钱币造假更加触目惊心,原来国家规定"每钱一千,重四斤二两",偷工减料为一千个钱只重二斤,有的甚至骤减到一斤。最骇人听闻的是,民间刁滑之人剪铁皮,"裁皮糊纸以为钱",夹杂在官方铜钱中滥竽充数地使用。这样做了手脚的钱币,一是不容易被发现,二是即便有人在一堆铜钱中发现了几个这样的"纸铜钱"也不置可否,如此情形下,夹杂在官铜钱中的"纸铜钱"越来越多,实在不像样子,造成隋朝末期市场混乱,"货(币)轻物贵",民不聊生,引发了大规模的农民起义,最终帝国灭亡。

在钱币上做手脚,为什么一直都有市场?

最主要的原因是,铸造不符规制的钱币有大利可图。同时也跟古代开采铜矿不容易,铜原料极少有关。再者,还跟官方规定的流通货币不能满足社会交易的需求量有大关系。所以,我国古代社会很多时候都是杂用各种钱币、实物,乃至于外国钱币进行交易结算的,官方也没有很好的解决方法,常常默许。吕思勉先生指出:"历代亦从未注意于民间货币的足不足,而为之设法调剂,所以货币常感不足于用。"(吕思勉《中国通史》)可见,货币政策还跟统治者的民生理念相关联。实际上,受限于既往的科学技术水平和人文思想,古代货币管理一直在桎梏之中,这也是假币、劣币泛滥的另一原因。

中国古代如何管控盐

盐,是人类生活必需品,历史源远流长,它的存在让餐饮和人类生活更加精妙多彩。成书于战国时期的《周礼》系统展现了我国周朝时期国家管理机构设置和官职职责分工体系,其中有"盐人"这一官职,职责为"掌盐之政令",当时国家所有事务需要的盐都由"盐人"统一调配。

约2500年前,周王室因不同事务而使用不同类型的盐。大致分为三类。一是"祭祀共(供)其苦盐、散盐"。就是说在王室举行祭祀活动时,盐官供给苦盐和散盐。"苦盐"是大颗粒盐,是从盐池中直接取出未经煎煮的盐,味道特别咸苦;"散盐"是指由海水煮炼而成的盐,相对"苦盐"来说,味道稍淡。二是"宾客共(供)其形盐、散盐"。"形盐"是将盐块切割成老虎形状的官盐,主要是为了利于抓取;"散盐"同祭祀的散盐相同。这两种盐是在接待贵宾时使用的。三是"王之膳羞(馐)共(供)饴盐"。"饴盐"是一种咸而微甜的池盐,产于当时黄河以西地区,"饴盐出于(盐)池,以风成之,味甘"。在"苦盐、散盐、形盐、饴盐"这四种周朝食盐中,档次最高的是饴盐,为周王、王后以及太子烹制食品都使用饴盐,饴盐是王室的御用盐。《周礼》中明确记录,王室中凡是调和五味需要用盐,"盐人"都要事先煮好相应的盐等待调用，绝不能出错。

对盐的管理，从自由生产到政府垄断

先秦诸子百家时代的典籍《管子》之《海王》篇中提到盐专卖。唐代学者尹知章注曰："以负海之利而王其业。"意思是，靠海的国家利用地理优势从事与海洋资源有关的产业，就能成就霸业，这句话中的"负海之利"在当时特指制盐业。

盐是百姓日常所需品，《海王》的作者主张实行盐的垄断专卖，与铁专卖合称为"官山海"，其理论出发点是，避免对百姓实行重税，而将食盐由官方专营，说白了就是寓税收于百姓日常所需的盐价，既达到国家征税目的，又不致引起百姓的不满情绪。这是《管子》有代表性的经济思想，最好的赋税形式是让民众只"见予之所，不见夺之理"的间接税——让百姓只见到国家给予他们的好处，而见不到国家对百姓财富的夺取行为。或许这也是出自道家思想一脉，道法自然，刚柔并济。这种思想对后世政权的理财产生了重大影响。

很多史料认为，《管子》中的很多施政措施只是一种架构设想，属于"头脑风暴"，实际上也确实如此，盐的官营在当时即便有实行，也是局部地区试验性质，尚未成为政府的一种经济制度。

著名史学家钱穆先生认为，制盐到了战国时期才开始真正成为一种新生产事业，而且也是从战国时期开始，盐逐渐成为普通百姓的日常生活品。战国初期，魏国商人猗顿，以制作贩卖池盐成为巨富，据说他是中国历史上的第一位盐商。可见，这时的制盐还是自由生产行为。

中国历史上第一个大一统封建王朝秦朝建立后，开始出现盐的官营，属于一些地方政府行为，而秦朝立国的时间又太短暂了，所以没见拓展。汉朝沿袭了一些秦朝制度，所以直到汉初，盐还是由民间自由生产经营的。

到了汉武帝时期,因为开疆拓土大举征战,军费开支巨大,国家对理财有了迫切需要,所以,汉武帝元狩五年(公元前118年),汉朝政府开始正式实行盐铁专卖制度。

总的来看,我国古代对盐的经营管理大致分为三种形式:第一种是政府采取盐的产销包商制,即商人只要从政府取得许可,缴纳一定的税额即可以"就海煮盐"或者销售盐。第二种是一些地方势力完全掌控该地区盐的生产销售。如汉初吴王刘濞凭借领地优势,"煮海水为盐,以故无赋,国用饶足"(《汉书》)。因为制作经营海盐利润大,封国内财富充足,刘濞为了笼络人心,免除了百姓其他一些税赋,并且依靠经济优势逐渐形成了自己的政治军事势力,最终发动了"七国之乱"。第三种形式是盐的国家专卖。汉武帝时期,商人家庭出身的桑弘羊受到重用,他对国家经济尤其是税赋政策进行了重大改革,其中包括"盐铁官营"。政府选拔任命了一批盐商成为从中央到地方的盐务官,当时全国有28个产盐的郡都设立了盐务官,统归大农丞管理。

汉朝对盐的国家专卖从制度上拉开了封建时期国家垄断盐业的帷幕,对中国历史影响深远。

那么,汉武帝时期食盐专卖的具体实施办法是怎样的呢?大致情形是,官府招募百姓自备生产、生活费用集中进行煮盐,官方提供制盐的主要生产工具牢盆(煮盐用的大铁锅),这也是官方控制盐业生产的抓手,制成的成品盐由官府垄断收购,统一销售。其垄断专卖盐的模式是:民制——官收——官运——官销。显然,汉武帝时期,盐业生产、运输和销售都由官方控制,当时法令明确规定,百姓如私自煮盐要受钛左趾的刑罚,并且盐官有权将所有制盐工具、盐没收入官。

史料显示,汉朝对盐的国家专营,既增加了国库收入、解决了财政困窘,也抑制了地方豪强势力攫取暴利,成为一项极其重要的经济制度,在当时起到过积极作用。

重视盐务改革，自汉代拉开帷幕

汉武帝去世后，朝野上下对当时一些税赋政策、经济制度颇有怨言。为疏导舆论，汉昭帝始元六年（公元前81年），政府主导召开了一次著名的经济辩论会——"盐铁会议"。在辩论现场，主张废除盐铁专卖的贤良文学士们提的一个主要论据是：盐铁专卖导致了盐铁卖价高涨，落在盐上，普通百姓为了省钱只能少用盐而淡食，导致体质变弱，影响了正常的生产和生活。可见，当时官方垄断专卖的盐价已经成为一个物价问题。然而，"盐铁会议"实际上只是2100年前的一场学术研讨会而已，食盐专卖一直延续到西汉结束，王莽新朝也实行食盐专卖，这项制度不间断地延续了近150年。

东汉以前朝为鉴，采取了不少好措施来恢复凋敝残败的社会经济，使得遭战乱破坏的社会生产和百姓生活得到了一定程度的恢复，其中就包括盐务改革。

中国古代历史上，有一段时期关于盐的制度变化反复较多，这段时期大概是从东汉到唐朝前期的约950年时间。

东汉王朝一改前朝的盐专卖制度，中央政府基本上对盐实行课税制，这让民间制盐业、盐贸易有了很大发展。为何东汉统治者甘于放弃垄断盐利？这跟东汉的治国理念有关。

从《孟子》中可知，我国古代战国时期之前，租税实行"什一之税"（10%的税率），但钱穆认为战国时期的租税应该高于10%。西汉开国后，稍稍减轻了一些百姓税赋，西汉初年的法定税赋为"什五税一"（近于6.7%的税率）。到了西汉景帝时期，统治者将汉文帝时期的轻税政策制度化，实行"三十而税一"的税率（3.3%左右的税率），仅为开国初期的一半，这与西汉开国后50多年的经济积累有关系，但是150年后，政治腐败，经济凋敝，国家财政艰难，这个宽松的税率就被废除了。

其后王莽新朝折腾得很厉害,在经济上的重要政策之一就是实行"盐铁官营",这为新朝聚集了大量财富,但是因为四处征战,百姓赋税、徭役加重,又频繁遇到自然灾害,物价飞腾,百姓难以为生,短短15年,新朝就被推翻了,国祚竟然与秦朝相仿。

否极泰来,东汉光武帝后经济获得了较大发展,新政权有了经济实力,同时也以王莽新朝灭亡为镜鉴,为体现儒家宽仁治国、与民休息的执政思想,东汉初年国家政策相对宽简。建武六年(30年),光武帝下令恢复了"三十而税一"的轻税政策。可见,东汉开国在经济上的政策是比较宽松的。所以,东汉开国后对盐是放开让民间制作买卖的,只收税,不实行国家垄断。

东汉建立近60年后的汉章帝时期,因边境战事颇多,国家财政趋于紧张,为筹措军费,汉章帝在元和年间打破东汉常规再实行盐专卖,3年以后战事缓和,又取消了盐专卖制。

中国古代夏、商、周以及秦汉,其都城都设立在中原一带,最注重的也是中原地区的开发,从史料来看,汉朝中央政权对盐的开采加工也是着重于中原地区的池盐。

汉章帝元和三年(86年)八月,汉章帝"幸安邑,观盐池"(《后汉书》)。皇帝为何要到安邑去观看盐池,而且还被史官正式录入史册呢?因为盐在汉朝统治者心目中的地位很高。首先,盐是百姓日常所需之物,几乎每天都要用到,西汉政府曾特地下令要求各地降低盐价,比如汉宣帝地节四年(公元前66年)九月,诏曰:"盐,民之食,而价咸贵,众庶重困。其减天下盐价。"其次,盐实行专卖后,利润极高,国家收益丰厚,皇帝重视是情理之中的事情,于是汉章帝视察盐池也是一件国家大事。

那么,汉章帝为何去的是安邑盐池?在汉代,安邑(今山西运城一带）地属河东郡，《博物记》中记载："有山泽近盐。"《后汉书》也记载该地区："有铁，有盐池。"

安邑的这个盐池，历史上也叫作"河东盐池"，出产池盐，是我国古代重要产盐地，位于中条山的北麓，面对黄河由北向东的转弯处，属季风性气候带，夏季气温高，多东南风，风速为四季之冠，强劲的东南风使盐水加速蒸发，凝结成质量上好的池盐。安邑盐池是一个狭长形盐池，长达51里，宽7里，范围大产量高，汉代在这里设有司盐都尉管理盐业生产，而且建有司盐城，这个盐池对国家税收贡献极大，也是当时全国最大的盐场。

再有，这个盐池地处古代华夏文明中心地带，开发利用很早，据记载是周穆王、秦穆公"观盐"地点。有关文字记载中，赞不绝口的"大夏之盐"（安邑曾是夏朝的都城），即指安邑盐池所产之盐。西汉时期的皇帝常常到这里举行"观盐"盛典。可以说，河东安邑的盐在汉代是很受推崇的。所以，汉章帝要到安邑视察盐池。

东汉时期，除了河东盐池之外，《后汉书》还记载："又有龟兹盐池以为民利。"龟兹属地相当于现在新疆库车一带，"龟兹盐池"所指具体地点目前还有争论，但西汉、东汉时期，盐业生产是龟兹国的一个重要经济来源，龟兹设有盐官管理盐池、碱湖，也向汉王朝贡盐。

东汉末年军阀混战，为获取暴利增强势力，各地枭雄对百姓竭尽榨取之能，其中也包括垄断盐利。曹操之所以能称雄，跟他理财得法也密切相关，他不仅实行屯垦获得了充足的粮草，而且还垄断了一些工商业来获取巨额利润，比如设置监盐官，实行盐业官营，获利极多。曹操曾令凉州刺史徐邈兼任护羌校尉，利用武威、酒泉的盐池制作销售池盐，在河西走廊，也就是"丝绸之路"的一段，与内地以及西域商人贸易，获取大笔资金，不仅用于购买军用物资，还"市金帛犬马，通供中国之费"。

刘备在蜀地不仅大力发展农桑，还很注重商业，设置了司盐校尉垄断盐铁专卖，"利入甚多，有裨国用，而西南边境收缴之金银犀革盐铁之利，复多输入"，刘备势力因此不断壮大，才有了与魏、吴抗衡的底气。

吴国的盐政怎样呢？吴国地域濒海，很多地方可以煮海制盐，官方设置有司盐校尉和司盐都尉从事盐业制造管理，垄断盐业销售。长沙走马楼三国吴简"盐铁官营"简上有记载："右三年入盐贾（价）米一千一百二斛一斗四。"所谓的"盐价米"是指吴国官方垄断盐场，配卖盐给百姓后，民间以米作价缴纳官府。据说有学者依据若干吴简折算出这样的公式：1 斗盐 = 6.01 斗米。且不论此换算是否精准，但当时盐价远远超过米价，这是确凿无疑的。

西晋统一政权建立后沿袭了三国时期盐制，禁止民间煮盐，官方依然垄断盐的专卖。此后的东晋以及南朝历代政权，却又上承了东汉比较宽松的食盐课税政策。

北朝政权大多采取食盐抽税和官营专卖的混合政策，北周则严格实行"盐池、盐井有禁"的经济政策。隋朝统一南北后，早期呈现经济繁荣、国力雄厚的局面，为稳定人心巩固统治，官方大幅度减轻百姓赋税，表现在盐政上是既不搞食盐专卖，也不收盐税，甚至连酒榷、市税都"尽罢之，所仰惟赋调，亦复甚轻"（钱穆《国史大纲》）。隋文帝不收盐税自开皇三年（583 年）开始，终隋一代，隋炀帝即便那么好大喜功、挥霍无度，也没有再收盐税。

唐朝之后，官方强化盐业管控

唐袭隋制，早期的君主励精图治，并将前朝一些好举措发扬光大，在历史上赢得了巨大荣誉，贞观之治、开元盛世接踵而至，而唐朝的税赋显然比隋朝要高——但比其后的宋朝要低得多，唐朝的国运转折点为安史之乱，在平乱过程中，从隋朝开皇三年（583 年）实行的有近 180

年的盐业民营制又被打断，重新开始了盐业专卖时代。

唐朝官方最先实行食盐官营的是颜真卿。颜真卿不仅是个大书法家，更是一位忠臣良将和干吏，他带领唐军抵抗叛军时，为筹措军饷，采取了官卖食盐的方法，"收景城盐，使诸郡相输，用度遂不乏"。颜真卿的卖盐筹饷法被其他将领效仿，成为当时唐军筹饷的重要措施。第五琦吸取了颜真卿的经验，在他获得朝廷重用担任国家诸道盐铁使后，创建了榷盐法，由官府派人到山区、沿海地区统一收盐，再进行官方专卖获得垄断利润，"斗加时价百钱而出之，为钱一百一十"，获利10倍。并且出台法令，免除为官府制盐之百姓的各种徭役，使其成为专门制盐的"亭户"，隶属于盐铁使管辖，同时规定私自制盐和偷卖盐的行为按罪论处。这使从前以制盐为业的百姓和无业游民们都愿成为官府的制盐户，扩大了盐业生产，确保了国家盐业垄断暴利。据说这个政策仅仅推行一年，就为唐朝增加了40万缗的财政收入，国家也就不需要于额定租调外再对百姓横加赋税，减少了社会矛盾，这在盐政史上具有里程碑意义。

唐代宗时期刘晏任盐铁使，进行榷盐法改革，改食盐"官收、官运、官销"为"官收、商运、商销"，形成一种官商垄断模式。实际上，相比之前的盐政，他的创新是兼顾商人利益，做到"官商分利"，调动了盐商、亭户的积极性，促进了盐的生产销售，成效颇大。据称，在刘晏上任之初，江淮一带盐税才40万缗，实行改革后，到大历末期，江淮盐业收入达到了600多万缗，增幅高达14倍！所以正史记载："天下之赋，盐利过半。"不仅唐朝军队军饷有了保障，就是整个皇宫的开销、朝廷官员的俸禄也可以从国家盐税收入中支取，这为缓解唐朝安史之乱后的经济困局发挥了重要作用。

唐之后的五代时期，政局动荡，税法紊乱，表现在盐务上，不仅盐税重，而且官盐名目繁多，不同的盐税率也不一样。后唐出台了一个向百姓增税的新花样叫"计口授盐"，即按照人口多少来测算地区所需食盐量，为税收提供依据。后周禁止买卖私盐，并对颗盐、末盐划定了销售区域，不许越界售卖，并且既对百姓普遍收取盐税，也对产盐户征收盐斤，相当于重复收税，这些措施对后代盐政有很大影响。

宋朝初期采取一些恤商措施，促进了经济发展，但在盐政上仍然沿袭五代的官营制，盐利太大，统治者舍不得吐出"肥肉"。宋朝盐业生产中，尽管也有井盐、池盐和岩盐，但是海盐产量最高，沿海很多州县都产海盐，如两浙、两广以及淮南、淮北，最著名的是淮南路的楚州、海州、通州、泰州、涟水等地，宋人周煇的《清波杂志》中记述："熬波（煮盐）之利特盛于淮东，海陵（今泰州）复居其最。绍兴间岁支盐三十余万席，为钱六七百万缗。"

北宋太宗至道年间，淮南盐场产盐量为 215.4 万石，全国总产盐量约为 287.7 万石，占比为 74.86%；南宋时期，淮南盐产量一直保持在 268 万石以上，其中两浙路盐产量陡然间由北宋时期的 50 多万石飙升至接近 200 万石，福建路盐产量由 10 多万石上升到 30 多万石，广东路盐产量由 5 万多石上升为 30 多万石，可见，南宋时期东南地区的盐产量增幅很大，为南宋政权提供了巨额税赋。

官方垄断盐业获得巨大利润的背后是专制阶层对民众进行的最大化压榨剥削。宋朝初期，陕西一带生产池盐的百姓被称为"畦户"，具有强制性质，官府虽然免除了他们的其他徭役，并"岁给户钱四万，日给夫米二升"，实际上，按照当时物价折算，每户两名劳力，一年得到官府 45040 文钱，但是要向官府缴纳盐 116500 斤，也就是说，官府买畦户的盐，1 斤池盐只支付 0.39 文钱。

海盐的生产场所都是靠海地区，称为"亭场"，生产海盐的民户，被称为"亭民"，他们在官府监督下煮盐，产出的盐除了缴纳盐税外，其余全部由政府收购，宋朝初期每斤海盐收购价为 2.5 至 3 文钱，由官府统购统销，不得私自买卖。官府在本地转手批发给盐商的价格为每斤26文钱，获利达9倍！宋仁宗庆历年间，商人买钞盐1斤成本为26至27文钱，最高可卖到40文钱，差价利润13至14文钱，利润额达50%，如前所述，官方盐业垄断利润更是高得离谱！宋朝盐政虽然改革频繁，但实际上是变着花样管控，官府与盐商们一起获取暴利。

北宋庆历八年（1048年），朝廷变通盐法，由宋朝初期商人用粮草等实物换取政府的支盐凭证（折中法），改为用钱从官府购买盐钞，商人凭盐钞购盐运销。宋徽宗政和三年（1113年）实行盐引法，此法是对盐钞法的一种改进。"盐引"分为"长引"和"短引"，按照规定，"长引"销外路，"短引"销本路。并且严格执行批缴手续和缴销期限，"长引"有效期为一年，"短引"有效期为一个季度。同时官府还限定了"长引"和"短引"所运销盐的数量和价格。盐引法充分体现了封建王朝对盐业的高度管控，"盐引"成为我国古代盐业史上的一个专有词汇，盐引制成为宋元至鸦片战争时期一个重要的经济手段。

元朝对盐的管控更成体系，形成了户部（中书省）——盐运司——分司——盐场——盐团（盐栅）管理系统，其中关键作用的是盐运司，它承上启下，按照中书省、户部、行省的要求，在御史台监察下行使管理调控食盐的职能。因为垄断盐税是国家重要的财政来源，所以盐业生产销售很受最高层关注，朝廷常委派既能干又相对来说比较清廉的官员担任盐务官，这种情形一直延续到清代。盐运使等盐务官职绝对是官场中的"肥缺"，而其中的腐败触目惊心。

明朝、清朝都沿用盐引制，只是稍做了些调整。清代实行盐引制的同时出现了票盐制。票盐制并不是取消了盐引和引商对盐的垄断销售，而是取消了销售盐的地区限制，即"引岸"限制，操作方便，"招贩行票，在局纳课，买盐领票，直运赴岸，较商运简捷，不论资本多寡，皆可量力运行，去来自便"。票盐制拓展了盐业销售渠道，官商两便，成

为晚清通用的盐政举措。

明清时期私盐贩卖很猖獗

盐利之厚,众所周知,必然会吸引一些人铤而走险,贩卖私盐几乎与盐业官卖同时产生,唐、宋、元、明、清,都有私盐,一是政府官员、代理盐商参与的私盐贩卖,二是民间商人贩卖私盐,三是武装贩卖私盐团伙,他们公然与官府缉私人员对抗,如元末盐枭张士诚。

盐业专卖制到了明清时期已然相当完备,而同时期贩卖私盐行为也最为猖獗。

先说私盐的行销背景。自从盐税成为一项重要税赋以后,所谓的国家盐税正课、杂课花样百出,陆续出现很多摊派与加征,同时地方政府还会在盐利上再分一杯羹。明清时期盐商们包销盐,将缴纳官方的所有费用同自己的高利润综合起来,平摊到卖给百姓的每一斤盐上,这导致盐价居高不下。官盐很贵,而且质量不好,多种因素综合,质量优于官盐且价格低于官盐的私盐就应时而生了。

所谓"私盐",是相对于官盐而言,未经官府认可的非法盐业销售方式。从史料和文献来看,关于私盐的分类纷繁复杂,众说不一,但归纳起来,私盐可分为五大类:场私、商私、官私、邻私和枭私。

晚清名臣曾国藩关于私盐有两句话简明扼要:"出处防偷漏,售处防侵占。"商贩自己到食盐"出处"盐场买盐,付给制盐的灶丁盐价后,再按实买斤数到盐务衙门缴纳盐课,这是常规。如果商贩买了灶丁的盐后,不缴纳盐课的部分就是私盐,属于"偷漏"税。"售处"就是官方规定的不同"出处"食盐的销售地,如清代太平天国运动期间,清政府规定湖南、湖北和江西等地应该销售淮盐,曾国藩认为:"主持淮政者,即须霸住三省之地,只许民食淮盐,不许鄂民食川私、湘民食粤私、江(西)民食闽私,亦不许川粤闽各贩侵我淮地,此所谓防侵占也。"以此类推，商私、官私、邻私以及明目张胆的枭私都属"售处侵占"的食盐非法销售行为。

场私，是指食盐生产区的贩私行为，也称"灶私"，就是上文曾国藩所说的"出处防偷漏"，因为在盐业官方垄断的大背景下，只有盐场才能制盐，"场舍为产盐之所……除此而外，盐无他出"，清代官员认为："官引之配销不足，枭徒之肆横行私，皆场灶多煎偷卖之所致。"所以，盐场成为私盐的源头，被视为"贩私之源"。其实，盐本身只是一种生活日需品，是一种离子化合物氯化钠（NaCl），它之所以被称为"官盐""私盐"，只是因为经销渠道、经销方式的不同，而被人为地打上了印记。

场私的出现，缘于官府所定食盐收购价格过低，盐商对灶户的剥削过重，或是政府授权的盐商没有全数收购盐的能力，再或者少数灶丁想多挣钱，和一些狡猾的商人联手偷煮盐。绕过官府管控私行买卖行为风险极大，一旦被抓住，有可能丢掉身家性命。同时，盐场盐官监守自盗行为也常出现，盐官与不法商贩勾结，在盐引之外再多配盐，并从中分利，剥削灶丁，贪污国课。

商私，专指盐商走私行为。盐商凭借向官方承包食盐销售的身份，常常干些暗地里增加每引盐的重量、谎报盐斤运输途中沉没并多报损失骗取盐场补助，以及跨引地销售食盐等非法行为。因为盐商与官方联系密切，有很多特权，这就造成了商私的难以根绝。有清代官员一针见血地指出："船私、漕私、邻私、枭私可以法戢，而商私不能禁。"可见，明清时期商私的问题实际上最大，而且从走私食盐的数量上来说，也是最多的。

官私，是指官方人员借助职务之便的走私食盐行为。有实权的地方官员、盐务官吏利用手中权力走私食盐；一些缉私官吏假名缉私，将没收的盐自行偷卖；还有一些漕运船丁等，在漕运船上偷带私盐，在运河沿岸销售获利，等等，这些都属于官方系统的食盐走私。明朝的刘瑾、严嵩，清朝的年羹尧、和珅等，这些大贪官都曾染指私盐贩卖。他们没有被查办时，人在台上，位高权重，普通官员根本不敢碰他们，即便知道他们在贩卖私盐。

邻私，是指相邻引地的食盐违法跨地销售。自食盐专卖后，尤其是明清时期划定食盐销售区域（引岸）后，邻私就出现了。明代规定："鬻盐有定所，刊诸铜版"，"盐与引（岸）离，即以私盐论"，意思是政府规定各个产地的盐必须在政府规定的区域销售，否则就是私盐。

道光十八年（1838年），时任湖广总督的林则徐写过一道疏奏："其近（四）川近粤近潞之处，与两淮场灶皆远，而邻盐一跛即就，成本既轻，售价自贱。"这就是"邻私"商贩非法在两淮盐引地销售食盐的一个例子。食盐销售区划不合理，造成了一些偏远地方，法定食盐销售商无法及时提供官盐，而且即便官盐能到，"邻省盐课皆轻，（两）淮纲独重，即彼此同一官盐，亦必彼盈此缩"。不同省份不同盐引地的盐税高低不一致，也造成盐税重的两淮盐没有市场竞争力。可见，邻私是依靠售价和地理优势来同官盐竞争的。因为邻私售价低、方便购买，百姓更乐意购买私盐。

不同省份的官办盐务为了完成盐课或者多获盐利，存在激烈竞争，这种竞争在明清时期一直存在。太平天国运动期间，湘军为了盐引地，甚至与一些地方政府动刀动枪"争地盘"。据《李兴锐日记》记载，同治后期，淮北盐商多卖一纲余盐，可获利润20万至30万两银子，这在当时是巨款，其时官府雇佣的壮年夫役每月薪水才3两多银子。重利之下，盐商不惜铤而走险。

枭私，是指一些贪财的奸猾强横势力利诱、裹挟一些商贩流民组成的贩卖私盐的武装团伙。历史上的盐枭不少，有些大盐枭还制造过大规模的社会动乱，如唐朝末年山东的黄巢，元末泰州的张士诚、黄岩的方国珍。而明清时期，明火执仗、公然抗官的盐枭更是不少，明代曾出现"势豪多掺中，商人既失利，江南、北军民因造遮洋大船，列械贩盐"，"私盐四出，官盐不行"的混乱局面。清代名臣林则徐认为："向来匪类，大半出于盐枭。"纵观明朝海盗、倭寇以及清代各种会党，盐枭都是中坚力量。

除了上述几大类私盐之外，还有船私、军私等名目，但严格意义上来说都包括在商私、官私之内，限于篇幅，不再赘述。

明清两代对私盐的打击不遗余力。明朝规定："犯私盐者罪至死，伪造引者如之"，"夹带越境者充军"（《明史》）。清代基本沿袭明制，并且对购买私盐的行为也进行处罚："犯法食私（盐），绅衿革功名，平民受满杖。"——有功名的士绅买私盐，革去功名；老百姓买私盐，杖打一百下。如林则徐任湖广总督时，着力整顿两湖盐政，打击私盐贩卖，严禁民间购买私盐，"责成绅衿大户，及乡团牌保，互禁食私，犯者公同送究"。

私盐多则官盐滞，私盐少则官盐畅，"盐法之弊莫甚于私贩，盐法之要莫急于缉私"，尽管明清官方一直都强力打击私盐，但是在高额利润的诱惑下，私盐贩卖仍禁而不止，打而难绝。

其实，除了严打走私，明清两代也有些盐政机制上的变通完善，一些有思想、有见识的官员试行过一些好措施。如清朝官员陶澍在两淮盐政上实行的"减价敌私"和票盐制，在一定程度上减少浮费，打击盐政腐败，降低官盐价格，抵制私盐，保证了盐业收入，利民利国。

再如林则徐任湖广总督时，允许穷苦贫民单身肩挑一定数量的食盐到偏僻乡间售卖，具体操作程序是，贫民先从官盐店取票装盐，盐卖完后再偿付官盐店的盐价，其利润用以糊口谋生，创新了一个"官民两便"的好措施，给贫困百姓以一线生机。

总的来看，明清时期对于种类繁多的私盐贩卖行为，虽然严令禁止、着力打击，同时也有些盐务变通改革措施，但是直到王朝末期都难以根绝贩卖私盐行为，原因是多方面的，而欠缺合理科学的盐政机制和盐价暴利是其重要方面。

中国古代怎么收税

我国古代税种，除了农民所负担的田税、军赋、力役等基本赋税之外，其他的税，都是从无到有，逐渐扩张，并渐渐成为重要部分的（吕思勉语）。

众所周知，农耕文明是我国古代社会的基本形态，也就顺理成章地影响着古代的税收形式，比如古代估算个人、家族财产，一般都是以拥有农耕田地的多少作为主要参照，很多朝代盛行赐田给功臣权贵，直至明清，对于某某大财主还常用"家有良田千顷"这样的话来形容。

其实，在周朝，税制已很具体细致，出现了按田摊派赋税的"以田亩籍"（《管子》），按放养牲畜多少而征收税的"以六畜籍"。"普天之下，莫非王土。"土地、田地，既是古人最看重的资产，同时也是古代官家最重要最重视的税收源。所以，就我国古代而言，耕田是各级贵族、官吏以及百姓的重要财产。国家为征税而进行的财产估算，也将田亩作为主要衡量标准。

我国先秦儒家学派主张实行农业单一税制，建议对关市、山林、泽梁等不予征税。《孟子·公孙丑上》中有论："市，廛而不征……关，讥而不征。"可理解为意在鼓励商业发展，故而不收商税。《荀子·王制》也说："田野什一，关市讥而不征。"如此来看，在国家层面税制架构上,古代税收压力绝大部分都在与耕田相关的农民身上。

先秦时期虽已有商税之征,但由各地诸侯征收,时有时无,最高统治者的征税目光并不在商业税上,直到宋代,"住税""过税"等商业税才被确立为国家税收。

在古代统治者看来,商业尤其是小商贩是为百姓生活、社会正常经济运转提供物资调剂的方式,是社会的需要,是特定群体的谋生手段,根本就没想到老百姓做生意会发大财,会拥有巨额资产。同时,还有个重要原因是:商周时期"工商食官"制度长期存在,垄断大工商业的是统治阶层,统治者不可能真正对自己开刀,笔者揣想这也是古代很长时期一直没有把商业税作为主要征收税种的一个重要原因。随着工商业的发展繁荣,尤其是民间出现了许多富商巨贾大户人家后,财产税征收也指向了民间富户。

历史上,征收财产税最厉害的是汉武帝朝。汉武帝刘彻即位后,连年战争以及大规模迁徙贫民,使得国库空虚,于是任用桑弘羊等大臣为国理财增加税收,施行的一个重要财政措施就是缗钱令,说白了就是征收财产税。

元狩四年(公元前119年)冬"初算缗钱"。财产税怎么收?《史记》中有如此记载:"诸贾人末作贳贷买卖,居邑稽诸物,及商以取利者,虽无市籍,各以其物自占,率缗钱二千而一算。"意思是说,商人、放高利贷者等赢利阶层,自己统计自家的所有资产和积蓄向官府如实申报,每两千钱资产,征收一百二十钱的税赋。对手工业者收财产税的标准是,资产每四千钱征收一百二十钱,比商人少一半。同时,民间供乘坐的小马车和长于五丈的船也要收税,因为车船都可以用来经营赚钱,同时,拥有马车、大船的也都是富有之家,相当于征收了消费税。

唐朝初年,本着轻徭薄赋的思想,在北魏"均田制"基础上,唐高祖武德二年(619年)定"租庸调"税制(指在以人口分配土地的均田制基础上，征收谷物、布匹或为政府服劳役），与民休息，推动了唐朝前期经济的发展，被著名史学家钱穆赞为本着"与民制产"精神的好税制。

历史有时不按常理出牌。唐玄宗时期土地兼并日益严重，农民逐步失去土地，"租庸调"失去存在的基础，成为农民沉重的负担，不得不实行税制改革。唐德宗时期财政困难，在宰相杨炎的推动下，开始整顿财政，统一对有财产之人开始征税，国家出台法令要求在夏、秋两季交纳，在历史上被称为"两税法"，至此，"租庸调"被取代，钱穆先生曾为历史惋惜。

"两税以资产为宗"，也颇合理，比之前的税法有进步。如果真正如理论设想那样，完全按照个人所拥有的财产多少来依法征税，富者多缴赋税，贫者少缴，无产者免缴，那么，它应该说是历史上很科学的税法。但在估算财产定缴税标准上，弊端很多，其大者有以下几端：

第一是缴税标准不合理，各级官府还是习惯性地把百姓拥有田亩数、房舍多少以及牲畜数目等看得见的固定资产作为缴纳税赋的基准，而那些富有的商人拥有的金银细软因为不显眼，好收存，反而没有划入征税范围。

第二，特殊阶层依然逍遥"税法"之外。在确定征税标准时，贵族权贵、官宦之家的财产因其权势，无法得到有效估算，很多实际上就结构性免税了。

第三，有些具体执行估算财产、征收赋税的官吏，与有钱有势的财主富户互相勾结，从中各自获利，于是，这个富人群体缴纳的税也就很有限了。

第四，"两税制"的操作规则是："凡百役之费，一钱之敛，先度其数而赋于人，量出以制入。"国家财政预算总量确定下来后，必须从地方收缴上来，在税收众多"跑冒滴漏"之外，大部分的税收压力于是就沉重地落在了无权无势的普通百姓身上。

尽管"两税法"有硬伤,但其法一直被后世王朝所沿袭,可随着国家统治机器的日益扩容,管理成本逐渐增加,各种各样的经费开支逐日增多以及封建帝王物质欲望的膨胀,在基本税收之外,附加税种多如牛毛,给百姓增加了繁重负担,此不赘述。

宋朝的税政堪称完备,针对城乡区别,定有田亩之赋和城郭之赋,如《宋史·食货志》记载,宋朝将农村田亩与城镇的宅地分开征税。史学家吕思勉先生认为很合理。

"一条鞭法"是明代嘉靖时期开始的赋税及徭役制度,万历九年(1581年)推广到全国。其法规定:把各州县的田赋、徭役以及其他杂征总为一条,合并征收银两,按亩折算缴纳。这简化了税制,方便征收税款,增加了财政收入。"一条鞭法"上承唐代的"两税法",下启清代的"摊丁入亩",影响深远。

但是,历史的发展,总在不断地淘汰着阶段性的社会制度。"一条鞭法"也逐渐暴露出它的缺点:没有达到消除杂役之害的目的、出现很多额外增派、地方官吏上下其手等等,扰民非常厉害。历史学家黄仁宇概括:"一条鞭法"并没有将绝大部分差徭转移到大土地所有者身上,反而是将其扩展到大多数纳税人身上,包括那些可能只有5亩地的小户身上,由于"一条鞭法"使税收征管权集中于地方政府,通过加收,州县官可以得到更多可支配收入,这成为他们破坏税法的重要原因。万历末天启初,"一条鞭法"已不遵行。

制度是制度,关键还在执行。回看2100多年前,汉武帝在征收财产税时大动干戈

当时,朝廷实行缗钱令也非一帆风顺。因为,朝廷要求自行申报财产,对于普通百姓而言关系不大,而富有的商贾大户家产基数大,要做到如实申报，就着实不容易了。所以，起初，缗钱令的征收情况很不好，远没达到汉武帝预期的效果。

颁布缗钱令时，朝廷严令：谁如果隐瞒财产不如实申报，或者故意少报，发戍边疆一年，其财产充公，将被告人的一半充公财产奖赏给检举揭发之人。公元前117年，汉武帝对缗钱令的执行状况很不满意，正好官员杨可奏报缗钱征收不力的弊病，于是，汉武帝就委任他负责督办缗钱征收，察举打击违法隐瞒分子。

为落实皇帝旨意，杨可组织一批官吏到处明察暗访富商大贾的财产状况，发现有隐瞒的，即行没收，声势浩大，富人都人心惶惶。义纵是当时赫赫有名的官员，敢说敢干，得到汉武帝的赏识成了京师长安的行政长官，他认为杨可那些负责纠察缗钱的官吏扰乱了京师的治安，他守土有责，就派手下人抓捕杨可派出的纠察员吏。强龙难压地头蛇。这一来，告缗的事情在义纵管辖的地方没办法进行下去，杨可如实向汉武帝汇报了情况。国库匮乏，汉武帝正在气头上，决定杀一儆百，以阻拦执行公务罪把义纵给斩首示众了。

于是，告缗之风遍及全国，富贾豪强都纷纷如实汇报自己的财产，依法纳税，征税的对象、范围也比之前大大增加，"得民财物以亿计"，当时行将枯竭的国库顿时又充实了起来。

"言其得失，则算缗一事，厉民最甚"，这是后世对汉武帝强征财产税的评价，就当时而言，缗钱令给百姓增加了负担，征收过程中也弊端迭出，而这是非常之时采取的非常办法，否则，汉武帝无法取得历史上的瞩目功绩。

总而言之，税收是涉及国计民生的大事，因时因事，应本着实事求是的精神制定税法，取得百姓拥护，同时，税制一成立，也应公平公正公开施行，方能真正地利国利民。

粮食与诚信以及春秋霸业

人类历史上，尤其是农耕时代，粮食也属战略物资，常常成为遏制或者战胜敌方的重要因素，我国春秋时期就有过这样的例子。

泛舟之役

周襄王五年（公元前647年），晋国全境发生大饥荒，晋惠公派人到邻国秦国购买粮食。针对是否要卖粮食给对立国——晋国，秦国召开了专题政务会议。

秦国大夫丕豹是晋国大臣的后代，对晋惠公姬夷吾的人品非常清楚，首先发表意见："晋国国君对秦国国君无礼，众人没有不知道的。晋国去年杀掉里克等辅佐大臣，如今又发生饥荒。晋君既失去人心，又失去天意，他将遭到很多祸殃。国君讨伐晋国吧，不要卖粮食给晋国！"秦穆公知道，晋惠公是丕豹的杀父仇人，他这么说，完全在情理之中。秦穆公说："我厌恶的是晋国国君，晋国百姓有什么罪？上天让祸殃流行，每个国家都会交替遇到灾荒，补充困乏救助饥荒，这是人间正道，不能在这上面让天下人认为秦国心胸狭窄和丧失道义。"

秦穆公转问大夫公孙枝："我们到底卖不卖粮食给晋国？"——公元前651年，秦穆公想支持晋国公子夷吾为晋侯，他的老师公孙枝就提醒他，夷吾好猜忌、好胜，难以合作，秦穆公没采纳他的建议，后来事情发展果如其言，所以，秦穆公更加敬佩老师的识人眼力。公孙枝回答秦穆公："君主您对晋君有恩惠，而晋君对其百姓没有恩惠。如今由于天旱而使晋国国君听命于您，这是天道啊！君主您若不卖粮食给晋国，那么上天也会要您卖粮。如果晋国百姓反感秦国禁售粮食给晋国，那么，晋国国君不回报秦国恩惠就有话可说了。不如卖粮食给晋国，以此获得晋国百姓的好感。晋国百姓对秦国有好感了，那么一定会反过来批评晋国国君忘恩负义。如果晋君再不听秦国命令，秦国就可以去讨伐他。即便晋君想抵抗我们秦国，他的百姓又怎么会拥护他呢？"于是，秦穆公同意"泛舟于河，归籴于晋"。这就是中国历史上第一次有明确记载的通过内陆河道运输粮食的事件，史称"泛舟之役"，秦国帮助晋国渡过了饥荒难关。实际上，具有战略眼光的公孙枝建议通过提供粮食给晋国，来笼络对立国的百姓人心，获得舆论胜利，占据了外交上的道义高地。

"晋惠公借粮——有借无还"

周襄王六年（公元前 646 年），这次是秦国发生了大饥荒，向晋国提出购买粮食的请求。晋惠公犹豫不定，召开了国务会议。卿大夫虢射说："您没有将当年承诺报答秦国的五座城池交付秦国，即便这次卖粮食给他们度饥荒，也不会减轻秦国对我们的仇怨，反而使他们渡过难关逐渐强大起来，还不如不卖粮食给他们，从而削弱秦国实力。"晋惠公认为舅舅虢射说得有道理。大夫庆郑提出反对："不能这样。我们已经赖掉了曾经允诺的土地，去年秦国也帮助我们度过饥荒，现在如果不卖粮食给他们，忘记别人的帮助和恩德，即使是我们晋国处于秦国的位置也一定会出击讨伐的！这次如果不卖粮食给秦国，秦国一定会攻击晋国！"——晋惠公似乎忘记了去年秦国对晋国的帮助，对庆郑的建议很不以为然。晋国拒绝出售粮食给秦国。这给后世留下了一句有名的歇后语，"晋惠公借粮——有借无还"。

秦国的饥荒年景过去，局势很快稳定，周襄王七年（公元前645年），秦穆公率领大军攻打晋国，以报被其忘恩负义、以怨报德之仇。秦军一路杀来，势如破竹，晋惠公非常害怕，就派大夫韩简去探视前线情况。韩简回来报告："秦军人数虽然比我们少，但是同仇敌忾，欲斗者众多！"晋惠公问原因。韩简回答："这是因为您在流亡时期曾依靠秦国避祸，接着又仰赖秦国力量进入晋国即位，前年晋国饥荒时秦国又低价卖粮食给我们，秦国对我们晋国有如此三大恩德而没有得到应有的回报，并且去年晋国还不肯卖粮给秦国度饥荒，所以他们攻打我国。如今您又率兵迎击，秦国没有人不愤怒的，而晋国士兵和民众自知本国理亏都很消极懈怠，两相比较，秦国军队欲斗者众多，士气高涨！"大夫庆郑更是指责晋惠公"忘善而背德"。

"忘善而背德"之晋惠公的下场

说晋惠公"忘善而背德"不是没有来由的。周襄王元年（公元前651年）十一月，晋献公去世，晋国大夫里克和丕郑想接回重耳即位国君，但是在翟国流亡的姬重耳不肯回国。于是，里克又派人到梁国迎接重耳的弟弟姬夷吾。夷吾为确保顺利归国即位，派人送重礼给秦穆公，并许诺如果能回国即位，愿将晋国河西地区割让给秦国作为报答。同时又送信给里克承诺，如能立他为国君，他愿将汾阳的城邑封给里克。于是秦穆公派兵送夷吾回到晋国都城，在里克等晋国大夫的扶持下，夷吾顺利即位，是为晋惠公。

事情发展到这里，才进行了一半。《国语》之《晋语》说："（晋）惠公入而背外内之赂。"意思是，晋国公子夷吾在秦穆公和晋国大臣里克等的支持下，成为晋国国君后，不但没有兑现赠送秦国五座城的诺言，而且还找理由杀死了扶助他即位的里克等一批晋国官员。

　　韩简预料成真。果然在公元前645年的韩原之战中，晋惠公被秦军俘虏，晋军大败。此后，即便晋惠公被释放回国，但是他的威望一落千丈，毫无作为，6年后病亡。"韩原之战"实际上是一场国家间的"诚信之战"，战争的原因固然是多方面的，但其直接导火索就是，晋国吃了秦国的粮食，却不肯给秦国吃粮食。

　　灾难常常困扰人类。周襄王十六年（公元前636年），姬重耳即位晋国国君，是为晋文公。晋国又发生了大饥荒。晋文公询问大夫箕郑应该怎样救助饥荒？谙熟晋国历史和国政的箕郑立即回答："诚信！"晋文公很纳闷，追问：如何以诚信救饥荒？箕郑进一步申论："信于君心，信于名，信于令，信于事。"意思是，诚信体现在国君内心，体现在君臣名分上，体现在国家政令中，体现在具体事功里。实际上，箕郑借为晋文公谋划救灾策略之机，影射了晋惠公时代种种失信行为，也从另一个角度提醒新君晋文公只有诚信施政，才会否极泰来，度过灾难，给百姓带来福祉。

　　2600多年前，粮食成了秦晋两国关乎道义诚信的"试金石"，秦穆公的高瞻远瞩，与晋惠公的自私狭隘，二者格局和历史成就判若霄壤。而晋文公以史为鉴，重诺守信，在位期间重用贤才，实行了宽农通商和明贤良、赏功劳等积极政策，内政外交攻守得当，开创了晋国长达百年的霸业。我国古代历史上有"春秋五霸"（此为孔子删定的《春秋》所指的"五霸"），晋文公、秦穆公位列其中。

特殊的"雷人"政策

国有国策,大凡国策的制定,都将影响国计民生。天下之大,无奇不有。在我国古代历史上,有很多"特殊政策",如今看来,相当雷人。

首先,西汉商人不许穿丝和乘车,东汉官员贪污会父子连坐

汉朝初年,天下乱后方定,为了尽快恢复经济,宽纾民力,平抑物价,汉高祖刘邦实行重农抑商政策。《资治通鉴》卷十六记载,汉高祖"乃令贾人不得衣丝、乘车,重租税以困辱之"。吕后当政时更是强调"市井之子孙不得为官仕吏"。

这些政策使得商人的日子过得很憋屈,不仅"有钱没地方花",而且子孙后代都无缘官场。全社会都看不起商人,实在让商人很没面子。于是,当时有骨气有志向的人,都不会去做生意,商业发展非常艰难,物资匮乏,连军队都缺少战马。

《资治通鉴》卷五十还记载,东汉时期,政府规定,官员如犯了贪污罪,就会连累儿子一起坐牢。"清河相叔孙光坐赃抵罪,遂增禁锢二世"。这种连坐政策虽然打击了当时的官场腐败,但也使无辜者受到牵连。

到了汉安帝建光元年(121年),"居延都尉范复犯赃罪,朝廷欲依光比"。这时,新上任的太尉刘恺认为:"春秋之义,善善及子孙,恶恶止其身，所以进人于善也。"呼吁政策"人性化"一些，这赢得了其他官员的赞同，一起说服朝廷废除了贪污官员父子连坐的"非人性化"惯例。

其次，北魏规定富人帮穷人，能官可兼多地职务多给薪俸

《资治通鉴》卷一百三十三记载，公元473年"癸丑，魏诏守令劝课农事，同部之内，贫富相通，家有兼牛，通借无者；若不从诏，一门终身不仕"。说的是，北魏政府发布命令，号召老百姓重视农业，一个地区的富人同穷人要互相帮助，富人不能嫌弃穷人，富人有多余的耕牛，必须借给没有耕牛的穷人。假如富人不肯借耕牛给穷人耕田的话，穷人告到地方政府，那么，就要处罚富人，处罚的方式是：富人的家人子弟，终身不许走仕途当公务员。

有了这样的政策，哪个富户还敢不帮助穷人？这种朴素的古代"富人帮穷人"措施，在政策层面上动真格的，相当雷人。

当时，北魏政府还有一个非常鼓舞官吏的政策："县令能静一县劫盗者，兼治二县，即食其禄；能静二县者，兼治三县，三年迁为郡守。二千石能静二郡上至三郡亦如之，三年迁为刺史。"

只要地方官员有真本事真能力，把自己的属地管理好了，就可以辖地越来越广、官越做越大、俸禄越来越多。这在古代官本位的体制中，确属一种根本性的保障措施，激励性很大，对促进北魏吏治管理水平的提高起到了积极作用。

再者，北魏孝文帝规定高官娶妻必须看门第，以门品定官位

南北朝时战乱纷争，励精图治的北魏孝文帝出台了很多"创新"政策，上面两道诏书堪称善政良策。但是，急于改革、倾心汉化的孝文帝拓跋宏也使了些令人啼笑皆非的招式，"门第婚姻"即为一例。

在当时，皇族元氏（即拓跋氏）等级最高，此外，鲜卑八个大姓与北方汉人世族崔、卢、李、郑四姓门第相当，政府公开鼓励鲜卑人和汉人的贵族按门第互通婚姻。在这个"门第婚姻"上，孝文帝拓跋宏身体力行，率先示范。

《资治通鉴》卷一百四十记载，公元496年，"魏主雅重门族，以范阳卢敏、清河崔宗伯、荥阳郑羲、太原王琼四姓，衣冠所推，咸纳其女以充后宫"。只要是他赏识的贵族名门世家，拓跋宏就要纳其女入后宫。最荒唐的是，他嫌六个皇弟以前娶的原配妻子身世都不高贵，便直接给六个皇弟下令"前者所纳，可为妾媵"，并重新给他们一一指定了婚配对象，个个都是出自名门望族的女子。

这在当时引起了轰动，很多人认为"诏诸王改纳室，则大悖于人伦"，"此诏一出，天下何观！"然而，孝文帝照样实施"门第婚姻"，上行下效，以致北魏形成了注重门第、以门品定官位的陋习，逐渐导致北魏后期吏治的混乱腐败。

最后，北周禁止女人施粉黛，朱元璋只允许农民穿细纱绢布

《资治通鉴》卷一百七十三记载，北周的周宣帝宇文赟"骄侈弥甚，务自尊大，无所顾惮，国之仪典，率情变更"。他常常对大臣们说，自己就是"天"，并"自带绶，冠通天冠，加金附蝉"。

为了突出自己，他下了道"三不许"指令：大臣们不许用绶带，不许在帽子上插金蝉，不许官员的姓名中有"天""高""上""大"的字眼。假如官员的名字中有了这些字眼的话，"官名有犯，皆改之"，譬如姓"高"的人改姓"姜"，等等。

他还颁布圣旨："令天下车皆以浑木为轮，禁天下妇人不得施粉黛"（现代汉语中"禁……不得"是双重否定表肯定，但此处表否定，原文如此——编者注），"自非宫人，皆黄眉墨妆"。除非是皇宫里的

女人，民间的女性一律不许打扮。车轮必须用浑木做，女性不许施粉黛。真不知道这些国策让公务人员怎么去监督实施？然而，这些却在历史上确确实实地存在过。

孟森的《明史讲义》记载，明朝初年，实行重本抑末的政策，洪武十四年（1381年）朝廷下令：农民之家，允许穿细纱绢布，做生意的家庭，只许穿布衣裳；农民之家，只要有一个人是做生意的，也不许穿细纱。

细纱不是什么人都可以穿的，只有纯粹的务农之家才能穿，商人再有钱，也只能穿布衣裳。在那时，农民连填饱肚子都成问题，还有什么能力买细纱绢布呢？农民皇帝出台的这个政策，真够雷人的！

其实，在封建专制的古代历史上，"另类"的政策虽然层出不穷，但是，几乎都是昙花一现，只有得到百姓认同拥护、推动社会进步的政令，才是治国的长久良策。

货币的百变"面具"

我国历史悠久,朝代更迭频繁,所以,从古以来的货币,繁杂多变,不同时期,甚至同时期,货币都以不同的面目呈现在人们眼前,活跃在历史舞台上。如要归纳出古代社会所推崇的货币,综合史料来看,大致上,我国古代,魏晋之前盛行黄金,魏晋以后通用银两,而铜钱、铁钱之类铸币一直用于普通的小额支付,以民间日常使用居多。此外,飞钱、交子、关子、会子、宝钞、官票以及盐钞、钱引等也在历史上先后推行使用,一定时期内起着交换媒介的作用。

我们的祖先很早就开始使用金银了,其历史可以远溯到5000多年前的尧舜时期,"自唐(尧)虞(舜)三代(夏、商、周)以降,金银即已盛行"(侯厚培《金银货币之起源》)。我国古代通常的说法是,金有三品,分别为:黄、白、赤。——虽都名为"金",实际分别对应现在意义上的黄金、白银、铜。其中黄金为上品,白金为中品,赤金为下品。可见,很久以前,古人就推崇黄金。此外古代也有"五金"之说,分别为黄、白、赤、青、黑,"黄白赤"三金前文已述,而"青金"是指铅,"黑金"是指铁。黄金居于首位,毫无疑问。

到了西周王朝第二位君主周成王姬诵统治时期,政府确立了九府圜法制度,规定:"黄金方寸,而重一斤;钱圜函方,轻重以铢。"黄金已是当时的交易媒介物，与铜钱并行，为法定货币。

秦帝国建立后，确定了国家金融政策，"秦兼天下，币为二等：黄金以溢（通"镒"）为名，上币；铜钱质如周（朝）钱，文曰'半两'，重如其文"（《汉书》卷二十四）。黄金为上等钱币，铜钱为下等钱币，是法定的，而"珠玉龟贝银锡之属为器饰宝藏，不为币"。讲得很明确。此后，黄金盛行了相当长的时期，作为上等货币，国家重要赏赐多数使用黄金。如秦末之际，刘邦曾赐谋士张良黄金百溢（通"镒"），古代一镒为20两，黄金百镒当为2000两。当刘邦登上帝位后，为感谢太公家令说服太公向其行君臣之礼，一次就"赐黄金五百斤"。汉高祖十年（公元前197年）九月，代国的相国陈豨反汉，刘邦"乃多以金购（陈）豨将"，说的是，用黄金作为赏格来诱降叛军将领，果然"（陈）豨将多降"，可见汉代的黄金是作为高级货币来使用的。到了刘邦的儿子汉惠帝时期，为表彰大臣们修建皇陵的功劳，分别赏赐"将军四十（斤）金，二千石二十（斤）金，六百石以上六（斤）金，五百石以下至佐史二（斤）金"。西汉时的"一斤"在250克左右，相当于现在的半市斤，从中也能看出，西汉时期的黄金赏赐量很大，这些黄金在社会上用于大额的结算，如买房、买马、购车船、作聘礼等。

直到魏晋南北朝时期，黄金的赏赐依然盛行，而且，量还不小，如北魏猛将豆代田，因战功大，"获赐奴婢十五口，黄金百斤，银百斤"（《魏书》）。赏赐为国立下赫赫战功的将军，政府当然用最高等的货币，这是毫无疑问的，并且写进了正史。

除了作为高等货币流通、赏赐之外，黄金在魏晋南北朝时期还大量使用于铸造佛像、装饰佛教器物，以及作为尊贵身份的象征，被权贵豪富之家用来打造生活中的装饰器物，这些非流通性耗费，使黄金的需求量大增，而市面流通之数量却逐渐减少。

史学界有说法是，魏晋之后，尤其是从宋朝、金朝开始，盛行使用银子。如明代文学家、官员于慎行在《谷山笔麈》中陈述:"宋始用白金(白银)及钱。"这个论述可能不全面,实际上,如笔者前文所述,北魏朝廷就曾用白银与黄金一起赏赐给将军豆代田,而南朝梁时期,"交、广之域,全以金银为货"。于此可知,南北朝时期已然开始使用白银作为通用货币。

明末清初大儒顾炎武在《日知录》中记述:"金哀宗正大(年)间,民间但以银市易,此今日上下用银之始。"确切地说,宋朝、金朝以后,直至清朝,银两已被民间广泛使用。有史学家认定:"宋、金两朝,用银最盛。""元、明时代,银两尤为通行。"可以理解为,到了宋朝和金朝,白银正式戴上了法定货币的"面具",元朝、明朝,官方与民间都爱用白银。

正史记载,宋代官方经济往来、赏赐臣下多用白银。如宋太祖乾德四年(966年)五月,"南唐贺(宋朝)文明殿成,进银万两"。再有,开宝八年(975年)十月,宋军猛攻南唐,兵临城下之时,南唐后主李煜赶紧派人来向宋太祖求和,"江南主(南唐李煜)贡银五万两、绢五万匹,乞缓师"。在《宋史》中,这样国家层面对内、对外大规模使用白银的记载很多。

宋朝宫廷赏赐也乐用白银。如宋朝第三位皇帝真宗时期,皇帝赵恒曾去看望生病中的姐姐万寿长公主,"赍白金三千两,辞不受"(《宋史》),等等。

历史注重传承。其后,元朝、明朝,直至清末,一脉相沿,白银一直广泛使用,备受追捧。

需要提出的是:无论是黄金还是白银作为高等货币的时期,用铜铸造的货币,一直使用着,并且使用时间最长、流通范围最广,除了极个别朝代之外,都被统治政府明令为法定交易货币。

历史上的秦始皇有气魄,统一六国后,不仅统一度量衡,统一文字，而且也统一了货币政策，前文已略述及，秦始皇将以前各国混杂流通的贝壳、珠、玉、银、锡之类的"货币"，一律禁止，而法定铜钱，其形制如周朝铜钱，标上文字"半两"，重量也是半两，名实相符，作为下币普遍流通，与作为上币的黄金相辅相成，历史影响深远。汉代的铜钱，仅在其形制规格上做些变通而已。

汉文帝五年（公元前175年），"除盗铸钱令，使民放铸"，鼓励地方实权派、民间大商人铸造铜钱，致使非官方铜钱充斥市面，"故吴（王）、邓（通）钱布天下"。到了汉武帝时期，又恢复禁止民间私铸铜钱的制度，地方政府也不能铸造，一律由中央政府的上林三官负责铸造五铢钱，流通全国。至此，汉帝国的币制达到空前稳定，货币信用也好，由中央政府铸钱的金融传统也奠定下来。

综合来看，黄金、白银、铜钱作为古代流通的主要金属货币，三者之间的流通渠道略有些不同：黄金、白银，在作为上等货币时，一般来说，多为权贵、官宦以及富有人家所收藏、使用，或者用之于政府赏赐、税赋征收结算等大额经济来往；而铜钱与普通百姓的日常使用最为贴近——古代老百姓买个烧饼、割一斤肉、打壶酒之类的，一般都是一文两文地用铜钱支付，决然用不到金银。很多史料笔记记述，在偏远地区，很多百姓一辈子也没有见过白银、黄金。

宏观层面来看，当黄金、白银等贵金属被赋予了高等大额货币的属性后，势必对社会经济产生影响。法国学者米歇尔·波德著文指出：1521至1660年之间，从美洲运到西班牙的白银有1.8万吨，黄金200吨，有些估计甚至是这一数据的两倍。而在这一时期内，西班牙国内的物价增长了两三倍（波德《资本主义的历史》）。中外同理，实际上，我国历史上，在黄金、白银被推崇的"拜金时代"，金银贵而钱贱，民间得到像样金银的机会少而难，所以，普通百姓手上的钱就等于缩水，物价随之上涨。

中外史学界有个共通的观点:凡是物价猛烈上涨的地方和时期,都会发生异动,乃至于混乱,这是不同国家历史的共性。我国古代历史亦有体现,如元末、明末发生大规模民变,物价上涨正是重要原因之一。

作为人类交换的等价物,"货币"从最早最低层级的劳动所得,逐渐提升至稀有难得的珠、玉、黄金、白银等贵重载体,以及普遍通行适合百姓民生的铜钱、铁钱,再到创生、完善为"纸币",变化更迭,如果要勾勒出一幅"货币"进化图的话:货币形式由低级向高级发展,"货币"自身价值也由实至虚。现在,出现了虚拟货币、网络支付,则更加虚化了"货币"本身的价值,而使其渐渐成为一个记账、支付的标志而已。

阅古看将来。人类货币的未来面目,到底会是什么"样"?它会再戴个什么样的"面具"呢?大家可以把握历史规律,张开想象的翅翼……

汉代北方匈奴的"理财"奇招

我国古代北方少数民族匈奴没有固定的住所,也不事耕种,哪边的水草适合放牧牛羊他们就迁移到哪里,过着游牧生活。匈奴在发现了深受农耕文明浸润的中原之富庶后,就频频从北方入侵中原地区。

从春秋时期一直到汉代,匈奴对中原的侵犯遭到中原统治者的猛烈回击。匈奴历史上最强盛时期是冒顿(音 mòdú)单于时代——其时,刘邦与项羽打得不可开交,匈奴有冲锋陷阵的骁勇骑兵 30 多万。公元前 200 年,雄心勃勃的汉高祖带领 32 万大军御驾亲征匈奴,万万没想到却被冒顿单于的精锐骑兵包围在了一座山上,七天七夜,差点全军覆没!这就是让汉朝皇帝心悸了近百年的"白登之围"。

匈奴如此厉害,汉朝军队打不过他,汉高祖只好采用了大臣的建议,请求与匈奴"和亲"。怎么"和亲"呢?汉高祖派官员带着汉朝皇亲刘家的一个公主嫁给冒顿单于,并且还按照匈奴的要求奉送了一大批"礼物"——"絮缯酒米食物各有数",吃人家的嘴软,拿人家的手短,而后,匈奴好长时间没有入侵中原。匈奴地方苦寒,物资匮乏,对汉朝的精美物品喜欢得很。于是,当时的匈奴单于只要缺吃少用没钱花了,解决的方法很简单,就是派骑兵骚扰一下汉朝的边关,那就啥都有了。以至于后来的吕后、孝文帝、孝景帝执掌汉朝朝政时,对匈奴的政策也就两个字"和亲",别无他策,主动地送去刘姓公主,送去匈奴想要的所有物资,以换取短暂的边境安宁。

到了自尊心极强、雄才大略的汉武帝时,他秉持强兵政策,命令大将卫青与霍去病数次出击大漠,打破了"匈奴不可战胜"的神话,狠狠地消灭了匈奴的有生力量,战败的匈奴退到了漠北地区。西域的月氏、大夏、乌孙等小国也相继脱离了匈奴,臣服汉朝。当匈奴内部的政治、军事、经济出现重大危机的时候,单于又故技重演——请求"和亲"!这时的汉帝国在政治和军事上都取得了优势,正所谓国强才有发言权,汉朝天子回复匈奴,"即欲和亲,以单于太子为质于汉",那意思是大家得平等商议、互为交换。单于不干了,说以前的老规矩不是这样的,只是你们汉家把公主送给我们,还奉送很多衣物食品,交换的条件是我们匈奴骑兵不侵犯汉朝边界,这次怎么就要把我亲儿子当人质了呢?弄不懂!这就谈僵了,双方互相扣押了对方的使者。

此一时彼一时,匈奴见向汉朝来硬的不行了,也学会了务实外交,于是就来软的。公元前101年,新单于害怕强大的汉朝攻打,就写了封信讨好汉朝皇帝,信件原文为:"我儿子,安敢望汉天子,汉天子,我丈人行也。"还弄了些匈奴土特产进贡给汉武帝,汉武帝敷衍着也回赠了些钱币给单于。其实,匈奴更期待的是汉朝的衣物用品。所以,匈奴那次很失望。

到了汉武帝的儿子汉昭帝时,公元前79年,在数次进攻汉朝边疆失败、没有捞到任何好处的情况下,单于再次笑嘻嘻地向汉朝请求"和亲",满以为能捞到些好处回去的,然而,汉朝没有答应,心想你打都打过了,以大汉朝如今的实力也不怕你来,咱就不同意和你和亲,又能咋地?之后汉朝对匈奴又打了几次小胜仗,匈奴人很长一段时间不敢侵犯中原,更不用谈什么形同讹诈的"和亲"了!

随着匈奴势力日渐式微,军事上打不过汉朝,内部又闹分裂,匈奴一个主要头领呼韩邪单于亲自来觐见汉宣帝，投降称臣，还主动请求送王子到长安为人质。历史上，汉帝国对匈奴最致命的一次打击是在汉元帝时期，公元前37年，其时汉军出奇兵把匈奴最强大的郅支单于部给彻底消灭了，发出了"犯强汉者，虽远必诛"的强音！

　　此后，北方匈奴对中原王朝国土不敢再存觊觎之心，有时汉朝天子也象征性地对匈奴颁行赏赐。直到汉元帝时期，公元前33年，已经是汉朝属国国主的匈奴呼韩邪单于到长安朝觐汉元帝，"自言愿婿汉氏以自亲"，那意思是自己请求迎娶汉朝宗室公主成为汉朝天子的女婿，那将是绝大的荣耀！汉元帝却情不过，"以后宫良家子王嫱字昭君赐单于，单于欢喜"。同时还向皇帝大表了一番忠心！其实，单于本来想求的是汉朝公主，而王昭君却连皇族宗亲也不是！此时的汉帝国不再像汉朝初期那样惧怕匈奴，不得已"和亲"，甚至是低声下气地请求"和亲"，又送公主又送财货，还受匈奴的百般挑剔。强大后的汉帝国对北方匈奴的"赐亲"具有一种上对下的安抚与奖励性质，这意味着，历史上彪悍的北方匈奴对中原王朝的巨大威胁至此结束，匈奴对汉朝带有讹诈、经济搜刮色彩的"和亲"不复再行。

隋炀帝"大工程"助推帝国灭亡

历史上,隋朝统一了分裂数百年的中国,建立了南北统一的政权,统治初期"户口益多,府库盈溢",并下启唐朝盛世,每每为后世所称扬。然而,隋朝政权实际上只存在了38年,导致其灭亡的原因众多,综合史料来看,隋炀帝不断启动的"大工程"也起了推波助澜的作用。

"隋炀帝大工程"之一:举全国之力营建都城

隋炀帝一即位,就开始了营建东都洛阳的工程。"民为国本,本固邦宁",早期的隋炀帝是有这种理政意识的,对于东都工程特地下诏书要求:"今所营构,务从节俭,无令雕墙峻宇复起于当今,欲使卑宫菲食将贻于后世。"(《隋书》卷三)——皇家建造力行节俭,为天下后世作垂范。

实际上,隋炀帝营建东都工程浩大,每月动用的壮劳力为200万人,而隋炀帝初年的总人口为4602万左右(钱穆《国史大纲》)。在营建东都的施工过程中,工程的具体负责大臣杨素等人为讨隋炀帝的欢心,大兴土木,极尽奢靡,皇宫建筑"苑囿连接""周围数百里",壮丽无比,还大举搜寻全国各地的珍禽异兽、奇花异草放到皇宫中。同时为迅速打造东都的繁荣市容,推动东都经济发展,隋朝将登记在册的全国数万家富商大贾强制迁徙到"东京"——洛阳。

营建东都工程巨大，条件艰苦，工期紧迫，加上官吏督促严酷，壮劳力活活累死的达到一半，"僵仆而毙者，十四五焉"（《隋书》卷二十四）。如此粗略计算，隋炀帝的东都工程使得近百万的壮丁殒命。当时运送劳工尸体的车子像运送工料的车子一样，在去洛阳的大道上绵延不断！

同时，大业九年（613年）三月，隋炀帝"发丁男十万城大兴"。"大兴"即隋朝都城（唐代改名为长安城），隋文帝开皇二年（582年）开始兴建，经过隋炀帝的再修建，规模宏大的大兴城格局形成，由外郭城、宫城和皇城三部分组成，面积达到80多平方公里，外国文献称之为"胡姆丹"，成为当时世界上规模最大的城市。

隋炀帝这样大规模营建都城，耗费了过多的财力、物力，以及帝国的强壮劳力。

"隋炀帝大工程"之二：不惜民力数次开渠通河

历史上，隋朝数次开渠通河，实现了大运河贯通中国南北的格局，意义深远，但是就当时而言，确实加重了隋朝百姓的负担。

隋文帝杨坚在位期间，为了漕运和军事需要，先后两次开渠，但是规模都不大：一条是广通渠，长300多里；另一条是山阳渎，也长约300里。

隋炀帝杨广一即位，大业元年（605年），在大举营建东都之时，"雄才大略"的隋炀帝又"发河南诸郡男女百余万，开通济渠"。通济渠工程浩大，自皇宫西苑引洛阳的谷水、洛河水流到黄河，再打通黄河一侧的板城渚口，引黄河水东达淮河，长2000多里。

大业四年（608年），隋炀帝沿洛阳东北方向开凿永济渠，"发河北诸郡百余万众，引沁水，南达于（黄）河，北通涿郡"，使得运河向北延伸，直至当时帝国的北部边境涿郡，便于皇帝北巡边疆，所以称为"御河"，御河边上，修建平整的御道，两旁栽种柳树。永济渠工程也十分浩大，有1900多里。

大业六年（610年），隋炀帝下令继续开凿江南运河，使得京口（今镇江）至余杭（今杭州）段通航，全长800余里。

于是，在隋炀帝统治的前六年间，以东都洛阳为中心，通过通济渠、永济渠两大渠道，打通了海河、黄河、淮河、长江、钱塘江五大水系，总长2700公里的中国南北大运河全线贯通，对此后的中国历史影响深远。

然而，这使得隋帝国的劳动力构成发生重大转变，男性壮丁无法满足大规模开渠工程的需要，不得不开始以妇女掺杂其中服劳役。可见，在较短时间内，隋炀帝一再大规模开渠通河，极大透支了民力和帝国稳定的根本——财富与壮丁，这一点为帝国的败亡埋下了伏笔。

"隋炀帝大工程"之三：漠视民瘼乐于对外夸富

从父亲手上接过一个锦绣江山，隋炀帝一切都顺风顺水，国力强大国库殷实，使得他在外交上格外注重排场气势。

隋炀帝大业三年（607年）七月，隋炀帝为建立他在西域的威信，带领大批扈从去榆林接受东突厥启民可汗的朝见，一路锣鼓喧天，史书记载，相见甚欢，隋炀帝对启民可汗的赏赐也极其丰厚。并且在酒桌上，隋炀帝乘着酒兴对着在场的高句丽使节说："看到了吧？回去告诉你们国王，早点来朝见朕，否则的话，我会与启民一起去教训他！"

大业四年（608年），启民可汗又到东都洛阳来朝见隋炀帝，隋炀帝觉得很有面子，对其优礼有加，令其"位在诸侯王上"，而且为表宠信，隋炀帝亲自去东城外专门为突厥建造的大帐里，摆"国宴"宴请启民可汗和他的随从3500人，仪卫盛大，旌旗飘扬，数千人边吃边喝边看歌舞杂耍演出,"奏百戏之乐",场面壮观。招待突厥客人们吃过喝好玩尽兴了,还都有高低不等的赏赐。而与此对应的另一番情形是:修筑榆林长城,死亡50多万隋朝壮丁!

当年,隋炀帝巡视黄河以西地区,西域少数民族首领带领部落百姓在道路旁隆重迎候,为了向他们显示大国风范,隋炀帝命令隋朝与少数民族接壤的边境地区——武威、张掖的百姓人等,都穿着华丽的盛装参加欢迎活动。对于那些没驾好车、没穿漂亮衣服的百姓,州县官吏负责检查督促他们换新衣华服参加活动。一时之间,百姓为避免被胥吏严斥,只得节衣缩食,甚至高息借贷来买新衣服参加欢迎活动,民怨沸腾。

对于隋朝来说,大业五年(609年)还发生了一件大事,隋炀帝亲征西域强敌吐谷浑,隋军大胜,收服了西域数千里之地,并且在西域建置了西海、河源、鄯善、且末等四郡。但隋军也死亡甚众,兵力大伤。然而,隋炀帝却毫无悲悯之情,令人制造了一个十分气派拉风的、用轮子推行的"观风行殿",上面陈列着琳琅满目的古董装饰,"奏九部乐",大开音乐会,山珍海味地招待西域三十多个部落的首领。不顾将士的死活,一味夸富享乐,严重伤害了隋军将士的感情。

唐人张鷟在《朝野佥载》中也记载了"观风行殿",他说隋炀帝在巡狩西北地区时,曾经制作了一个大行殿七宝大帐篷,大到可容纳数百人,用各种各样的珍宝装饰内外,一时之间,"光辉洞彻",把匈奴的一些首领看得目瞪口呆,"疑非人世之有",对隋炀帝的威仪确实也起了一些壮色作用。但是,隋朝一些官员却不以为然,私下认为,隋炀帝建造"大行殿"是个不吉祥的兆头——"大行"有一去不返之意,在古代指新近去世的君王。实际上,隋炀帝外交上的极度铺张奢侈也是亡国的恶兆。

大业十一年(615年)正月,隋炀帝大会近三十国使节,尽管其时各地的反叛频起,但是依然大摆宴席,设置了大型杂耍表演,而且,大赏参加宴会的人等，一派歌舞升平。大业十二年（616年）五月，隋炀帝在洛阳的"景华宫征求萤火，得数斛，夜出游山，放之，光遍岩谷"。因各地叛军迭起而伤神的隋炀帝，依然不忘一己的欢娱，漠视民瘼，大搞情调，此时距他被弑还有2年时间。

"隋炀帝大工程"之四：穷兵黩武屡屡大动干戈

隋朝在其短短的历史上，共4次征伐高句丽。第一次是隋文帝开皇十八年（598年）二月，隋朝水陆三十万大军进攻高句丽，由汉王杨谅为行军元帅，但是"九月己丑，汉王（杨）谅师遇疾疫而旋，死者十八九"（《隋书》卷二）。东征高句丽失败，几乎成了隋文帝留下的政治遗憾。而后隋炀帝又征伐高句丽三次。

为了防范高句丽，或者说是为进攻高句丽作准备，隋炀帝上台后的大业三年（607年）七月，"发丁男百余万筑长城，西距榆林，东至紫河"，工程绵延千余里，在当时极其简陋的工程条件下，这项大工程花了多长时间呢？二十天。因为工期极短、任务极重，加之监工苛酷，这次修筑榆林段长城的死伤巨大，如果按照正史记载"死者十五六"的话（《隋书》卷三），最少有50万壮丁死亡，伤者还不算在内。此时，隋炀帝正在榆林现场指挥。对于50万壮丁的死去，他毫不怜悯。

大业八年（612年）正月，在修建好了东都，贯通了南北大运河，降伏了西域后，隋炀帝壮志满怀地在前线涿郡下诏大征高句丽，这是他第一次征伐高句丽。隋军规划24路兵马齐头并进，"舟舻千里，高帆电逝"，共计113万3800人，同时后勤辅助人员等量配备，当时号称200万大军，史书称"近古出师之盛，未之有也"。到了七月份，因为地形不熟悉、粮草不济、气候变化多端等原因，隋军无功而返。

隋炀帝第二次征伐高句丽是在大业九年（613年）。正月，"征天下兵，募民为骁果，集于涿郡"——骁果军是隋朝的骁卫御林军，是直接受隋炀帝指挥的劲旅。二月，隋炀帝再次讨伐高句丽，他带着骁果军亲征，这次的准备比上次要更加充分，器甲精良，粮草充足，隋炀帝势在必得，但是又出了个小插曲：国内一个高官——礼部尚书杨玄感叛乱，为平定内乱，隋朝征讨高句丽的精锐大军立即中道撤回。

大业十年（614年）三月，在基本平定了内部局势后，隋炀帝第三次调兵征讨高句丽。这次，高句丽国王一听说隋军又要来进攻，立即派人来投降了，还将一个叛逃到高句丽的原隋朝兵部侍郎斛斯政交还给隋帝国，见高句丽王如此恭顺，隋炀帝的气消减了大半。再说这时的隋帝国四处弥漫着叛乱的战火烽烟，于是就坡下驴，隋炀帝立即宣布接受高句丽国王的投降，隋军班师，历史上隋炀帝征讨高句丽的大业就此收场。

隋炀帝三次征讨高句丽，都是浩浩荡荡带着后宫上阵的，"从行宫掖，常十万人"，征讨兵马更是几十万、上百万，所有的军需供用都由地方州县承担，这几乎耗尽了地方政府的财力，士卒伤亡也很大。

更为关键的是，隋炀帝三次大举征讨高句丽给隋帝国留下了一个致命的后遗症。"于时辽东战士及馈运者填咽于道，昼夜不绝，苦役者始为群盗。"（《隋书》卷三）——很多隋军士兵和后勤夫役为躲避战争"转型"成了土匪强盗。虽然，隋朝中央政府严令郡县严格追拿叛乱盗贼，捉住了立即斩首，但依然无济于事。因隋炀帝的穷兵黩武，逃兵逃役者源源不断，不但使得国内农业生产一蹶不振，而且致使社会基础更加不稳定，对帝国的安全造成了极大威胁，这些人中很大一部分成为推翻隋朝政权的重要力量。

"隋炀帝大工程"之五：劳民伤财三次巡幸江都

在隋炀帝的皇位坐稳以后，他就开始追求享乐起来。隋炀帝一生曾经8次巡游，其中4次北游，1次西巡，3次游江都，尤其是巡幸江都的声势规模巨大,"隋炀帝下江都"成为中国历史上一个重要的标记事件。

在大规模营建东都、贯通南北大运河的同时,隋炀帝还派遣了大臣专门到江南收集巨木,建造龙舟、凤𦩍、黄龙、赤舰、楼船等不同规格的船只数万艘,当时,全国各地将选中的巨木源源不断地向东都运送,其场面史书用了一句话来概括"递送往返,首尾相属,不绝者千里"。

隋炀帝大业元年(605年)八月,登上皇位后,隋炀帝第一次乘龙舟巡幸江都,随从文武官员五品以上乘坐楼船,五品以下九品以上乘坐黄篾船,还有庞大的警卫部队,在大运河上,船队浩浩荡荡,"舳舻相接,二百余里"。这些船动用拉船的民夫共计8万多人,仅龙舟就需要1080个身穿华丽服饰的民夫拖曳前进(《中国通史》)。规模之大,空前未有。

按照命令,船队经过的运河两岸的500里以内的州县负责上至皇帝后妃、大臣百官,下至军士纤夫所有人员的吃喝用度,地方官吏绞尽脑汁接待。对于招待得好的州县官吏,隋炀帝为其加官晋爵,招待稍稍不周或者备办食物简单者,立即斥责甚至处死。于是,从洛阳到江都的沿运河的各地官吏放下一切政务,将所有的心思都放在了接待巡幸工作上。

隋炀帝于大业七年(611年)第二次巡幸江都。除了大肆挥霍外,隋炀帝这次还大摆酒席,用山珍海味招待江淮以南的名士,借此炫耀豪华,大摆皇家威风。

大业十三年(617年),隋炀帝最后一次巡幸江都。尽管百姓已穷困到了极点,但是这次隋炀帝巡幸的规格比原来的还要高。

除巡游外,隋帝国还有一件让人匪夷所思的事:曾在全国大规模征用野兽的骨头、角、牙齿、皮,以及飞禽的羽毛等。干什么用呢?用来装饰隋朝皇室的车马以及仪仗队的旗帜,以使皇家出巡更显威风气派。各地官吏不敢怠慢,立即组织百姓猎户去山野草泽中捕捉飞禽走兽,一时之间,"网罟遍野,水陆禽兽殆尽"。尽管这样,州县官府依然完不成征收任务,只好花高价从豪富蓄积之家购买兽骨鸟羽等,物以稀为贵,使得当时山林野味的价格高涨,"翟雉尾一,直十缣,白鹭鲜半之"。可羊毛出在羊身上,这又加重了百姓的负担。

总而言之,隋炀帝每一次巡幸江都都劳民伤财,几乎是全天下的百姓在为他准备行装,供奉食物,堪称工程浩大,给当时百姓带来了深重灾难。

隋炀帝系列"大工程"的背景以及助推隋王朝灭亡的原因

尽管唐代魏征等编撰的《隋书》对隋朝灭亡的总结为:"迹其衰怠之源,稽其乱亡之兆,起自高祖,成于炀帝,所由来远矣,非一朝一夕。"但实际情形是"炀帝即位,是时户口益多,府库盈溢"(《隋书》卷二十四)。可见,隋炀帝的父亲交给他的国家的政治面、经济面都很不错。

隋炀帝的父亲隋文帝杨坚,成功地统一了当时历经"四百年的分崩动乱"(钱穆《国史大纲》)后的中国,但他在生活上,带头节俭,后宫女子不作美丽装饰,都穿着洗了又洗的旧衣服,新三年,旧三年,缝缝补补又三年,皇家的车马轿子家具等用旧了,都是能修的就修、能补的就补,平常吃饭只允许有一样荤菜,其他用度也是节俭得近于吝啬。杨坚开创了历史上有名的"开皇之治",其时,社会民生富庶、百姓安居乐业、政治相对安定,"天下储积,足供五六十年"(钱穆《国史大纲》)。

一个富得流油的"家业"到了隋炀帝手上,十多年就败废得不成样子,综观史料,导致富庶的隋王朝走向灭亡的原因是多方面的,而频频启动"大工程"也是助推隋朝败亡的一个重要的因素。

隋炀帝兴建大运河、建设京都大兴城、营建东都洛阳,包括修驰道、平定西域、讨伐高句丽等，实事求是地说，都有一定的积极意义，为什么却对王朝统治起了反作用？古人说："不夺其时，不穷其力，轻其征，薄其赋，此三皇不易之教也。"（《隋书·食货志》）然而，隋炀帝却在很短时间内，密集上马"大工程"，过度消耗了财力、民力和国力，加之生性轻浮的他贪图游乐，好大喜功，荒于政事，使隋朝末年出现了"吏在贪残、官无攸次"的混乱政治局面，丧失了民心，引发了国内的乱局。由于没有给社会民生一个休养生息的必要时间，积重难返，隋王朝统治了 38 年即灭亡了。

唐朝的缺钱囧事

唐朝在我国古代史上相当有名，创造了很多让后人景仰的历史功绩，实际上，统治长达290年的唐王朝有很多细节让人难以捉摸，比如唐朝从始至终，总不同程度地处于"缺钱"状态。

唐代的流通货币是铜钱。如此，"铜铸钱极为需要，当时每岁铸钱18000贯以应急"（钱穆《中国经济史》）。而且，在唐朝最缺铜钱的时期，曾多次严禁民间私铸铜器。最极端的是在贞元十年（794年），为保障铸钱用铜，政府下令禁止江淮地区百姓私自铸造任何铜器，除了铸造正衣冠照面容的铜镜。这可算是大唐之"囧"。

唐朝为什么会缺钱？

唐朝缺铜钱，主要是在当时技术条件下，铜矿的开采量赶不上当时社会、经济、生活发展对铜的需求所致。同时，唐代的商业活跃兴盛，物价上涨，许多投机商人将铜钱私自销毁铸成铜器销售也是当时市面缺少铜钱的一个重要因素。

唐代有"千钱百两"的规制，唐代1000枚开元通宝钱能熔成铜6斤多，而铜器价格曾上涨到每斤600钱，也就是说1000个铜钱熔铸的铜器能卖出3600多枚钱，利润率约260%。马克思指出，如果有百分之一百的利润，资本就敢于冒绞首的危险；如果有百分之三百的利润，资本就敢于践踏人间一切法律。果然，1200多年前，为谋取暴利，即便是冒杀头的风险，也有商人销钱铸器。"销铸（铜钱）者多，而钱益耗。"这使得有唐一代常常缺钱。

为了维系帝国的正常运转，唐王朝解决缺钱危机的措施可谓花样百出

第一，在缺钱的情况下，唐朝政府给官员的俸禄不是足额用钱支付的。在早期，除了按照官员的品级给"职分田"，政府的办公经费和官员津贴还有一部分来自"公廨田"的产出，《新唐书》中有记载，"京司及州县皆有公廨田，供公私之费"。同时，为了使帝国官员能足额领俸禄，唐朝还由中央财政特地划拨一笔钱——称为"公廨本钱"——给中央各衙门和各级地方官府作为本金去做贸易、向百姓放贷，所得利润、利息，补贴衙门各项津贴费用，以及官员俸禄的不足部分。为了让公廨本钱获得高息，负责经营"公廨本钱"的捉钱令史绞尽脑汁，甚至逼迫百姓与之贸易借贷，"民不堪其扰"，进而成为当时的弊政。后来，唐朝政府在官员俸禄上多有变革措施。

第二，政府要求富人必须花钱消费。"命商贾蓄钱者，皆出以市货"，政府命令民间富人把钱都"放"到市面上，以缓解市面的"钱荒"。更甚者，在元和十二年（817年），为缓解京师地区市面钱荒，通货紧缩，朝廷不仅从国库拨出钱50万缗来购买京城市面的布帛，而且严令权贵富人家中积蓄实物铜钱不许超过5000贯，否则，富人处死，王公大臣重重治罪，其资产"没入于官"，十分严厉。这一来，巨额铜钱不允许放在个人手上，京师富人赶紧消费，"乃争市第宅"。

唐文宗时期还曾明确规定："（个人）积钱以七千缗为率"，超过七千缗，就得消费掉，并且限期消费，家有十万缗的在1年内消费掉，有二十万缗的以2年为期限，否则处罚。

第三，为了增加市面铜钱的供应量，在扩大开采铜矿、多采铜铸造货币的同时，唐朝政府还将主意打到了佛像上。政府一再严禁民间或寺庙将铜钱销毁用以铸造铜佛。大和三年（829年），政府规定：全国佛像材质用铅、锡、土、木建造，少数法器才允许用铜制造，否则处以极刑。到了唐武宗年间，政府打击佛寺，将所有的铜佛像以及钟、磬、炉、铎等铜器都收缴，这样为各地铸钱提供了大量铜材。于是，中央不仅可以铸造铜钱了，还允许各地开铸铜钱，"许诸道观察使皆得置钱坊"。

第四，唐朝政府控制铜器物价，稳定市场。贞元十年（794年），政府在下令禁止百姓铸造任何铜器的同时，还规定，民间铸造的铜器，每斤铜器售价"其值不得过百六十钱"，照此，1000钱有铜6斤多，即便熔铸铜器销售，价格不过960多钱，这就保证了6斤多铜器的售价在1000钱内，此外熔铸铜器还有其他开销，如此，商人毁钱铸器无利可图，稍稍缓解了民间销毁铜钱铸造铜器的情形。

第五，铸造大额货币。铜实在不够造钱用，唐朝曾经铸造大额货币。乾元二年（759年），朝廷铸造"乾元重宝"，每枚当50枚"开元通宝"使用。大历年间，负责唐帝国财政的官员"判度支赵赞采连州白铜铸大钱，一当十，以权轻重"。但是，造大额货币的弊端是更加助推了物价上涨，造成民间负担过重，百姓大受其害。

第六，为货币采取地方保护主义。唐朝晚期，很多地方官员为保证本地的正常流通，禁止铜钱离开本土到外县，这样一来，商贩无法正常做生意，于是"商贾皆绝"。没有货币流通，地方商业基本停滞。其后，政府实在没有办法提供足够的铜钱用于流通，但是又不能让民间贸易断绝，于是，"命市井交易，以绫、罗、绢、布、杂货与钱兼用"。元和二年（807年），朝廷规定，做生意支付额度达1万钱以上者，必须混用布帛。如果一千多年前有现在的微信支付、电子转账等的话，做生意也不用那么抓狂了。科技改变生活，科技改变历史，实在是不谬之论。

第七，降低铜钱的"含金量"。元和年间，唐王朝镇压反叛，"以七道兵讨之，经费屈竭"，大臣皇甫镈出了个点子：在流通中的每缗（以1000钱为一串）钱取下20钱作为"垫陌钱"之外，再抽取50个钱上缴国库用作战争时期特殊军费，这样一来，每缗钱实际只有930钱，虽然仍称为1缗，但实际缩水7%了。一定程度上，这缓解了当时的困难，但是此后百姓在买米盐等生活用品时，也都学着样儿，自行抽取7到8个钱，"籴米盐百钱垫七八"，政府想禁止也禁止不住，干脆就"从俗所宜，内外给用，每缗垫八十。"出于缺钱，政府不得不认可民间金融流通情形。唐朝末年，京师流通的铜钱，名为法定"一贯"实际只有850钱，缩水15%，而河南府地区的铜钱流通，缩水更是达到20%，从一个侧面反映了当时铜钱的紧缺状况。

尽管有唐一代出台了种种政策，但是市面一直处在不同程度的缺铜钱状态，甚至缺到只允许民间造铜镜，这也是很奇葩的事。

后周皇帝的"分田到户"

一千多年前的我国五代时期,有个封建皇帝颇有执政智慧,主动搞了次无偿的"分田到户",赢来历史美誉。他,就是后周太祖郭威。

郭威少时家贫,知道民间疾苦,斗大的字稍微认识几个,由普通士卒凭借战功,逐步成长为将领,公元951年成为后周的开国皇帝。他登基那年,曾对宰相说:"我是在穷苦中长大的,备尝艰苦,运气好,今天当了皇帝,哪敢重敛百姓以放纵自己的欲望、讲求个人享受啊?!"

郭威当上皇帝的第三年做了件人生中最出彩的事。在唐朝末年直至五代时期,军阀割据,战乱频仍,中原地带属于必争之地,为了保证大批士兵的粮食供应,除了征调民间粮食之外,一些军队就在驻扎地营房附近开辟荒地,自己动手丰衣足食,这些田地有个专门的名称叫"营田"。

铁打的营田流水的兵,由于军队经常换防等原因,营田"募高赀户使输课佃之"——军队调防后将营田承包给有实力的地方大户。而且,朝廷专门设置了一个部门来总领全国各地的"营田"事务,使此项工作直接隶属于中央政权,所在州县无权干涉。于是,承包营田的富户不受地方政府管辖、不服地方徭役,甚至"容庇奸盗,州县不能诘",这个制度造成了一定的社会治安问题。

听了大臣们实事求是的汇报后,后周皇帝郭威于公元953年春天,发了个官方文件:"悉罢户部营田务,以其民隶州县;其田、庐、牛、农器,并赐见佃者为永业,悉除租牛课。"(《资治通鉴》)——郭威不仅把本来属于国有资产的土地无偿赐给了穷苦佃户,而且还包括土地上的房子、农具以及当时农耕社会必不可少的牛,同时,他还废止了从五代梁朝就开始实行的繁重的租牛税!可想而知,当时的百姓对他有多感激!

田地分给了佃户,百姓的生产积极性空前高涨,"民既得为永业,始敢葺屋植木,获地利数倍",盖房子栽树下大力气干活,亩产收入增加了好几倍,原来的营田区里一片欣欣向荣。可见,中国的农民历来都是很聪明的。

朝廷中有大臣见国有资产"流失"得如此厉害,心疼,几次三番向皇帝建议:"营田有肥饶者,不若鬻之,可得钱数十万缗以资国。"——皇帝发句话,这现成的金子就到手了!郭威曰:"利在于民,犹在国也,朕用此钱何用!"

虎父无犬子。公元959年,"淮南饥,上命以米贷之"。当时的皇帝是郭威的义子柴荣。有些大臣又担心把国库里的米借给饥民的"安全性"了,就赶紧汇报:"民贫,恐不能偿。"——其实,这说的也是实情,当时后周与南唐打了几次仗,主要作战区就在淮南地区,百姓的日子本就捉襟见肘,更何况来了个灾年,雪上加霜!后周世宗柴荣曰:"民吾子也,安有子倒悬而父不为之解哉!安在责其必偿也!"——借给老百姓的米、钱,我就没要求他们必须还!

史书评价郭威生于乱世,长于军伍,勇武有力,是五代时期军人专权的代表人物,以军事实力开创后周政权。而作为封建时期的皇帝,郭威却生活节俭,关注百姓民生,留心搜罗人才,特别是能虚心接受大臣的意见,逐渐改革一些弊政,使当时我国北方地区的经济、政治形势渐趋好转,在综合实力上赶上甚至超过了南方势力集团。因此,郭威在五代十国时期被公认为明智的皇帝。更重要的是，他为自己的后任做出了好榜样。

尽管与历史上其他皇权高度集中的统治者没有本质区别，但是，郭威父子皇帝因为关注民生，微言大义的几句话流传了千古，让历史给他们打了不俗的分数。可见，历史是最懂得感恩的。

宋朝如何搞好粮食生产

宋朝的疆域比汉朝、唐朝要小很多,但是,宋帝国的经济文化却居于当时世界最前列。真实的历史呈现是,宋朝边境长期驻扎重兵防范北方少数民族政权,以及从宋真宗朝开始的对外赔款,使得宋帝国的运转成本日渐增大,这是宋朝税赋为唐朝7倍的主要原因所在。

巨大的经济压力使处于农耕文明的宋帝国对农业不得不加倍重视,此外,宋朝无论是国内商业还是对外贸易也都取得了较大进展。为维持内部社会稳定,同时也为获得更多更持续化的税收,宋朝政府在农业开发、粮食生产中展现出了很多可圈可点之处。

首先,鼓励增加耕地面积、扩大粮食生产是两宋时期300多年积极推行的农业方略

人口是决定治国方略的一个重要因素,我国汉代人口最多时为5000多万,唐代在开元盛世时有6000万左右人口,宋代到了宋仁宗年间,人口数与唐代最高值相等,到宋徽宗时期,帝国人口超过了1亿,几乎是汉、唐帝国的两倍(漆侠《中国经济通史》)。人口增加了帝国"饭碗"的负担,使整个宋代不得不为增加粮食生产绞尽脑汁。

有地才有粮。要增加粮食产出,必须得有适合种粮的田地,宋帝国为此积极运作。史料显示,宋代开国皇帝宋太祖开宝末年到宋真宗天禧末年,历时60年,宋帝国的耕田从295万顷上升到524万余顷,而大唐从唐太宗到唐玄宗天宝年间花了110多年时间才达到这个数字,可见,宋朝农业开垦力度和业绩超过了唐朝。

宋朝提倡农业开垦有系统的政策配套。五代时,官府对农民苛刻盘剥,造成农村"百姓失业,田多荒芜"的情形,宋朝开国后,比较注意减轻"涉农"税赋,鼓励农民开荒拓地。

宋太祖乾德四年(966年)闰八月下诏书:"告谕百姓,有能广植桑枣、开垦荒田者,并只纳旧租,永不通检。"(徐松《宋会要辑稿》)——用经济杠杆来鼓励百姓多开荒垦地。此后还承诺,新开的耕地在一定时间内不收租税,直到开垦荒田的农户觉得自己可以缴纳租税了,政府才开始征税——"直俟人户开耕事力胜任起税",而且即便收税,也是20%的税率,这在封建时期算是很低的税率了,更重要的是,政府承诺这一政策长期有效。

宋帝国还规定,各地官员胆敢巧立名目多收税的话要治罪,对于征收农民过多田租的官吏罪至死刑。如果这项政策很好地执行的话,可以说,政府给老百姓开垦田地吃了"定心丸",激发了农民"创业"积极性。

帝国中期,著名的王安石变法对"涉农问题"非常关注,其中之一是颁行农田水利法,既允许无地农民开荒垦地,又改善了灌溉条件,田地得到了大幅度开垦。截至变法后期,全国新开垦田地3.3亿亩(漆侠《中国经济通史》)。

据统计,宋帝国的两浙路、江南东西路、福建路和成都府路,是全国田地垦辟最多的地区(漆侠《中国经济通史》)。可以看出,这些地区在千年之后,依然属于我国经济最为活跃的地区,其中,两浙路更是宋代开垦田地最多、质量最高的地区,"膏腴沃衍,无不耕之地",南宋末年达到"浙间无寸土不耕",可见,即便是到了宋朝末期,百姓赖以口食的粮食生产也丝毫没松懈。

其次,宋帝国还把开垦田亩与官员的业绩考核挂钩

为鼓励农业生产,宋帝国除了借耕牛、稻种给农民,免除农具税、耕牛税等,还注重发动各级官员对粮食生产的有效领导。

宋仁宗天圣年间,朝廷极其重视开荒垦地,对地方官员提出了明确要求,"每下赦令,辄以招集流亡、募人耕垦为言",而且,制定出操作标准,地方干部能"垦辟荒田,增税二十万以上,议赏",也鼓励国家机关发动有资源的干部策划组织开荒,"监司能督责部吏经画,赏亦如之"(《宋史》卷一百七十三)。如绍兴六年(1136年)九月,川陕宣抚吴玠组织重新整理了废弃的田地854顷,获得朝廷通报表扬。有宋一代,鼓励开荒创业的官方政策长期执行,效果明显。

李心传的《建炎以来朝野杂记》记载,宋代的淮南、淮北地区,是南宋边境,常有战事,百姓纷纷逃离,但是"两淮土沃而多旷",人少田多,于是浙江农民常常在秋收季节,"以小舟载其家之淮上"去帮两淮地区的田主收割稻子,收成各得一半。绍熙末年,两淮的田亩受到水涝影响,很多无法栽种水稻,淮东管理粮食的官员陈损之组织百姓修筑了一百多里长的堤坝来抵挡水涝,蓄积水源,变水涝地为耕地,"得良田数百万顷"。皇帝得知此事,很高兴,给蓄水堤坝赐名"绍熙堰",升陈损之为淮东转运判官。顺带说一句,南宋政权为了笼络边境地区的民心,巩固两淮一带的边防,对两淮地区从事耕种的农民常常免除租税。

再者，宋帝国还积极兴修水利，开展农业试验推动粮食增产

王安石的农田水利法对改善宋帝国的农业水利环境居功甚伟，此不赘述。说个《宋史·食货志》中的故事，北宋何承矩在做雄州知州时，该地洪涝成灾，他建议趁势多挖水池、建塘坝，将积水聚集起来，"大作稻田以足食"。在北方栽种水稻，很多人笑话他异想天开。临津县令福建人黄懋却很赞同他的想法，特地上书给皇帝，以福建老家栽种水稻的经验，陈述雄州地区栽种水稻的可能性，"今河北州军多陂塘，引水溉田，省功易就，三五年间，公私必大获其利"——黄懋的意思是，在河北地区栽种水稻，能让官府和百姓都获得更多的农业收入。可喜的是，他竟然说服了皇帝，同意由官方在河北雄州、莫州、霸州地区修筑六百里的塘堰用来蓄水，便于栽种水稻。当年选种的是南方九月成熟的晚稻种，河北地区降温早，农历九月晚稻无法正常灌浆成熟，第一年的水稻试验失败，"初年种稻，值霜不成"。反对的官员群起而攻之，眼看着河北栽种水稻试验就要被朝廷取消。

黄懋思之再三，终于想出了解决办法：河北水稻不能成熟的主要原因是降温早，这回不种晚稻了，改种江南一带农历七月成熟的早稻种。幸运的是，朝廷给了这些试验者们第二次宝贵的机会！——"是岁八月，（河北）稻熟。"何承矩将收获的颗粒饱满的稻穗装了好几大车，呈送给京城的皇帝和大臣们观赏，反对者们再无话可说。于是，河北地区开始栽种水稻，所修筑的塘坝，不仅满足了灌溉需要，还促生了很多水产品，政府多了赋税，也造福了一方百姓。

大中祥符四年（1011年），为解决江、淮、两浙地区旱季水稻歉收的问题，帝国"一把手"宋真宗亲自过问，专门派遣官吏去福建调拨印支半岛的高产、早熟、耐旱的占城稻三万斛分给江淮、江南地区的农民栽种，并且还由官方组织作了技术推广——"内出种法，命转运使揭榜示民"（《宋史》）。更有趣的是，宋真宗于"百忙之中"还抽空在皇宫内种了"水稻试验田"，将收获的稻穗给官员们作了展示。

宋朝历史上，由地方官员组织或引导农民改进农作物品种、提高粮食产量的例子不在少数，这对当时提高粮食生产、解决百姓吃饭问题，功不可没。

前文说过，赵宋帝国负担相当重，却绵延近320年，是我国历史上最"长寿"的政权之一。笔者认为，在农业经济时代，政府主动出台鼓励农业的政策，增加耕田面积，改善粮食作物品种，提高粮食产量，为宋帝国很长一段时间的内部稳定和国力维持，起到了积极作用。

宋朝如何扶贫济困

贫穷，是有史以来人类一直力争攻克的社会经济难题。古今中外的执政者都为此不同程度地下过功夫，我国古代历史上，宋朝的典章制度相对而言比较完备，如何取得扶助贫民的实效，宋朝也有可圈可点之处。

宋朝扶助贫民大概可分为两方面：一是确立制度化扶贫政策，二是临时性扶贫措施。

首先，宋帝国从制度层面力争做到部分扶贫措施制度化

宋朝借鉴前朝经验，立足储粮备荒、积粮扶贫的宗旨，常规设置常平仓、义仓以及社仓。

常平仓创设于西汉，是以平籴、平粜的方式来平衡粮价的一种储粮机构。宋太宗淳化三年（992年）以后，全国各地陆续设置常平仓，至宋真宗晚期，常平仓几乎做到了全覆盖，而且宋朝政府规定，常平仓基金专用于救济贫民，其他政府机构不得挪用，让老百姓尤其是城市贫困居民得到了一定的实惠。

义仓创设于隋文帝时期，北宋初期，义仓屡设屡撤，但是通过执政实践，政府发现了它的良好社会救助功能，宋哲宗绍圣元年（1094年）确立了义仓制度，南宋也一直沿袭，通常将"常平仓"与"义仓"

相提并论。

社仓的功能与义仓大致相像,最大的区别是,常平仓、义仓一般来说都设在城里,而社仓是专为乡村农民设置的——可以说是名副其实的对农民的专项扶贫。社仓由南宋理学大师朱熹于乾道五年(1169年)在建宁府崇安县开耀乡首创,做法是由地方政府或者乡村富户提供粮食谷物,设置社仓,以低利息借贷给贫民渡生计难关,或作为农业再生产的资本,这个措施对贫苦农民的帮助极大。淳熙八年(1181年),朱熹说服了宋孝宗在全国各地设立社仓,很快,南宋全境乡村都遍布了社仓,社仓制度对南宋的扶贫济困、社会稳定起到了相当大的作用。

其实,北宋熙宁年间,号称"取天下之财以供天下之费"的王安石,其变法中"青苗法"的初衷就是专项扶贫。当时的贫民每到青黄不接的时候都被迫以高利息向豪强富户借贷,于是,贫民尤其是农民一年的辛苦收入,几乎都进了为富不仁的高利贷者囊中。王安石当过多处的地方官员,深知贫民之苦。庆历七年(1047年)王安石任明州(今宁波市)鄞县知县,在任三年,非常重视民生,经过细致调查,采取了一个针对性很强的扶贫举措。为使贫苦农民能及时耕种、维持基本生活,不受豪强富户的高利贷盘剥,王知县在青黄不接的春季,把官仓里的存粮借贷给他们,"约定到秋收之后,加纳少量利息,赴县偿还"(邓广铭《北宋政治改革家王安石》)。此举得到平民百姓的拥护,堪称是王安石的工作创新,也为他成为大宋宰相后实行的系列变法中的"青苗法"提供了宝贵的实践基础。

史料显示,宋朝对社会上的鳏寡孤独等贫穷无靠者的救助制度也是相当完备的。宋徽宗崇宁元年(1102年)九月出台了居养院制度,"京师置居养院以处鳏寡孤独,仍以户绝财产给养"(《宋史》卷十九),并且,居养院订有细则,所收养的50岁以上的老年人,每天领米、豆一升,支钱十文,每五天一发放,年纪越大待遇越好,有效地解决了宋代贫困弱势老人的养老问题。

同时，自宋代开始，民间因贫困而出现"生子不举"的习俗，生下孩子后，不是溺死就是抛弃。这有悖于人性，而且也是以儒家思想治国的宋帝国统治者所不可接受的。为了扶助贫困人家生养孩子，北宋和南宋政府都曾颁布胎养令，发放粮食帮助贫困孕妇养胎，生下孩子后，又拨给常平仓钱或义仓米，用以养育婴孩。

并且，绍兴十四年（1144年）十月，政府宣布："以永道郴三州、桂阳监及茶陵县民多不举子，永蠲其身丁钱绢米麦"（《宋史》卷三十）——这样，更加切实地为抚养不起孩子的家庭解除了后顾之忧。

其次，宋帝国根据实际情况，适时出台一些临时性的扶贫政策

我国古代农业社会对农田收获极其倚赖，一遇灾荒，很多百姓便成为衣食无着的贫民，只能盼望着政府救助。宋太宗雍熙二年（985年）三月，江南出现饥荒，政府在派遣官员赈济灾民、检查当地工作的同时，配套出台政策，"江南民饥，许渡江自占"（《宋史》卷五）——让受灾百姓可以到江北地区自由耕种，这在当时是很开明的经济政策，有效缓解了江南地区的灾情，给了贫民一条活路。

宋真宗大中祥符三年（1010年）十二月，"诏天下贫民及渔采者过津渡勿算"——打鱼、砍柴等小本经营的贫民过税关，免收商税，意在鼓励贫民想法子做工谋生，政府不与其争利。第二年秋天，楚州、泰州地区发大水，庄稼歉收，还淹死了不少百姓，百姓无法完税，临近春节，政府下令免除了当年的田税，并对被大水淹死的死者家属给以抚恤——"没溺人赐千钱、粟一斛"。

再说大中祥符五年（1012年）十二月，京师大雪封城，天寒地冻，物价高涨，尤其是缺少做饭、取暖用的柴火，贫民没有足够的钱购买柴炭，只能受冻挨饿，甚至有人冻死饿死，天子脚下，岂能见死不救，政府先后出台了两项政策：一是"鬻官炭四十万，减市值之半以济贫民"，政府按照市值的半价卖木炭给贫民，以帮助贫民度过寒冬，这或多或少能解决那场雪灾给京城百姓带来的伤害，所以此举作为"经典工作案例"被收录进了正史；二是，雪灾造成了京城周边地区的灾荒，政府除了开设一定数量的粥棚免费施粥外，同时从国家粮库中调剂粮食低价卖给逃荒的贫民，"减直鬻谷以济流民"（《宋史》卷八）。

元祐四年（1089 年），苏轼为杭州知州，该地区庄稼歉收，人心惶惶，经过调研讨论后，他决定由杭州府出钱雇佣贫民翻修杭州官衙、修筑西湖堤坝，工程量相当大，花费也多，遭到一些官员的反对，但是苏东坡坚持拍板开工，愿意承担责任。后来，这项措施既低成本筑牢了西湖堤坝避免了涝灾，又翻新了官衙，最主要的是为贫民创造了就业机会，给了他们渡过难关的"饭碗"，这样的扶贫措施，一直被后世视为德政，"得食其力以免于死、徙者颇众"（陆游《家世旧闻》），连一开始反对他的官员都不得不为苏轼的仁心和执政智慧所折服。

宋朝还有个独特做法，就是将赈济灾民与招募士兵结合。当时执政者论证"选贫补兵"是一举三得的好举措，既达到扶贫济困的效果，同时还招募了兵员，排除了社会流浪人员带来的社会隐患。北宋末年，宋徽宗就多次"募饥民补禁卒"——从饥饿的贫民中招募选拔禁军士兵，一下子就让贫民端上了"铁饭碗"，精准是很精准，只是也有史学家认为这恐怕也是宋朝军队战斗力不高的因素之一。

众所周知，宋朝税重，日常生活中的所有物件几乎都有相应税种，如建房所用的木料，在大中祥符年间有规定，"每木十条，抽一条讫"——收取 10% 的实物税，到了宋高宗年间，木料的最高税率是 30%，据说这还是优惠了的"德政"。因为南宋初年频繁作战，遭兵灾地区的重建，需要很多造房材料，为了扶持贫民安居、稳定地方局面，绍兴四年（1134 年）二月，宋高宗格外开恩，对遭到金兵蹂躏的地区颁行专门的扶贫政策，内容是："应残破州县民间建造屋宇，合用竹木砖瓦之类，并与免税，仍免抽分"——从国家税政上降低建材价格，施惠灾区重建，基本达到了预期目标。

综览宋史，宋朝政府在济困扶贫上还有不少有效的例子，在当时不仅发挥了扶贫济困的社会功能，也对社会稳定、政权巩固起到了积极作用。

宋代"钞票"的恩怨情仇

人类的很多发明创造其实是被逼出来的。

南宋官员、文学家徐鹿卿说:"楮(纸币)之始行,非以为楮,以楮飞尔!"意思是,开始的"楮"并不是严格意义上的纸币,只是意在避免运输的困难而发挥它的汇兑功能。被认为是最早"纸币"的宋代"交子"可以说就是被流通需要"逼"出来的。

"交子"出现在宋代四川是有其客观历史原因的。宋代四川地区商业交换发达是"交子"出现的主要原因,这同该地区使用铁钱也密切相关。古代铁钱的使用,是严重缺铜情况下的权宜之计,宋代四川地区,铁钱与铜钱的官方兑换率是10∶1,即10个铁钱兑换一个铜钱。无论是百姓购物还是商贩收钱,收到10贯小钱(铁钱)的重量约为65斤,但其实际购买力等于官方通行的小铜钱1贯,1贯铜钱的重量是5斤,相差悬殊。按照史料记载:宋太宗淳化年间,1贯铜钱可以在开封买1头公猪;宋神宗元丰年间,1贯铜钱可在成都府路买1匹布;北宋中期,湖北汉阳长江的淡鱼干贩卖到江西,一贯铜钱可买10斤。而四川民间百姓绝大多数是散用铁钱,也就是说,即便做的是小生意,商贩也要背负或者担挑着,甚至要用大车装着那些沉重的铁钱,往来于多山多岭的巴蜀之地,既不方便又不安全。铁钱重而不值钱,流通不方便,严重束缚了当时四川及周边地区的商业和经济发展,"蜀用铁钱,民苦转贸重"。

情急思变,就是在这种矛盾状况之下,"交子"闪亮登场了。根据近年来众多学者的推算,大概在十世纪末,北宋真宗时期四川地区出现了"交子铺"并推出了"交子",这跟我们现在的民间金融机构有相似之处,历史称之为私交子。"交子"长的什么样儿?有文字记载,"同用一色纸印造,印文用屋木人物,铺户押字,各自隐密题号,朱墨间错,以为私记""表里印记,隐密题号,朱墨参验,书填钱之数,以便贸易",从这些描述中,可见当时的交子有了不错的设计而且还具备了一定的防伪功能。私交子的票面额是根据请求发交子的人所缴纳的现钱数目填写的,单位是"贯"。四川地区的商民只要向民营交子铺交纳铁钱,便可兑换成等值的交子,称为"纳钱请交"。四川地区百姓可用交子做买卖交易,携带方便,例如买一头公猪或者是一匹布什么的,也不需要背了几十斤重的铁钱跑来跑去了,怀揣几张纸币就行,方便又安全,大大提高了商业效率。而且,当时的私交子可以随时通过交子铺兑成现钱,"见交付钱",很方便。但在交子兑现时,每一贯钱要扣30文钱作为交子铺的利润,或者说是佣金、印刷工本费,权衡利弊,3%的手续费,还是很值得的。可以说,宋代最初的私交子类似于民营金融机构开出的支票。

使用交子既方便又安全,使得蜀地百姓以用交子为时尚,民间极其青睐。杨冠卿在《客亭类稿》中有对交子的赞美之辞:"用之(交子)百年而无弊,(交子)贸百金之货,走千里之涂,卷而怀之,皆曰铁(钱)不如楮(交子)便也。"这是当时百姓的真切感受。贸易发展催生了交子,交子也推动了宋代四川地区的商业发展。

正如同这世间很多举措,开始都有积极作用,时日一长,便会生出弊端。作为民营金融机构开出的支票,交子只要保证兑换正常,是不会出问题的。但是,由于私交子的通用盛行,主持交子铺的富豪们手头聚集了巨额资金,他们就以此资本搞房地产交易、租赁及其他投机生意,因为种种原因,资金亏蚀,"资产寝耗,不能即偿",按照现在通俗的说法,资金链断了,民营金融机构发出的承兑票据交子无法即时兑换成现钱,百姓的血汗钱蒸发了,当然就"聚众争闹""争讼数起",恨不得将侵吞了百姓血汗钱的交子户富豪们生吞活剥了。

为了社会稳定,官府适时出手,在大中祥符末年,成都府"诱劝交子户王昌懿等令收闭交子铺",先后关闭了四川地区各处的民营交子铺。虽然说民营交子消亡了,但是历史没有抹杀交子的积极作用。

因为经济发展需要,天圣元年(1023年),成都府官员们重提交子,而且他们一致认为"自来交子之法久为民便",更紧要的是成都府废除交子铺后,"市肆经营买卖寡索",商品流通困难。于是,他们建议重新行用交子:"废私交子,官中置造,甚为稳便。"就是说,废除民办私交子铺是对的,但不可因噎废食,应发行有保障的官办交子。

于是,政府的益州交子务开始发行"官交子",而且订立了详细的规程。最初的"官交子"发行限额为125.634万缗,准备金为36万缗。而且,官交子被赋予了合法偿付功能,"租税之输、茶盐酒酤之输、关市梁泽之输皆许折纳,以惟民之便",即在交子流通区内,百姓可以用交子缴纳官府的各项租税,视同现钱。显然,这时候交子的性质,已经从民间"草根"身份华丽转身为官方信用支持的"法定货币"了——这也是世界上最早的官方纸币。北宋官交子因为有了官府作为后盾并行推动,对于使用官交子地区的商品流通、经济发展发挥了很大作用。

宋徽宗时期为筹措征伐西夏的巨额军饷,开动了印刷机滥印官交子,使得官交子大贬值,"新交子一可换旧交子四",意味着百姓手中财富几乎缩水75%,民怨沸腾。大观元年(1107年),政府不得不将交子取消,改为钱引,"四川交子务,改为钱引务"。"交子"第二次消亡。从四川私交子铺的出现,到官交子务的撤销,前后绵延了100

来年。

北宋创用的交子制度，对当时北方金朝的货币制度产生了很大影响，金朝模仿宋代交子制度，于贞元二年（1154年）实行了钞引法，"与宋四川交子之法，全同，唯界期略为长久耳"（候厚培《中国货币沿革史》）。此外，宋代交子对后世的影响极大。南宋时，因为政治、军事、经济等原因，模仿"交子"开发出的"纸币"的形式更加多样，有关子、会子、关外银会子、淮交、湖广会子等，而且流通地域各不相同。宋代以后历史上各朝各代的"宝钞"，其实也都与交子有渊源，"纸币之起源，可谓始于宋代之交子"。

总之，宋代交子的出现既有对前代如汉代"白鹿皮币"、唐代"飞钱"的继承，也与宋代商业流通活跃、经济迅速发展和雕版印刷术的运用密切相关，同时，它的盛衰也揭示出发行货币如不尊重经济规律就会造成灾难。

"乱理财"理乱大元帝国

元朝的兴起和强盛,根本原因是统治者武力强大,但是开国早期经济手段的作用也不容小觑。"(元)世祖为开国贤主,亦专用财计之臣,务于聚敛。"忽必烈先后重用了会理财的阿合马、卢世荣、桑哥等,为开国早期政府运转筹措了资本,而元朝的灭亡也与其统治阶层"乱理财"密切相关。

历史上的13至14世纪,蒙古势力覆盖亚洲大陆,并影响至欧洲,当时波斯官员、史学家甚至尊称蒙古皇帝为"天下的皇帝""大地和当代的统帅",可见元朝的影响力是发散式的。当忽必烈于1267年将元朝帝都迁到今北京地区(时称大都)时,西亚、中亚、东亚乃至欧洲的奇珍异宝和财富都源源不断地涌向了大都。

众所周知,农业不是蒙古贵族的专长,但在我国古代社会,农业是社会的基础,出于形势需要,早期的蒙古贵族在王文统、许衡、刘秉忠等一批汉臣的辅佐下也注意兴修水利、发展农业,做些收拢人心的民生工程,到了彻底打败南宋朝廷后,孛儿只斤皇室认为自家坐稳了江山,就不再重视农业了,"农桑世皆视为具文""设官分职,财务重于民事",还是理财来钱快,对州县官员也没有农政的考核。

为保障皇室的消费和帝国机器的运行,除了接受来自各地进贡之外，元朝统治者自然而然地把目光放在了商业和帝国的财政、金融上。

虽然史料说"蒙古长于战阵，而不善于理财"，但是蒙古统治阶层懂得委托专人理财。蒙古政权将全国人口分为四个阶层，从高级到低级依次为：蒙古人、色目人、汉人、南人。对广大地区的汉人、南人防范极严，除了政治、军事上的防范外，针对汉人的禁条也很多，其中包括禁止汉人"集众买卖"，而把帝国履行商业、金融的功能赋予了西域的"色目人"——这是元朝对除了蒙古、汉族人以外的其他中西亚各民族的统称，负责为元帝国经营商业、金融的西域商人被称为"斡脱"，拥有商业特权，这就是所谓的"斡脱制度"。

《元史》中《王珍传》记载："（王珍）珍言于帝（元太宗）曰'大名（府）困于赋调，贷借西域贾人银八十铤，及逋粮五万斛，若复征之，民无生者矣'。诏官偿所借银，复尽蠲其逋粮。"可见，西域商人与元朝官府是一种紧密的经济合作关系，官府运作得到了西域商人的经济支持，或者说西域商人的经营活动实际上是元朝政府的经济授权，西域商人借助元朝政权攫取帝国领域内的财富，赚得盆满钵满。

财政上，元朝税收沿用了金朝的税收扑买制，就是将国家税收打包卖给代理人承办。如元太宗十一年（1239年），汉人富豪刘廷玉等人请求交付140万两银子承包全国课税，朝廷没同意。后来交给商人奥都剌合蛮经办，总承包款220万两，虽然承包成本增加了80万两银子，但是这中间还是大有赚头的。你想，元朝的疆域广大，税收承包人会绞尽脑汁地寻找税源，借助政权的威慑力，敲骨吸髓，增加自己的赚头。在税收扑买制下，元朝皇室省心，税收承包人也大赚一笔，倒霉的是老百姓，所以，元代有阙众口相传的曲子："兴，百姓苦，亡，百姓苦"，这正是当时百姓对社会状况不满的心声。

元朝不重视农业、农村建设，来自农业的税赋很少，于是帝国财政只有不断增加商税额度来弥补。据文献记载，元朝天历年间（1328—

1330年)商税总数为开国初期至元七年(1270年)最早所定的商税额度的近百倍。

此外,在金融政策上,元朝统治阶层更是动足了脑筋,"惟自灭宋以后,即一意于财利"(钱穆《国史大纲》)。其实也非独创的好办法,学习前朝而已,"元代专行钞法"。一次又一次地发行宝钞(楮币),并强行推广使用,90多年间,除了元代早期铸造的铜钱之外,前后共印行了四次宝钞:第一次是中统年间造的"中统钞",说是以银为本位,一贯值银一两,五十贯为一锭;其后在至元年间造"至元钞",以"至元钞"一贯可兑换"中统钞"五贯;元武宗时,因为通货膨胀,"物重钞轻",朝廷再印行"至大银钞",这"至大银钞"与"至元钞"的兑换比例又是1:5,大家都能看出来了,这显然是滥发大额货币,于是不到50年时间,物价上涨25倍!再到元顺帝至正中期,又印造了"交钞",其兑换率又是前次旧钞的5倍。也就是说,元朝政府前后四次印制"宝钞",推动物价上涨了125倍。最后,"遂至钞料十锭易斗粟不得,而元(朝)亦亡矣"(钱穆《国史大纲》)——元帝国纸币滥发成灾,导致政权灭亡。

元代经济还有一个很丑陋的现象,就是在政府默许下,斡脱商人放高利贷极其贪婪。南宋彭大雅在《黑鞑事略》中说,蒙古贵族不懂做生意,包括皇帝公主、王公大臣在内的贵族们都将钱交给西域商人去投资赢利,"令其自去贾贩以纳息"。西域商人很能干,将蒙古贵族交付的钱转贷给缺钱之人收取高额利息,或者自己去做生意,再或者利用他们的特权,向地方衙门告假状声称自己的货物被抢劫了,而勒索地方百姓一起赔偿,等等,总之怎么着都能赚到钱——实际上,彭大雅所说的"商人"指的是元朝的斡脱商人阶层。放高利贷是斡脱商人们热衷的"拿手好戏"。比方说,一锭(五十两)银的本钱放出去做高利贷,转来转去本息累积,做了十年后,除了当初的一锭本金外,额外获取的利息是 1024 锭，这就像当初仅是一只小羊羔儿，十年后繁衍出了一大群羊来，获得巨大回报，这被通俗地称为"羊羔儿息"，反映出元朝斡脱制度下高利贷的疯狂剥削程度。

  史料显示，元朝统治者惯于游牧征战，不善理财，不懂经济，却沉迷于浮华奢靡的生活，任性挥霍，帝国财政紧张时胡乱理财，不顾百姓的利益，倚赖甚至沉溺于超发滥印纸钞，使得政府信用降至极低，加上元朝末年的苛捐杂税，导致经济凋敝，而经济与政治、社会都密切相关，所以，历史上强大煊赫一时的元帝国在我国历史舞台上的统治不足百年。

明朝初年的实物经济

元朝末年通货膨胀，经济凋敝，加上自然灾害频仍，社会动荡，民不聊生，明朝政权就是在这种基础上拔地而起的。明朝建立初期，就以元朝灭亡为镜鉴，在治国理政各方面都有所改进。这里说一说，在经济上，明朝初年的设想是建立实物经济制，如《明史》中记载，明朝初年并没有"银法"（即用白银作为货币的规定）。

首先是田赋征收实物

明朝缔造者朱元璋出自贫苦的社会最底层，深知百姓疾苦，憎恨官吏贪渎，鉴于前朝灭亡的历史教训，一开国就着意减轻百姓负担，借鉴唐代的两税法征收田赋，实行实物征收制。根据洪武年间相关文献记载，明朝的夏秋二税，百姓可以缴纳米、麦、绢、丝、麻布、纻布和大明宝钞（当时百姓不太喜欢用这种法定纸币，在明初田赋中数额也很少），甚至草料。如在洪武十七年（1384年），徽州歙县的最大地主有田1200亩，缴纳的田赋是600担米。浙江地区的农民可用柴草料作为缴纳田赋的物资。

明初对农民征收田赋，不让州县官吏插手，采用粮长征收制。所谓"粮长"，是指从农村每一万石（读dàn，中国市制容量单位，十斗为一石，以下相同）征收区中任命一名大户"粮长"，粮长与里长、甲首等乡间自治"领袖"共同完成明帝国在农村夏秋两季的粮食征收任务，再将征收来的粮食运到指定的国家粮仓。洪武四年（1371年），长江下游区域首先任命一批粮长，朝廷非常重视，粮长曾经获准穿官员才有资格穿的蓝袍，这一不起眼的职位甚至成为当时一些乡绅直接进入官场的敲门砖。

需要说明的是，朱元璋早期为了推行纸钞，除了实物征收田赋外，为了回收铜和白银，有时也偶尔允许百姓以铜钱、银两缴纳田赋，但是实物缴纳田赋是明代早期主要的征收政策。

明朝初年，经济不发达地区的税赋份额较低，而那些繁荣程度较高的经济发达地区承担了大部分的帝国赋税，比如江南的苏州、松江、杭州等地区的田赋很重，一定程度上是因为该地区一贯以来的农业、手工业等自然经济时期代表性产业的发达。也有学者认为，明朝统治者认为江南地区的大米、丝、绢等物品质优，需求量大，所以对江南地区征收高田赋，而在明朝初年，这些都是以实物征收，被称为"本色"。

从宣德八年（1433年）起，江南地区生产的优质棉布也可以用来缴纳官方田赋，因为政府需要大量的棉布供应北方的边防军，同时也用来参与边境贸易。而且，明朝初期乃至中期，民间大部分的田地交易是使用粮食、棉布。在江南有些产棉区的地租也是以棉花缴纳的。

同时，按照政府的要求，乡间的里长还向各户征收额外的朝廷要求的物品，如动物、裘皮、鸟禽、地方特产、药品、颜料、文房四宝、茶、漆器以及各种军需品等。

其次，国家发给官员的俸禄，以及政府与民间交易也包含很大比例的实物

明朝初年，国家发给官员的俸禄包含了很多实物，经常将米、盐、棉布、胡椒、苏木等与钱钞搭配起来发放。杨士奇《明宣宗实录》中有记载，宣德八年（1433年）"京司（北京和南京的官署）文武官俸米折钞，请给与胡椒、苏木"。对军人也如此，"令京外卫马军，月支米二石，步军，总旗一石五斗，小旗一石二斗，军一石"（《明史》卷八十二），而且还给军人发盐，"又给军士月盐，有家口者二斤，无者一斤"，这都是国家明文规定。

同时，国家用掌控的实物交换政府需要的物资。明代初期，为了确保驻扎边境的军队得到充足的粮草供应，政府不是用白银、铜钱购买粮草，而是利用国家牢牢掌控的食盐资源，动员吸引商人们将粮食、草料，有时还包含棉布等一些军用物资，自行运输到边境地区的政府机构交换盐引。此举实现了"双赢"，商人获得能牟厚利的食盐专卖权，政府轻松省心地为军队调拨来了粮草物资，巩固了边防，这就是有名的"开中法"。1370年在山西，1382年在云南（上田信《明清时代：海与帝国》），1419年在贵州，明朝廷先后实行了"开中法"，效果很好。明人郑晓在《今言》中记载：明朝初年，召商于密云"中淮盐者，引米七斗，豆五斗，草四十束"。意思是，商人运七斗米（或者五斗豆子，或者四十束草料）到密云地区，可到政府专设机构换得一引淮盐的专卖权。"开中法"根据运粮草兑换点的不同制定了不等的粮草实物与盐引的兑换比例，越是偏远难至的地区，粮草兑换盐引的比例越高，这是很务实有效的措施。同时，"开中法"引发了边境建立"商屯"的热潮，促进了边境开发，为后世所借鉴。

明代中后期，国家废除以粮换盐，实行了以银换盐，当产生边境危机时，官员们还常常提起"开中法"的好处。史学家孟森就非常赞赏明朝以粮换盐的政策："盐既开中，又兴商屯，既给军，又垦荒，孔子所谓'因民之所利而利之，惠而不费'，真谋国之至计也。"

再者，在朝贡体系中，明帝国以实物"赏赐"进贡方，实际上就是一种官方交换

永乐年间，明朝收降越南，规定越南缴付帝国的租税的一部分可以用当地的特产苏木——豆科小乔木，芯材作为红色染料自古就为人所熟知，中药有止泻、收敛作用——充当。此外，明朝初年也将丝、瓷器、棉花、漆器和糖、茶叶向东南亚、琉球、日本出口，换来所需的铜、苏木、香料等，这些不属于官方朝贡体系，说白了是一种以物易物的互市贸易。明代初期还曾用棉布与西北亚洲腹地的民族交换马匹。

明朝正统元年（1436年）之后，政府同意用白银缴付田赋，矿工、工匠也可以缴付白银代替徭役（崔瑞德、牟复礼《剑桥中国明代史》）。而完全以白银作为最底层的征税结算手段是在明帝国中期，16世纪20年代。原因是白银的量小价值高，便于运输流通、大额交易，适应了当时商业经济发展的需要，政府也认同此点，所以白银缴付官方田赋税收最终取代了实物。

总之，明朝初年的实物经济制，主要是统治者鉴于历史经验的顶层设计，同时跟当时国内缺少白银、铜钱也密切相关，所以，明朝初期的统治者尤其是朱元璋的"朴素经济思想"就是征收各行各业百姓所得为赋税，以赋税实物作为与百姓、商人甚至外国的交易物，作为帝国支付给所有公职人员薪水的一部分，等等，借此维系国家机器运转，在一定历史时期，起到了一定作用，在历史上很有代表性。

明朝太监与国家经济

中国古代历史上有几个朝代的宦官势力很大,甚至影响了历史发展轨迹,作为特殊群体,明朝宦官权势更属空前绝后。明朝宦官之所以被皇帝倚重,跟明朝初年设定的政治统治架构密切相关,为了让宦官势力与文官集团互相制约,明朝宦官们不仅在政治、军事上被皇帝委以重任,而且还逐渐把持了国家经济命脉。

据说,明朝开国皇帝朱元璋曾经对宦官的使用有过国策性的规定,《明史》中记载,明太祖规定宦官"官无过四品",同时"内臣(宦官)不得干预政事,预者斩"。实际上,他的儿子朱棣称帝以后,就把他的"家规国法"束之高阁了。

众所周知,明代初期郑和七下西洋,其领导者郑和就是永乐皇帝深为信赖且能力很强的太监。郑和率领的巨大船队既是一个政治使团,也是一个军事集团,同时更是一个从事国际海外贸易的商队。这么重要的任务交给郑和去办,从技术层面来说固然有能力因素,而郑和的身份——宦官更是皇帝所看重的。熟悉明史的读者都知道,与外廷的文官团队相比,长期身处大内的皇帝更把作为皇室"家奴"的宦官看成"可靠的自己人",而那些有头脑、懂权术、识文断字的宦官更成了那个时代的能人——郑和也属于时势所造的英雄。可以这么设想,明代早期的七下西洋，即便不是由郑和组织实施，也会是另一个太监带队。

"这些远征都由从事外事活动和为皇帝求宝的宦官组织"（崔瑞德、牟复礼《剑桥中国明代史》），政治因素固然是其重要方面，而郑和船队所扮演的经济角色也不可小觑，庞大船队每次出海所携带的巨额财富和所有开销都由国家承担，帝国是全额投资方，郑和团队的条件比90年后的欧洲人哥伦布要优越多了——可见，明朝皇室对其寄予厚望。郑和远航船队带回来的不仅有各种各样的异国产品、珍宝，还有皇室贵族阶层所热衷的琳琅满目的奢侈消费品，这些"舶来品"让明帝国的国内市场发生了一些新变化，刮起了商业新风。更重要的是，郑和船队沿海跨越了半个地球，向东南亚国家以及波斯湾沿岸、非洲东海岸的国家打开了一扇国际通商的大门，堪称中国历史上"海上丝绸之路"的壮美篇章。郑和船队远行不仅影响了当时的经济贸易，还对明帝国以后的经济贸易结构影响深远，并不因为郑和的宦官身份而在历史上有丝毫逊色。

从史料来看，自明成祖永乐皇帝即位以后的240多年，明帝国历任君主都赋予宦官中的领导者"太监"以极重的政治、军事、经济重权，但本文只谈明朝太监们对帝国经济的作用与影响。

出于统治考虑，明朝开国初期为体现民生情怀，并顾及当时主要承担赋税的农民的有限缴税能力，从顶层设计上，朝廷定的税率较低，明代的国家赋税收入远低于400年前宋代的国家税收（崔瑞德、牟复礼《剑桥中国明代史》），然而，明帝国皇室的开销并不见得比宋代皇室少，而且政府运转开支、国防支出等也不会减少，于是除了正常规定的税收外，实际上各级官府都不同程度增加了额外税赋，这是"公开的秘密"，从地方到帝国中央都心照不宣。

到了明代中后期，皇室的铺张奢侈开销助长了统治者对民间财富的搜刮，明朝皇帝派遣身边的宦官为他到各地敛财，于是宦官势力大举介入帝国经济领域。

诚然，明朝宦官群体中也出现过能力较强、品行较好的所谓"好宦官"，这在《明史》中多有记载，如上文所说的郑和等，但是作为一些长期身处皇宫大内，与帝国最高权力异常接近、生理心理上都不同于常人的特殊人群，宦官在明朝历史上对国家经济的作用弊大于利。

作为明朝皇室"经济代言人"的宦官们插手帝国哪些经济领域呢？明朝皇帝绕过管理国家财政的法定机构，直接派出一批批太监到全国各地搜刮财富，沿海和内地的关税、林产品的征用、盐税、矿税、织造等，都成为宦官监管控制的领域。明朝皇宫内宦官机构有"十二监、四司、八局，所谓二十四衙门也"，各"监"的负责宦官被称为"太监"，威权很重。久而久之，"太监"就成了对宦官的尊称——而非现在语境中通常认为的贬义。在明帝国各地出现了很多"经济太监"，如北京附近的林产品税征收名义上是归工部管，实际上却是由宦官掌控，他们征收木板和圆木供皇宫使用，权力很大，谁也不敢招惹他们。

到 15 世纪后半期，明朝宦官势力几乎控制了军队所有的军需品的生产和采购，控制了朝贡制度下的大部分对外贸易，还替皇室管理皇家丝绸、瓷器工厂，为朝廷采购和运输国内的产品，负责很多帝国的大工程，如皇宫、皇陵和寺庙的建造等，可以说，这时候的宦官们成为国家一个特殊形态的官僚集团，他们的触手延伸至并掌控着帝国每一个重要的经济角落。《明史》这样记载："通都大邑皆有税监，两淮则有盐监，广东则有珠监，或专遣，或兼摄。"宦官在当时税收领域，可谓无处不在、无所不管。

皇帝让"无欲"的亲信宦官们干预帝国经济贸易的初衷是想让他们为皇室经营财产，可他们在财富上的"欲望"却相当强。

实际上，派遣到帝国各地去的"经济太监"绝大多数是贪婪狡猾之人，他们将搜刮来的巨额财富，除了进献给皇室以及向更高等级的掌权宦官行贿之外，大部分都中饱私囊，一个个赚得盆满钵满。都知道"经济太监"是肥差,在选派宦官到各地去担任税使、监督的时候,宦官集团内部早就明码标价出售职位了,所以,他们一上任便想着法子盘剥搜刮似乎也就顺理成章了。

正史上关于明朝太监巧取豪夺、骚扰地方的例子不胜枚举。如"李广,孝宗时太监也,以符箓祷祀蛊帝,因为奸弊……又擅夺畿内民田,专盐利钜万"。"谷大用者,(刘)瑾掌司礼监时提督西厂……建鹰房草场于安州,夺民田无数"等等。"经济太监"们为所欲为,甚至连朝廷大臣都不放在眼里,隆庆时期的太监滕祥深得皇帝的信任,骄横跋扈,"传造采办器物及修补坛庙乐器,多自加征,靡费巨万。工厂存留大木,斩截任意"。国有资产,他想怎么玩就怎么玩。

"经济太监"们掠取社会财富的情形也很疯狂。有日本和美国学者研究认为,明朝万历时期,太监负责所有税务时,非法征收极其普遍,而且大部分税收都被纳入私囊,只有20%到30%上交给了国库。而《明史》这样描述:"大珰小监纵横绎骚,吸髓饮血,以供进奉。大率入公帑者不及什一,而天下萧然,生灵涂炭。"意思是搜刮的财富超过90%进了太监的腰包。毫无疑问,"经济太监"是横征暴敛的最大受惠者,当然,贪婪作恶的太监也几乎都没有好下场。

十六世纪初,明朝正德年间的大太监刘瑾,"专恣骄横",权倾天下,据说刘瑾因谋反罪被抄家时,抄出家中"金共一千二百五万七千八百两,银共二万五千九百五十八万三千八百两"(陈洪谟《继世纪闻》),其他珍贵物品还不在其内。如果所记不虚的话,数额堪称贪污史上绝无仅有的例子。这从另一个角度反映出,当时的宦官势力掌握了大明帝国大量财富,因为刘瑾的巨额家财相当部分是来自各地"经济太监"的"孝敬"。

明朝末期,宦官势力对经济的掠夺到了无以复加的程度。万历二十六年(1598年),宦官杨荣到云南任矿使,名义上是为皇帝开矿理财,实际上"搜取宝石,诈扰诸夷,土司俱蠢蠢谋乱"(沈德符《万历野获编》),他的贪婪狡诈甚至造成了边境局势的不稳定。像他这样贪婪阴狠、为非作歹的"经济太监"在当时很普遍,文人沈德符随手就列举了一批"坏太监",他们是:"天津之马堂、福建之高采、辽东之高淮、徐州之陈增、湖广之陈奉、广东之李凤、李敬,通湾之张烨、湖口之李道……几遍天下,其播毒皆杨伯仲也(对地方百姓的毒害与杨荣不相上下)。"沈德符用沉痛的笔调控诉了当时宦官势力对社会财富的劫掠、对民间百姓的残害压榨。

总而言之,明朝宦官之所以能掌控国家经济,首先是出于皇权需要,而实际操作的"经济太监"们趁机敲骨吸髓地从中渔利,骚扰地方,扰乱天下,受难深重的就是最低阶层的无权无势的纳税百姓,宦官控制国家经济于国于民毫无裨益,给明代经济打上了一记灰暗烙印,助推了明朝社会和经济的不稳定,乃至于王朝的灭亡。

"朝贡勘合贸易"与明朝倭患

中国与日本之间，除日本遣隋使、遣唐使之外，宋元时期，两国已经有了较为频繁的贸易往来，互通有无，但多数都是民间贸易，两国政府之间交往甚少，及至明朝永乐初年才正式开启了特定的官方贸易模式——在朝贡的名义下，带动民间贸易进一步发展，这种朝贡贸易"以金叶勘合表文为验"，所以史学界又称其为"勘合贸易"。

明朝建国后很多周边国家都来朝贡并形成一种外交体系，尽管明太祖朱元璋曾经也想促成日本来朝贡，但是没有成功。《明史》记载，永乐元年（1403年）"十月，（日本）使者至，上王源道义表及贡物"。永乐帝朱棣"厚礼之，遣官偕其使还，赍道义冠服、龟钮金章及锦绮、纱罗"。这正式开启了明朝中央和日本政府的官方往来。尽管《明史》将日本政府对明朝皇帝的外交行为称为"朝贡"，将送给皇室的物品称为"贡物"，但是后世一些历史学家尤其是日本学界认其为"勘合贸易"。对此，笔者认为，一种国际"游戏规则"的达成，必定是同时符合了当时两国最高统治阶层的某种政治心理和利益需求的，尤其是就十五世纪初明朝和日本的历史实际而言，将当时两国政府之间的来往称作"朝贡勘合贸易"更为合适。

明朝、日本之间朝贡勘合贸易形式

明初沿袭元朝的海外贸易形式,在广州、泉州、宁波等三地设立了市舶司,分别负责各朝贡国的接待通商等事务。明朝与日本正式通商后,负责接待日本通商的是宁波市舶司,自永乐二年(1404年)日本正式按照明朝制定的"规则"进行朝贡勘合贸易,宁波开设了专门接待日本朝贡勘合贸易团的"安远馆",嘉靖年间宁波设有"嘉宾馆"。朝贡勘合贸易模式与之前历史上国家间贸易的最大区别在于:这种贸易因具有政治朝贡性质而必须到京城朝见、进贡过皇帝后,才能进行其他形式的交易。明朝、日本之间的朝贡勘合贸易正是如此。

明代初年海禁极严,洪武十六年(1383年),礼部出台勘合制度以辨别朝贡船舶的真伪,规范官方朝贡贸易。朝贡勘合贸易中"勘合"是关键,相当于官方的贸易准许凭证。明朝制作的对日本的"勘合",是将"日""本"两字分开,分别印制"日"字号勘合、"本"字号勘合各100道,共计200道。同时印"日"字号勘合底簿、"本"字号勘合底簿各2册,共4册。材料凭证就这些。然后将"日"字勘合100道、"日"字号勘合底簿1册、"本"字号勘合底簿1册,存放在明朝北京礼部作备案;再将"本"字号勘合100道、"日"字号勘合底簿1册交给日本;将剩下的1册"本"字号勘合底簿交给日本使团登陆地的明朝地方布政司。明代万历朝文人沈德符所记"(日本向)本朝入贡甚虔……每天朝主上新立,颁用日字,勘合可考"即是此事。

明朝、日本之间朝贡勘合贸易的运作程序是:日本朝贡勘合使团登岸后,将所携带的"本"字号勘合与明朝地方布政司的"本"字号勘合底簿对应上后,地方市舶司接待,并派兵护送贡使团赴京城。到京城后贡使团住宿会同馆,"礼部侍郎于馆中礼待如仪",同时,贡使将携带的"本"字号勘合、日本政府的公文与明朝礼部的"日"字号勘合、

"本"字号勘合底簿核对确认后，由礼部办理手续向皇帝汇报，择期举行相关仪式。

明朝由负责文教礼仪外交的礼部来制定朝贡勘合贸易相关条例，可知明政府是将勘合贸易看成政治性质"朝贡"的附带品。如日本朝贡勘合贸易团在宁波登陆后，被视为对明朝皇帝的"朝贡团"得到官方优待，派专人专船插上朝贡旗号护送去京城，一路好吃好喝，沿途官府还有额外接待。到了京城后，明朝官方尤其注重的是朝见礼节，礼部除了设宴接风外，要组织使团成员专门"习仪三日"。

明正德年间，礼部曾经定议："市舶职司进贡方物，其泛海客商及风泊番船，非敕旨所载，例不当预。"（《明史》卷五十七）可见，礼部是将包括勘合贸易在内的朝贡看成政治任务，而不是商业行为，礼部无意插手涉外贸易事务。但是，明朝一个重要现象是，市舶司几乎都是由太监担任提举官的，管理涉外贸易可以获取暴利和海外奇珍异宝，以致掌控明朝官方贸易权的太监们为此同地方官府频频争权，无论官方对外贸易还是民间对外贸易，都抓在手中。正德朝有名的权监贪宦刘瑾明令将民间涉外贸易同朝贡勘合贸易归在一起，由各地提举市舶太监管理。

按照永乐年间官方规定，日本的贡期是十年一次（曾任万历朝礼部尚书的于慎行认为是六年一贡），时间跨度远远长于当时的藩属国朝鲜、琉球、安南、占城等——"惟日本叛服不常，故独限其期限为十年"，这也是明朝政府有意将日本同藩属国朝贡区分开来的措施。据日本学者木宫泰彦称，明朝、日本建立官方勘合贸易后，"为区别贸易船与倭寇船计，特送勘合并其底簿来日（本）。日本贸易船自此皆携勘合抵明（朝），名为进贡，实营贸易"。可见，日本方面更关注贸易利润。

制度上而言，明朝对日本的朝贡勘合贸易在船只和人数上有规定：船只为2艘，使团规模人数为200人。实际上，出于商业利益需要，日本自始至终都没有严格执行过这个规定。

日本朝贡勘合贸易"贡"什么来？其"贡品"大致分三类：幕府贡献的日本方物、使团官员自贡物及随行商人的市卖品。作为"贡品"主要部分的幕府贡献方物包括哪些东西呢？木宫泰彦《中日交通史》记载，幕府贡献方物大概有金、铜、马、硫黄、玛瑙、苏方木、莳绘物、屏风、枪、大刀、铠甲、砚、扇子、锦绮等。值得注意的是，永乐三年（1405年）日本朝贡勘合使团"并俘获倭寇为边患者"作为进贡"礼物"，受到永乐帝的赞赏，此后在两国朝贡勘合贸易正常期间，日本常有此举。

接受日本的贡品后，明朝按例回赠幕府将军财物，一般来说有花银、铜钱、丝、绸、绢、纱、漆器、银器，以及种类繁多的红木雕制桌椅家具、家居日用品等。有学者认为，这是两国最高统治者借着官方仪式进行物资交易和政治沟通的一种形式，而按照传统史学的观点，明朝统治者更多地是将此作为一种对"东夷"的羁縻方式。

明朝中央对日本朝贡勘合使团回赐的财物器用，每次都要高于幕府将军"贡"给明朝皇帝的贡品之价值。如果朝贡使团感觉回赐菲薄时，甚至会直接提出索要，"请求"追加回赐，这样的事情一般出现在明朝中期后的朝贡勘合贸易时期。为何如此？木宫泰彦经过系统研究，道出了其中缘由："（日本）足利将军贡献明帝之方物，皆因欲换明（朝）之颁赐物而往者，故仅给常例之颁赐物，日本幕府尚不满足，有再三要求特赐物者。"他还举了个例子：明朝景泰五年（1454年），日本朝贡勘合使团正使东洋允澎"请求"明朝皇帝在常例颁赐物外再多加特赠，原因是：宣德八年（1433年）来明朝的日本朝贡勘合贸易使团得到了大量的额外颁赐物，他如果得不到相同或超额的回赐，就完不成幕府的使命，也辱没了人格，他就要自杀，明朝政府很惊讶，只好满足了他的要求。

其后，幕府将军足利义政多次指使朝贡勘合贸易使团向明朝索要额外的颁赐，曾经还"厚颜无耻"（木宫泰彦语）地直接请求赏赐铜钱 10 万贯，其国书直截了当地宣称："抑弊邑久承焚荡之余，铜钱扫地而尽，官库空虚，何以利民，今差使者入朝，所求在此耳。"彼时的日本国内政局动荡、战乱频繁，幕府政权岌岌可危，足利义政"厚颜无耻"，也是黔驴技穷之举。

对日本朝贡勘合使团中的使团官员自贡物，明朝政府也都另外给予超额赏赐，而对于随行日本商人的货物，政府会派人挑选一些，估值交换。在使团朝见受赏完毕后，明朝政府准许随行日商将携带来的没有被皇室选中的货物，在会同馆开市交易，贸易期一般为 3 至 5 天。会同馆贸易之后，按照规定，日本朝贡勘合使团立即由原船护送至宁波，就途归国，而日本使团成员会抓住时机在沿途停靠城镇买卖商品。

明朝、日本官方朝贡勘合贸易的两段重要时期

明朝开国皇帝朱元璋曾经数次派遣使者宣谕日本南朝征西府的怀良亲王，也得到了回应——尽管不太友好，弥漫着浓烈的火药味。同时，日本西海岸一些地方政府与明朝沿海官府之间也偶有联系，但都不是也没有达成两国最高层的交流与合作，直到永乐元年（1403 年）才有了最高层的正式友好交流，并确定了两国之间的朝贡勘合贸易形式。

综合史料来看，明朝、日本朝贡勘合贸易可以分为两段重要时期。一是自永乐元年（1403 年）日本朝贡使团至明朝，永乐二年（1404 年）正式开始朝贡勘合贸易，到永乐十六年（1418 年），前后 15 年，日本共派遣朝贡勘合贸易使团 6 次；二是宣德七年（1432 年）至嘉靖二十八年（1549 年），为期 118 年，日本派遣了 11 次朝贡勘合贸易使团。

首先来看永乐年间，尤其是永乐朝前期，这个阶段堪称明朝、日本开展朝贡勘合贸易的"蜜月期"。《明史》记载，永乐元年（1403 年），朝鲜、琉球、暹罗、占城、安南，包括日本等国入贡明朝。实际上，此时明朝、日本之间的朝贡勘合贸易制度尚未确定。值得一说的是，尽管清代张廷玉等撰的《明史》没有提到日本足利幕府对明朝建文帝的"朝贡"，但是日本方面有确切记录，建文四年（1402年）室町幕府足利义满将军对明朝政府派出过以肥富、祖阿为使臣的朝贡团。

结合当时日本国情来看，建文四年（1402年）、永乐元年（1403年），日本幕府连续两次对明朝中央的"朝贡"的历史背景，应该是日本南北朝（1336—1392年）对立结束不久，刚刚掌控日本政权的室町幕府对日本各地势力的控制力较弱，为了发展经济贸易、加强政治权威而进行的外交尝试。

《明史》记载，永乐元年十月"（日本）使者至，上王源道义表及贡物"。其中"源道义"即足利义满，是日本室町幕府的第三代将军，此人精干务实，对与当时强大富庶的明朝建立政治贸易关系很关切，所以主动派遣使者来进谒，而经过"靖难之变"才登上帝位的永乐帝也迫切想结交外邦诸国以树威，并且也有实际的政治军事需要，所以明朝政府、日本幕府一拍即合。

有美国学者认为，足利义满"对中国文化的爱慕是由他周围的禅宗僧人培养起来的，他急于恢复与中国的外交关系，这部分地是为了从有厚利可图的对华贸易中获益"（崔瑞德、牟复礼《剑桥中国明代史》）。这显然是足利义满的经济目的。

永乐元年（1403年）足利义满派出的使团在随带的国书中，奉明朝正朔，这位幕府将军自称"臣日本王"，一改早年间对明太祖复书的桀骜，言辞变得极其恭顺，永乐帝朱棣对足利义满这个态度非常满意。

日本学者研究指出，自永乐二年（1404年）到永乐十六年（1418年），日本朝贡勘合贸易使团来明朝达6次，明朝使者回访日本7次——明朝官方原定日本是十年一次"朝贡"，然而，很短时间内日本朝贡使团到明朝却来了6次之多，明朝政府对此也不介意，起码没有拒绝，还频频派出回访使团，可见明朝对于当时日本室町幕府的朝贡勘合贸易是满意的。

但是，《明史》之《成祖本纪》中，永乐朝自永乐六年（1408年）后，就没有了关于日本入贡的记载，有的6次，时间段是自永乐元年（1403年）至永乐六年（1408年），在此期间，日本每年都派出朝贡使团来明朝，但是《明史》是将永乐元年日本使臣团的来访算在内的，彼时并未正式开始所谓的朝贡"勘合贸易"。而永乐七年（1409年）后，日本没来"朝贡"了。显然，中日史料之间，在永乐年间明朝、日本朝贡勘合贸易断绝的具体时间上有出入。

再从《明史》之《日本传》中的叙述看，永乐七年（1409年）"时海上复以倭警告，再遣官谕（足利）义持剿捕"。综合来看，不禁出现疑点：永乐六年（1408年），到底发生了什么？按照明朝的记录，日本室町幕府在永乐朝的最后一次朝贡就在这一年。这一年后，中国沿海倭寇活动又开始频繁。

历史给出的答案是：明朝永乐六年（1408年），日本为应永十五年，权势赫赫的室町幕府第三代将军足利义满突发疾病去世，时年51岁。一位将亲近结好大明、与明朝积极合作作为治国方略的日本"国王"，在日本国内很多势力的忌恨中去世，势必影响日本对明朝的外交政策。

足利义满的儿子足利义持成为室町幕府第四代将军后，逐渐断绝了与明朝的朝贡勘合贸易。于是，如中方记录，永乐六年（1408年）成为日本最后一次朝贡的年份——日本学者有材料举证永乐八年（1410年）幕府向明朝派出了永乐朝最后一次勘合船，但是没有确切的使臣姓名，也没有归国年月。不妨作一推想：永乐七年（1409年），明朝沿海已发生倭寇骚扰情形，永乐八年（1410年）日本来了朝贡勘合贸易使团，但是不受明朝待见；永乐九年（1411年），国策已发生变化、行事偏激的日本幕府曾试图扣押明朝派去的使臣。这样一来，矛盾加剧，明朝史料便不认永乐八年（1410年）日本的"朝贡"。

在永乐朝日本朝贡勘合贸易过程中，值得注意的是，在回赠赏赐日本幕府将军财物以及各色器什玩好之外，应日本朝贡勘合使团的要求，永乐六年（1408年），明成祖朱棣将前一年去世的徐皇后编撰的《劝善》《内训》两种书籍，各赐了100本给日本幕府。显然，这是当时日本贵族向慕明朝风化文教的一个佐证。

明朝、日本第二阶段朝贡勘合贸易时期是宣德至嘉靖年间，此期间的朝贡勘合贸易更规范化，日本方面更关注经济利益。

在正德帝通过琉球王向日本幕府"致意"下，宣德七年（日本永享四年、1432年）八月，室町幕府第六代将军足利义教正式派遣朝贡勘合贸易使团5艘船从日本兵库港出发去明朝。奇怪的是，在《明史》之《宣宗本纪》中，不仅在宣德七年（1432年）的"入贡"国家名单中没有出现"日本"，而且，宣德八年（1433年）、宣德九年（1434年），"日本"都没有出现在"入贡"名单中，直到宣德皇帝去世的宣德十年（1435年），向明朝"入贡"名单中才赫然有了"日本"。

其实，日本在宣德七年（1432年）八月从兵库港发出的朝贡勘合贸易船是两国复交后日本幕府第一次派出的使团，携带了5道永乐朝赐给日本的勘合，当时的幕府非常重视，将军足利义教亲自巡阅船队送其出发。但是，这个船队却因在博多港等待转运15万斤硫黄而耽误了时间，直到宣德八年（1433年），即日本永享五年的春汛期才正式离开日本赴大明，当年六月到达北京。尽管在《明史》之《宣宗本纪》中，宣德八年（1433年）入贡国名单中没有"日本"，但是同一《明史》之《日本传》中却有这样的记载："明年（宣德八年）夏，王（指日本幕府将军）源义教遣使来。帝报之，赍白金、彩币。秋复至。"由这段史料来看，宣德八年（1433年），日本使团不仅夏天来了，而且秋天又来了。就日本和明朝史料对比来看，宣德八年（1433年）夏天到达北京的日本朝贡勘合贸易使团就是宣德七年（1432年）足利义教从兵库港送出的以龙室道渊为正使的使团无疑。至于那"秋复至"的使团到底是怎么回事呢？

中日双方史料都表明，开启明朝、日本第二阶段朝贡勘合贸易的道渊使团不仅被日本足利义教幕府寄予厚望，也受到明朝中央的高度重视。宣德皇帝亲自接见，对正使龙室道渊极其称赏，赏赐丰厚，并"授以僧录司右觉仪之职"，专门派出近600人的明朝回访使团，分乘5艘船，载满财货，还带去国书和宣德年号"本"字号勘合100道、"日"字号勘合底簿1册，同日本5艘勘合船一起浩浩荡荡于宣德八年（1433年）六月从北京出发，于宣德九年（1434年）五月下旬到达日本兵库港，六月初到达日本京都，足利义教在室町殿热情接见明朝回访使团。八月二十一日，明朝回访团离开京都归国。足利义教同时也派出了由正使恕中中誓率领的6艘遣明船作为第2次朝贡勘合贸易团。这应该就是《明史》之《日本传》中语焉不详的那个"秋复至"的使团，不过，时间应在宣德九年（1434年）。

据日本史料记载，明景泰二年（日本宝德三年、1451年）十一月，在第2次朝贡勘合使团出使17年后，日本幕府派出了以东洋允澎为正使的第3次朝贡勘合贸易团从兵库出发，原计划派出遣明贸易船10艘，实际成行9艘，成员有一千多人，规模为明朝、日本朝贡勘合贸易史上之最。这个使团直到明景泰四年（日本享德二年、1453年）三月才装满货物，携带宣德朝勘合，正式离开日本五岛向宁波进发，当年九月到达北京。《明史》之《景帝本纪》景泰四年（1453年）的"入贡"名单中包括了"日本"。

由史料来看，自宣德七年（1432年）直至嘉靖二十八年（1549

年）118年间，日本共派出了11批朝贡勘合贸易使团到明朝京城北京。

在第二阶段朝贡勘合贸易中，固然是日本获得了大量的贸易利润，但因明朝铸造铜钱、日常器用需要大量铜，国内的开采无法满足需要，从日本采买铜也成为一个重要渠道。

综合而言，在明朝、日本两个阶段的朝贡勘合贸易中，明朝统治者对日本最大的期望应该不是日本的特产物件，而是看重日本幕府对清剿海上倭寇的军事支持。有一个现象是：两个阶段日本派遣的17次朝贡勘合贸易使团，有据可查的14次都是由日本僧人担任正使、副使，没有确切记录的另外3次，其正副使极有可能也是僧人。而且，代表幕府草拟进明表的也是有文化的僧人。

明朝、日本的朝贡勘合贸易与倭患

回溯史实，明朝对日本的贸易政策、通商状况，同当时两国政府之间的关系密切相关，尤其是倭患问题。

于中国而言，倭患不是明朝才有的，其历史至少可以上溯到元朝，在忽必烈时代，元帝国两次远征日本大败后，倭寇逐渐猖獗，延续而成为明朝海疆倭患。按照日本学者的观点，最早在南宋时期（1212—1234年间），即日本后堀河天皇时期，倭寇（大多为日本西海岸的边民）开始侵略高丽海岸线，在第一次元朝日本战争（日本称之为"文永之役"）以后，倭寇对高丽的侵略活动逐渐频繁，据说是报复支持高丽的元帝国，第二次元朝日本战争（日本称之为"弘安之役"）十多年后，倭寇开始侵略庆元（今宁波）海岸，几乎年年都有骚扰。

明朝从元帝国手中夺得天下后，也面对着沿海倭寇的侵扰。即便自信神武的洪武皇帝统治年间也频频出现倭患，自洪武四年（1371年）六月就有官方记载，倭寇侵犯山东半岛之胶州，此后综洪武一朝，倭寇屡屡进犯山东、福建、浙江、广东等明朝东南沿海地区。

纵观明史，可以确定的是，明朝政府之所以同日本官方来往交流，重要目的之一就是希望日本官方能约束日本沿海浪人、渔民不要寇掠明朝沿海，甚至鼓励日本官方协助讨伐倭寇、海贼。如第一阶段朝贡勘合贸易开始时，因"对马、台岐诸岛贼掠滨海居民"，永乐二年（1404年）十一月日本朝贡勘合使团到北京时，明朝政府就要求日本国王源道义（即幕府将军足利义满）讨伐岛贼——实际上就是讨伐倭寇。让明朝统治者欣慰的是，在日本足利义满时代，日本幕府都"履行了逮捕日本海盗并把他们送往明朝廷的诺言"（崔瑞德、牟复礼《剑桥中国明代史》）。足利义满时代几乎每次到明朝的朝贡勘合船都会将日本捕获的海贼倭寇"献"给明朝统治者，对此，永乐帝大加赏赐。永乐四年（1406年），为表扬日本幕府捕捉海盗有功，"赐白金千两，织金彩色币二百，绮绣衣六十件，银茶壶三，银盆四，及绮绣纱帐衾褥枕席诸物，海船两只"，并封其国山名为"寿安镇国之山"，永乐帝还亲制碑文，御赐铭诗，其中写道"迩源道义（足利义满）能迪功，远岛微寇敢鞠凶。鼠窃蝇嘬潜其踪，尔奉朕命搜捕穷。如雷如电飞蒙冲，绝港余孽以火攻……宠以铭诗贞石砻，万世照耀扶桑红"，就是记述夸赞足利义满协助捕捉倭寇的行为和功劳的。

第二阶段朝贡勘合贸易开始时，与恢复邦交后的日本第1批使团同归日本的明朝回访使团正使雷春，于宣德九年（1434年）六月十七日向幕府将军足利义教传达了宣德皇帝的旨意，"请日本禁遏海寇，且请送还被海寇俘虏之明人"（木宫泰彦《中日交通史》）。

从另一个角度来看，日本同明朝的官方来往显然主要为了贸易利益，只有足利义满时代多一些政治因素成分。日本派遣到明朝的勘合贸易船，对明朝称为"进贡船"。如第二阶段第3批于成化四年（日本应仁二年、1468年）五月到达宁波港的日本勘合船就主动对外号称"日本国进贡船"。这也是笔者不完全赞同一些日本学者"勘合贸易"用词的原因之一,而应尊重当时的历史情境定称为"朝贡勘合贸易"。

"上兵伐谋,其次伐交。"明朝中央政府意识到将"朝贡勘合贸易"与棘手的倭寇问题结合起来处理的好处,这不可谓不是当时审时度势的一种务实外交,而不能简单将促使日本来"朝贡"视为当时明朝政府的"天朝情结"。

所以,在嘉靖朝之前的明朝中央为缓和海贼倭寇侵扰,对能给日本带去巨大经济利益的朝贡勘合贸易是不拒绝,或者说是尽量满足的,尽管这给大明帝国的经济造成了很大负担。

历史也见证了取缔日本朝贡勘合贸易会助推倭患。概括来说,明朝、日本之间朝贡勘合贸易取缔了两次。第一次是日本幕府首先提出的。明朝永乐九年(日本应永十八年、1411年),室町幕府第四位将军足利义持在朝臣力持下,谋划断绝与明朝的国交。其原因是,在日本官僚阶层看来,前一代幕府将军"(足利)义满受明(朝)国书,仪式过于郑重,有损体面"。如足利义满时代,明朝回访使到日本京都觐见将军时,将军都派出"公卿二人至总门迎迓,接受明书,烧香三拜后,复跪坐"。更何况足利义满在国书中对明朝称臣,奉大明正朔。日本贵族官僚认为足利义满过于"巴结"明朝,有辱国格,所以对其极为不满,而坚决要废除这种他们认为不平等的国交。

日本室町幕府断绝与明朝国交的措辞很委婉:"日本蕞尔小邦……比因倭寇旁午,遮遏海道,朝贡之使,不能上达。"此后,日本政府也放弃了清剿海上倭寇的承诺和责任,"故前此一旦屏息之海贼,复扰明(朝)之沿岸,自山东以至福建海岸一带,倭寇出没无常"(木宫泰彦《中日交通史》)。

明朝政府认为是日本幕府派出的人骚扰沿海地区。永乐十六年(1418年)十一月,明成祖派遣使臣带国书给日本幕府,谴责足利义持"恃险阻而不朝贡,屡遣人寇掠边境",并且对其进行了警告——幕府派遣倭寇未必属实，但是幕府不再约束、清剿海岸倭寇是事实——然而，足利幕府毫不买账。此后，自永乐十七年（1419年）开始，明朝、日本之间的来往一时断绝。直到明朝宣德七年（1432年），足利义持的同母弟弟、日本室町幕府第六代将军足利义教正式派遣以天龙寺僧龙宝道渊为正使的使团出发，日本才与明朝恢复国交，日本与明朝前后断绝官方往来13年，实际上，日本幕府不搭理明朝政府、不合作应该从永乐九年（1411年）算起，前后达21年。

对于明帝国沿海出现的倭寇骚扰，永乐帝非常重视，永乐六年（1408年）十二月，命令"柳升、陈瑄、李彬等率舟师分道沿海捕倭"。（《明史》卷六）——柳升、陈瑄、李彬这三位将领都是永乐帝极为器重的猛将。柳升当时已因战功封为安远伯，后曾经统领明朝神机营组建中国历史上首支正规编制的"炮兵"部队，开启中国热兵器时代，后来晋爵为侯。李彬是将门后代，永乐元年（1403年）就因战功封为丰城侯。陈瑄也于永乐元年因功封平江伯，实际上，他从永乐元年三月开始就任漕运总兵官，每年向北京、辽东运送粮饷、军用物资。永乐帝派出了"一侯两伯"的将领组合"分道沿海捕倭"，可见其清剿海疆倭寇决心之大。

除了扫除海患之外，当时明朝政府还面临一个客观情况。自永乐五年（1407年）开始，永乐皇帝举全国之力营建帝国的新都，各项工程物资、财宝珍玩源源不断地从陆路、河道以及海道运送北京，而当时的海运任务重，如果不清剿由中国南方去北京的海道上的倭寇海贼的话，势必影响国家最大的工程。事实上，大明朝运送北京、辽东的粮饷物资确实屡屡受到活动在东海、黄海的倭寇骚扰。

所以，永乐帝极其关注东海、黄海的安全，不仅派出大将率领精锐水师巡逻海面，护航运输船只，同时也不断地要求和鼓励日本政府一起清剿海上倭寇。

据《明史》记载，永乐七年（1409年）三月，"柳升败倭于青州海中"。即前一年十二月派出的明军水师在黄海打败一伙倭寇。其实，这时候的倭寇有两方面情况值得注意：一是倭寇都在海上，因当时明朝陆上军队的战斗力还是很强的，所以几乎少有大股倭寇能上岸；二是这时候的倭寇，应有相当部分的人是被永乐帝推翻的建文帝的残余势力和同情者，他们在海上伺机攻击当朝军队。

虽然永乐六年（1408年）明军就开始大举清剿海上倭寇，但是倭患依然不断，直到永乐十七年（1419年）明军在辽东樱桃园围歼倭寇，"斩首七百四十二，生擒八百五十七"，才使得倭寇很长一段时期不敢大举侵扰黄海海面和辽东地区。

与第一阶段朝贡勘合贸易结束方式所不同的是，断绝明朝、日本之间第二阶段朝贡勘合贸易是明朝政府提出来的。诱因是发生在宁波的"日本朝贡勘合使团劫掠事件"。明朝嘉靖二年（日本大永三年、1523年）五月，隶属于大内氏、细川氏两个不同大名势力的共4艘日本朝贡勘合团在宁波，延续前次贸易的纠纷余波，为各自使团的货物贸易优先权、利润和所享受的商业待遇发生了争斗，而贪婪腐败的宁波市舶司太监和地方官吏也掺和其中，导致大内氏使团愤而攻杀细川氏使团，势力强大的大内氏使团不但杀掉了包括"正使"鸾冈瑞佐在内的12个细川氏使团的人员、火烧细川氏使团的商船，并且杀死明朝官吏，大掠宁波、绍兴两地财物，夺船出海逃回日本。针对此次事件，明朝负有监察权的谏官们建议"闭关绝贡，振中国之威，寝狡寇之计"。明朝皇帝没有立即采纳。

虽然日本大内氏朝贡勘合贸易使团闹出的宁波之乱，没有立即使明朝统治者下决心断绝两国之间的朝贡勘合贸易，但是明帝国自此加强了对日本的警戒，一方面加强海防部署，另一方面加大了对日本朝贡使团的规模限制和检查。"宁波事件"后17年，嘉靖十八年（日本天文八年、1539年)七月,幕府将军足利义晴派出的朝贡勘合贸易使团再至宁波。明朝政府吃一堑长一智,严令"巡按御史督同三司官核,果诚心效顺,如制遣送,否则却回,且严居民交通之禁"(《明史》卷三百二十二)。往事历历在目,大明朝担心日本朝贡勘合使团再节外生枝,所以严阵以待。本次只允许使团中的50人到京城进行朝贡贸易,贸易额大大缩减。此后,更定日本朝贡勘合贸易规模为:"贡期限十年,人不过百,舟不过三。"

日本幕府于嘉靖十九年(1540年)、嘉靖二十三年(1544年)、嘉靖二十六年(1547年)向明朝政府请求授予新勘合、增加入京朝贡人数和船数,明朝敷衍不应。

自"宁波事件"后,明朝政府就想拒绝日本朝贡贸易,但是根据以往历史教训,担心"倭寇之侵害必甚",所以又接待了两次日本勘合贸易使团:一次是上述嘉靖十八年(日本天文八年、1539年)七月到宁波,一次是嘉靖二十七年(日本天文十七年、1548年)三月到宁波。明朝官员于慎行在《谷山笔麈》中记载:"至嘉靖二十九年(1550年)入贡以后,始不来耳。"这应该就是指嘉靖二十七年(1548年)三月到宁波的日本足利义晴幕府派来的朝贡贸易使团。其确切时间应是嘉靖二十七年(1548年)三月到宁波,嘉靖二十八年(1549年)四月到北京——《明史》之《世宗本纪》中嘉靖二十八年有日本入贡的记载,此后,再无。

明嘉靖年间,"日本王虽入贡,其各岛诸倭岁常侵掠,滨海奸民又往往勾之",可见也不是有了明朝、日本之间的朝贡勘合贸易,倭寇就绝迹了,其实,明朝沿海的奸商海贼也是倭患成因之一。

鉴于日本朝贡勘合贸易使团火并劫杀给沿海地区造成的危害,以及日本室町幕府在国内控制力降低,无法有效管控西海岸、打击倭寇,加上嘉靖朝中期后明朝经济渐趋衰落等多重因素,嘉靖二十九年(1550年)后,明朝政府正式"废宁波市舶司,拒绝日本贸易"。

明朝、日本两次断绝官方来往，取缔朝贡勘合贸易起码造成了两方面的"后遗症"：一是明朝沿海受到海贼倭寇骚扰加剧，二是海上明朝、日本两国私商贸易频繁。

明帝国同日本朝贡勘合贸易断绝后的私商贸易

明朝人沈德符著述："（日本）大抵来贡不过利中国贸易……故或逾期不至，中国亦不诘责之，正合来不拒去不招之义。"这透露两个信息：一是明代士大夫们也知道，日本对明朝的"朝贡"，其本质是为了赚取贸易利润；二是明朝政府尤其是中期以后的政府"来不拒去不招"，对于同日本的官方交流、朝贡勘合贸易并不太积极。这也是两国"貌合神离"的官方合作必将散伙的因素之一。香港大学荣誉教授王赓武认为，到了正德年间，"朝廷对于作为控制手段的朝贡已没有兴趣了，只把使团看作没有政治意义的商业往来"。笔者认为，这一观点不一定适用于当时明朝所有的朝贡国，如朝鲜，但是结合中外史料来看，明朝对于日本的"朝贡勘合"贸易是有这种情绪的。

尽管明朝政府、日本幕府断绝了官方来往，但是两国之间的交流却并未间断。

明朝历史有一种现象：当明朝和日本朝贡勘合贸易正常、政治关系好时，明朝沿海地区的倭寇劫掠活动较少，即便有，也是小规模的散寇，两国交流频繁、贸易繁荣；当两国朝贡勘合贸易断绝、龃龉对抗，没有沟通时，倭寇猖獗，正常民间贸易难以开展，却滋生了很多武装走私行为，并造成诸多负面影响。有些沿海武装走私分子直接就将自己装扮成"倭寇"趁火打劫，最具代表性的如明朝嘉靖年间的海寇汪直、徐海、陈东、麻叶等。

如明朝前期，永乐九年（1411年）后，日本足利义持幕府不再向明朝派遣朝贡勘合贸易使团，实际上断绝了与明朝中央的联系，"不过，私人的贸易通过日本南部的诸港口仍在继续进行"(崔瑞德、牟复礼《剑桥中国明代史》),艳羡暴利的私商们不会被两国政府关系所左右,他们只追求更好的发财机会。

海上倭寇问题需要明朝政府直接面对,因为日本幕府放弃了与明朝政府在中国沿海约束打击海盗倭寇的合作,明廷不得不下定决心派出精锐水师在沿海清剿海盗倭寇,并取得了阶段性成效。

第二阶段明朝、日本朝贡勘合贸易于嘉靖中期取消后,日本商人为了获取高利润依然自行来浙江、福建沿海寻找贸易机会,因为官方机构市舶司取消了,日商就找到地方官绅家族请求贸易,不良官绅见有利可图,欣然答应,却又故意拖欠日本商人的货款,"索之急,则以危言吓之,或又以好言绐之,谓我终不负若直",一拖再拖就是不给,甚至还借官方势力来恐吓日本商人,日本商人、水手漂洋过海受尽辛苦运来的货物被骗取,自然愤恨,于是就同海盗汪直、徐海、陈东、麻叶之辈联合起来,穿日本服装、打日本旗号,浩荡招摇,劫掠沿海城镇。而彼时的明朝沿海军备弛废,一遇警报,临时招募渔民承担防卫任务,"兵非素练,船非专业",没有统一的海防指挥体系,见倭寇登岸,立即四散逃命,"以故贼帆所指,无不残破",有见及此,倭寇更加猖獗,"分艘掠内地,无不大利,故倭患日剧"。

明朝人沈德符认为:"其嘉靖间入寇闽浙者,乃岛中贼倭,如中国洋船,其国主不及知也。"此话,不仅当时得到公认,即便现在史学界也有赞同声音,笔者认为有一定道理,但也不是绝对的,说当时真正的倭寇是日本西海岸的浪人匪类,是受到公认的,但要说日本官方甚至地方政府一无所知,那也是不符合常理的。

有一点可以确认,在明朝、日本之间断绝官方往来及勘合贸易时,日本官方不认可自己有制止倭寇的国际义务,这乃当时历史情境下的事实。倭寇纠合海贼奸商、日本幕府坐视不管或无力约束,再兼明朝官方沿海治安防控不力，嘉靖三十二年（1553年）三月，"汪直勾诸倭大举入寇，连舰数百，蔽海而至。浙东、西，江南、北，滨海数千里，同时告警"，倭寇劫扰愈演愈烈，造成了明朝历史上嘉靖朝大倭患的局面。

嘉靖三十四年（1555年），嘉靖倭患最严重之局面可见两例：70多个倭寇就深入浙江、南直隶腹地，一直打到大明留都南京，纵横多地，烧杀劫掠，明朝官民伤亡6000多人。另据明朝人记载，曾有倭寇流窜攻击嘉兴王江泾，"操刀焚劫，居民奔散，老弱妇女兵死弥望，至有全家遭刃者"。而这恰是当时倭患的普遍惨况。直到嘉靖四十二年（1563年），戚继光在福建沿海击溃倭寇，明王朝花费了巨大人力物力财力，才逐渐消除了沿海倭患。

明朝官员朱纨、胡宗宪、俞大猷、戚继光等先后给倭寇有力打击。令人扼腕的是，嘉靖年间的能臣干吏朱纨虽然有效阻击了倭寇，并在严厉打击勾结倭寇的沿海豪强上也取得了成效，但也因触动了闽浙地方豪强贵宦的利益，受到群体性攻击，同他一起战斗的一些力主抗倭的官吏将领反被诬陷栽赃，受到朝廷处分，抗倭英雄朱纨最后被逼愤懑自杀！

在朝贡勘合贸易之外，明朝、日本民间私商贸易不断发展

明人沈德符曾说："所幸彼国（日本）安富远过中国，初无意内犯。"他的这个观点有"坐井观天"之嫌，实在是因为他无法充分掌握当时日本的信息。其实，囿于版图、资源的限制和内乱，当时室町幕府后期统治下的日本经济发展滞后，尤其是海外贸易使得日本的银、铜、金的输出过多，在日本引起了恐慌，尤其担心银、铜的枯竭会使该国经济陷入危机。当日本商人见识了明朝的富庶之后，激发贸易需求是情理之中的事情，至于"内犯"，那得需要武力的支撑和机会，而非彼方"有意"或"无意"的问题。

明朝嘉靖中央政府虽取缔了同日本的官方勘合贸易，然而"市舶既罢，日本海贾往来自如，海上奸豪与之交通，法禁无所施，转为寇贼"（《明史》卷五十七）——已经尝过海外贸易甜头的明朝、日本商人岂能就此罢手。这诱发了民间走私、海上武装贩私行为的日益增多。

再有，明朝福建、浙江沿海地区人多地少，虽然明朝初年禁止制造适合海上航行的双桅大船，规定"片板不许下海"，但沿海居民为了生存，常常铤而走险，私下与外来商人交易，"15世纪上半期，漳州的海商们已然无视政府的禁令，与海外进行交易活动"（上田信《明清时代：海洋与帝国》）。而且，对明朝沿海地区热衷于海外贸易的商人来说，日本商人只是外商之一。著名的中国社会经济史学家傅衣凌先生认为嘉靖朝大倭患之后，福建商船远航日本、琉球各地的，并没有停止，而且为数颇多。

当一个王朝处于蓬勃上升期时，有足够的实力控制局势，如明朝初年海上虽有倭寇，但对陆地不能构成大的威胁。到了嘉靖年间，"北虏南倭"的军事压力以及政府吏治渐趋庸腐、各地频发自然灾害，使得大明帝国的国力和有效控制力逐渐降低，一些有势力、胆子大的商人为了获得暴利，组建了自己的武装船队，偷偷地与日商等外商贸易，当时沿海除了日本商人，还有东南亚商人和葡萄牙商人。当明朝统治者发现自己疆域内有商人胆敢违抗国家指令与外人"勾结"时，怒不可遏，派出帝国军队清剿，扫除了沿海的几个贸易频繁的"窝点"。而从明帝国清剿中逃出来的沿海商人，索性建立起了自己的海上武装据点，并且为了壮大声势，还与日本等海上流浪势力勾结，形成了倭寇集团。从史料中，显然能看出倭寇中的很多明朝商人的真正目的还是做生意赚钱，并没有什么政治目的，因此当明朝廷对海盗"招安"时，他们都屡屡中招，如汪直、徐海等。

谙熟嘉靖、万历年间朝野事务的沈德符在《万历野获编》中评论："我朝书生辈不知军国大计，动云禁绝通番以杜寇患，不知闽、广大家正利官府之禁，为私占之地。"他还直接举倭寇例子阐明他的观点："如嘉靖间，闽浙遭倭寇祸，皆起于豪右之潜通岛夷，始不过贸易牟利耳，继而强夺其宝货，靳不与值，以故积愤称兵。"这是时人描画出的嘉靖年间产生倭患的民间路线图，如果如其言，确是明朝国内奸商勾引肇祸，贻害邦国百姓。显然，他认为"动云禁绝通番以杜寇患"是"书生辈"的纸上谈兵！

拉长历史镜头能看到：明朝万历年间，明朝和朝鲜共同抗击侵略朝鲜的日军，自万历二十年（1592年）开始到万历二十六年（1598年）长达七年之久，我国史书称为"万历援朝战争"，朝鲜称作"壬辰倭乱"，增援朝鲜的明军有胜有败，明朝上下颇为张皇，也冒出很多所谓的"平乱良策"，其中之一就是重新恢复日本朝贡勘合贸易。

万历年间官至礼部侍郎的于慎行在《谷山笔麈》中曾记录了这个细节："万历甲午以后，辽左衅师，司马石公（指石星）欲以封贡啗倭，救失补败。"其背景是：主持援助朝鲜军队抗击日军的明朝兵部尚书石星，从朝鲜前线侦测到日本方面一些将领有重开明朝、日本之间勘合贸易的期望。因为当时的日本基本结束社会动荡的战国时期，经济凋敝、民生艰难，掌权的丰臣秀吉等一批日本野心家觊觎明朝财富，既然不能占领明朝土地、夺取财物，那么通过再续能得到很多实惠的勘合贸易，也不失为一个良策。而且据有些学者称"（当时日军主要将领之一的小西行长）希望打破明朝独独将日本排除于互市体系之外的僵局"。日本一些贵族、商人阶层也对于恢复同明朝的官方贸易充满期待，尽管是否以"朝贡"的名义是另外一回事。然而，此策没能成功。但也足以说明亲身经历过大倭患的明朝官绅阶层有了对朝贡勘合贸易的重新审视反省——开展贸易总比打仗好！

不仅在明朝政府平定嘉靖朝大倭患之后，明朝民间商人同日本商人之间的贸易并未中断，"当日本足利氏之季世，明之商舶赴日本者甚多"（木宫泰彦《中日交通史》），所到日本地区有丰后、肥前、平户、萨摩、周防、越前、伊豆、相模等地，而且在万历朝援助朝鲜抗日战争后，与明朝隔海相望的日本萨摩岛津氏多次寻求机会同明朝商人贸易，甚至让琉球王从中斡旋，"希望年年由萨摩遣商船至琉球，与明商舶相会交易"。德川家康开启日本江户幕府时代后，也很期待与明朝开展官方贸易，曾经写信委托去日本的明朝商人带给福建总督以及让琉球王转呈信件给明朝中央，希望能与明朝政府重开勘合贸易。有学者认为，这些信极有可能都没有送达明朝官方。日本德川幕府再续勘合贸易的尝试不了了之，但是这段时期通过琉球而到长崎同日本开展贸易的明朝商船不在少数，"明舶之私来长崎营贸易者，逐年增盛"。而且，自嘉靖朝倭乱之后，明朝和日本民间商人就另辟蹊径，将南海的吕宋作为中介贸易地，很多日本商船到吕宋购买明朝商人的货物，尤其是生丝，极受欢迎。

明帝国与日本之间朝贡勘合贸易、嘉靖朝大倭患对明朝命运的影响以及反思

尽管史料纷繁，但细捋可知：明朝、日本之间的朝贡勘合贸易正式开始于永乐二年（1404年），第一阶段至于永乐十六年（1418年），前后15年，日本派出朝贡勘合正式使团6次；第二阶段自宣德七年（1432年）至嘉靖二十八年（1549年），前后118年，派出朝贡勘合正式使团11次。有明一代，日本室町幕府共向明朝政府派出了17次朝贡勘合贸易使团。总体来看，明朝、日本之间的朝贡勘合贸易的影响是积极的。它增进了两国政府之间的了解合作，促进了两国官方贸易、民间贸易的规范发展，对后世贸易无论在形式还是内容上都有很大影响，朝贡勘合贸易也带动了中日文化交流，意义积极深远。

对明朝历史造成大影响的倭寇，应该是嘉靖朝的大倭患。嘉靖二十六年（1547年）朱纨提督闽浙海防军务，大力整顿海防，围剿沿海倭寇取得了阶段性成效，朱纨"清强峭直，勇于任事"，被权势豪强所陷害，嘉靖二十八年（1549年），被迫服毒自尽。于是，朱纨周密部署的海防体系、捕盗船队都被"尽散遣之，撤备弛禁"，沿海地区一时毫无设防，完全洞开，为倭寇进犯"创造"了大好条件，"未几，海寇大作"。嘉靖三十二年（1553年）起，倭寇大举进犯明朝东海岸，骚扰越来越频繁激烈。有日本学者认为，明朝倭寇中海外成分不应都视为日本人为主，还包括东南亚人、佛郎机人（即葡萄牙人），是一帮训练有素、贪婪凶残、劫掠成性的"乌合之众"。这个观点能成立，但他们都打着"倭"的旗号是毫无疑问的。

嘉靖朝大倭患成为扰乱明朝中后期社会政局、经济秩序的"大毒瘤"。如以嘉靖二十六年（1547年）起用朱纨组织海防抗倭算起，到嘉靖四十二年（1563年）戚继光基本平定沿海倭患，嘉靖朝大倭患荼毒沿海至少达17年，倭寇手段极其残忍，倭患蔓延浙江、福建、南直隶（今江苏、安徽和上海一带）等东南大片富庶地区，造成的损失不可估量。

嘉靖朝大倭患也动摇了明朝的统治。明朝虽然在万历年间基本剿灭了沿海的倭寇，但也大伤元气，国力减弱，加重了百姓的负担，致使社会基础不稳。更重要的是暴露出了明朝中后期官场的庸腐、社会风气的堕落萎靡，以及一个稳定富饶、貌似强大的帝国军队之无能，还有海防军事指挥体系的混乱无序。这对后金武装进攻大明帝国也有一定的刺激作用。

总的来说，明朝与日本的朝贡勘合体系可以说是明朝初年启动的一种对日本的羁縻政策，也有一定的天朝夸耀成分，但是明朝政府更希望取得缓解东部沿海的倭寇骚扰的实效。史料显示，两国之间有无朝贡勘合贸易也几乎成为明朝倭患的"晴雨表"——尽管后期倭寇十之七八都是海贼、奸商——明朝、日本朝贡勘合贸易正常时,倭寇极少,反之倭寇则多,竟而成患。

再从日本历史来看,倭寇对中国沿海骚扰最严重之时,如美国学者鲁思·本尼迪克特所言:"公元十六世纪时,(日本)内乱成了流行病。"(鲁思·本尼迪克特《菊与刀》)——日本国内社会无序、战乱频仍、经济凋敝,也是明朝沿海海盗倭寇肆虐的一个重要外部因素。

基于本文叙述,有几点可资思考、商榷之处:

一是如果明朝、日本之间的朝贡勘合贸易不断,且允许两国民间适当贸易的话,明朝历史上的倭患是否就会不存在,或者程度减轻?并且历史显示,明朝、日本断绝官方来往,并没能禁绝两国私商贸易。

二是嘉靖年间明朝、日本官方朝贡勘合贸易断绝后,沿海商人、权贵家族在与日本私商交易时,如果能注重诚信、公平交易的话,是否会减缓倭寇的侵扰或不致造成嘉靖朝大倭患?

三是如果日本国内当时政局稳定、经济繁荣、社会安定的话,会有那么多倭寇,或者日本武装浪人参与海贼集团对中国沿海进行劫掠烧杀吗?

四是当时自视为天朝大国的明朝官方对国际形势的了解渠道过于狭窄,即便是对一衣带水的日本的真实情形,也惘然不知,甚至对两国之间来往的历史都凭空臆想。于慎行就指出过当时很多官员"竟不知日本为何国,关白为何人,盈庭之言,皆如吃,以此御难,何以为国?""皆揣摩情形,泛论事理,至于日本沿革,绝不考究,有谓祖宗绝其封贡,二百年来不与相通者,览之为之失笑。"——认为明朝从来就没有同日本来往过,显然违背史实。当时官员学识粗浅,也是明朝政府难以出台正确有效的对日政策的一个致命因素。

五是朝贡勘合贸易对于日本来说,从明朝官方和民间获得了贸易利润,弥补了当时本国经济短板,有利于巩固当时幕府的统治,唯一不足的是室町幕府一度认为有辱国家形象；对于明朝来说，虽然在朝贡勘合贸易中经济上多了付出，同时因沿海奸商横行、官吏庸腐、豪强逞势而引出了贸易过程中的争执骚乱——这与大规模的倭患相比，毕竟小巫见大巫——但是，两国官方正常交流，对抑制海上倭患、维护沿海稳定确实也起到了作用。不揣寡陋迂执，借今人眼光来论古人之事，如果当时两国都从大局务实考虑，积极完善措施来推进国家邦交、贸易来往的话，或造成另一种历史走向，亦未可知。

然而，历史毕竟已是事实，后人所能做到的仅是从中汲取一点所谓的智慧而已。

"火耗归公"与"廉政缩水"

历史上有个常见说法是，清朝雍正年间实行的"火耗归公"和"养廉银"制度促进了当时的廉政。

先来看什么叫作"火耗"？《清史稿》中有个官方解释："盖因本色（实物征缴）折银，镕销不无折耗，而解送往返，在在需费，州县征收，不得不稍取盈以补折耗之数。"话说得很委婉，意思是，赋税征收银两了，百姓缴纳的很多散银在熔铸成大锭银两时，会有损耗，而且，地方政府解送税赋银两到国库去，中途也有运输押护的开销，于是，不得不向百姓多征收一些银两，这个"补折耗之数"就是常说的"火耗"。说白了，"火耗"就是一种地方政府在国家法定税赋之外的额外加征。

康熙五十一年（1712年），朝廷曾开明大度地宣布："新增人丁永不加赋。"以当年的税赋标准作为清朝永远的税赋额度，康熙帝的金口玉言，后世皇帝不敢违背，但是随着行政成本上升，用于补贴地方官吏工资和地方政府的各项开销增多，各地不断提高"火耗"的征收额度，标准不相一致，给百姓增加了很大负担。

火耗银的征收额度是多少？雍正年间的火耗银征收，通常是额定税赋每一两银子加征火耗银"重者数钱（银），轻者钱余（银）"，由于银衡量单位十钱等于一两，可见，比例最少是10%以上。实际上，在西北地区陕西一带，火耗的征收比例相当高，"查秦省州县火耗，每两有加二三钱（银）者，有加四五钱（银）者"（蒋良骐《东华录》），其比例最高达到50%，民间受累很重。

晚清官员邓华熙在日记中记录了1874年九江税关上缴饷银时，"三日一缴，倾销火耗每百（两）六两"——这里，火耗银缴纳比例是结算银两的6%，即相当于增加了6%的税收款。由此看来，即便是一个官方机构向国库结算时，也要缴"火耗"。九江税关既然要交6%的"火耗"给上级部门，那么，它收取关税时所征收的"火耗"肯定是要高于这个比例的，应该也在10%以上。

从州县到直省，乃至于中央，都知道地方政府对百姓有"火耗"征收项目，而且汇集起来是数额相当大的款项，出于种种原因，一直都听之任之，百姓更是无法反抗地方官吏。相沿成习，收火耗银的地方官府和缴火耗银的纳税人都没觉得有什么不妥的——实际上，当时征收火耗银是在打法律的擦边球。

州县官吏借征收银两火耗的机会，营私舞弊，中饱私囊，省一级的督抚藩臬等官员，从中也有分肥，基本都是睁一只眼闭一只眼，于是，"州县重敛于民，上司苛索州县，一遇公事，加派私征，名色繁多"，火耗银成了众所周知的"灰色收入"，是地方官吏们眼红的肥肉，甚至有官吏为分"火耗"而争执反目。

雍正帝即位后，火耗银被中央政府所关注

徐珂在《清稗类钞》中这样记述："雍正间，耗羡归公，定直省各官养廉，其端则发于山西巡抚诺岷、布政使高成龄。"确切地说，是在雍正二年（1724年），山西巡抚诺岷"疏请将通省一岁所得耗银提存司库，以二十万两留补无著亏空，余分给各官养廉"，而布政使高成龄亦表示赞同（《清史稿》卷二百九十四）。雍正皇帝就这个提案让大臣

们商议，各省封疆大吏知道雍正皇帝的厉害，"上意所向，不敢争"，田文镜等地方巡抚都很识趣地向朝廷提出火耗统一上缴国库的奏请。于是，当年七月，大清王朝实行"火耗归公"，这一历史上有名的财政举措，又称为"耗羡归公"，将明朝以来的"耗羡"附加税正式改为法定正税，官方说法是，"火耗归公"意在打击地方官吏的任意摊派行为。

这里要插叙一下，实际上在康熙末年就有官员对"火耗银"动脑筋了，此人是清史上鼎鼎有名的人物，他叫年羹尧，在担任陕甘总督这一个重要封疆职位时，因为西北驻扎重兵，各项开销都很大，年羹尧奏请将陕西地区的火耗银由总督衙门征收上来，上缴一部分给朝廷，再留一部分在陕西，"陕甘总督年羹尧请酌留秦省火耗充各官用度，余者捐出弥补亏空，圣祖（康熙皇帝）不许"（《清史稿》卷一百二十一）——康熙皇帝知道，如果同意年羹尧的方案就等于将火耗征收合法化，有悖于他"永不加赋"的谕旨，贵为一国之尊，岂不是自己打自己的嘴巴，让天下人笑话，而且更会助长地方政府提高火耗银的征收比例，让百姓不堪重负。

雍正皇帝决定实行"火耗归公"后，接着要面对如何征收"归公"的问题？山西巡抚诺岷"请限定分数"，即他请示雍正皇帝，征收的火耗银多少留给州县，多少给直省提留，再有多少要上交给朝廷。他是按照通常思维，请示明确地方政府和中央在火耗银上面的分成问题。雍正皇帝的批复是："酌定分数，则将来竟成定例，必致有增无减。今耗羡与正项同解，州县皆知重耗无利于己，孰肯加征？若将应得之数扣存，势必额外取盈，浮于应得之数。"（《清史稿》卷一百二十一）听起来，句句都是为老百姓考虑，防止州县官吏贪污腐败，勒索百姓，但实际上只是乾纲独断的雍正皇帝将所有的火耗银一把抓到了自己手上而已。

伴随着"火耗归公"实施的是清代"养廉银"制度。雍正皇帝让朝廷大臣们商定各级官员的养廉数额，"于是定为官给养廉之制"，由户

部造册统一发放。"养廉银"制度的本意是想凭借高薪，来鼓励官员们养成廉洁习性，并避免贪污情形，因此取名为"养廉"——普遍发放给帝国官员们养廉银，取代一部分地方实权派的坐大独吃。

再看一看"火耗归公"后的官员养廉银标准。养廉银的多少，视各地富庶与否，略有不同，一般来说，养廉银通常为薪水的10倍到100倍，如：年薪45两、禄米45斛之外，正七品县令另有养廉银400两至2000两，以此类推，一品大学士、总督兼尚书衔的官员们一年的养廉银有13000两至20000两，可见，官员的养廉银比原来的正俸要高很多。

那么，是不是给各级官吏发一笔廉政"补贴"后，官吏们就都会安分守己、一心为国为民了呢？其实不然，廉者自廉，贪者自贪。雍正时期，官员沈近思曾经跟雍正皇帝汇报："今天如果国家将火耗银正式收归国库的话，就相当于承认了征收火耗银的合法性，使之成为正式税收，那么，地方官吏以后在征收已经包括了火耗银在内的税赋后，还会再弄出一个类似于火耗银的税收名目，这样就更加重了百姓的负担！"曾经当过州县官的沈近思一针见血地指出了"火耗归公"的后遗症。

实际情形是，雍正朝后，清代官场的贪污案例依然持续不断，比如雍正年间的年羹尧、乾隆时期的和珅，他们的贪赃银子都是巨额数字，尤其是和珅攫取的不正当财富相当于当时大清帝国十五年的赋税之和！所以说，终清一代，官员养廉银之外的收入从无断绝，只是因时期不同数字多少和隐蔽程度大小有差而已。

其实，施行"火耗归公"的初期，就有不同的声音，乾隆皇帝即位后也有过质疑，但因为是雍正皇帝极力推行的，而且将耗羡的一部分作为"养廉"由中央统一掌握，按照不同等级"合法"地分发给官员们，对整个统治阶层而言有"利益均沾"的意思，所以赞同者居绝大多数——众所周知，清代官员的正俸是很低的。有了冠冕堂皇的"养廉银"后，全国范围的官员阶层基本都能过上很体面的生活了。

有一个历史插曲是：光绪二十九年（1903年），"王公百官豫请来年皇太后七旬万寿报效廉俸申祝，懿旨止之"（《清史稿》卷二十四）——整个大清朝的所有官员集体请求在慈禧太后七十大寿时，将养廉银奉送给她作为寿礼——这可是一个天文数字——慈禧太后可不是个糊涂人，她的回复是：心意领了，养廉银你们自己留着吧！

综合而言，不管是"火耗归公"，还是"养廉银"制度，最大的赢家是统治阶级最高层，受益者是金字塔自上而下的一级级官吏，作为纳税人的普通百姓，实际上并没有什么实质上的受惠。从制度设计上，清朝"火耗归公"有进步意义，而清朝的"养廉银"制度并没有完全达到顶层设计的廉政目的，实际效果极其"缩水"。

清朝如何维护粮食安全

中国古代社会生产力低下,加之频发的自然灾害和战争,粮食产量常常不能满足人民的需要,饿死人的情况屡屡发生,所以先贤早就说过:"民以食为天。"历代统治者都视粮食生产为治国安邦的头等大事,及至中国最后一个封建王朝,即使原为游牧民族的清朝政权也对米谷之类的粮食极其重视。

首先表现在关注农业生产,奖励"农业先进"

清朝的开创者努尔哈赤建立后金后,尽管忙于讨伐征战,但他对粮食生产、开垦屯田依然极其关心,经常带领大臣和将领们视察农耕。这为清代统治者树立了榜样,清建都北京后,每年春天,皇帝都会象征性地去先农坛他的"一亩三分地"上操作一些农具演示一下耕作。

乾隆年间,皇帝不仅经常深入田间做调研,还出台了系列政策奖励经验丰富、勤劳致富的老农。清朝赵慎畛的《榆巢杂识》记载,乾隆二年(1737年),中央政府制定了三项表彰农民的政策:一是拟定十条标准评选"优秀农民",当时叫"上农",如满足其中八条就可评为"上农",政府再从"上农"中挑选"老成谨厚之人"专门担任农业教导,指导各个县的农业生产,相当于分管农业技术的副局长;二是每年播种时节,"或有籽粒缺乏、工本艰难"的贫困之家,地方政府要积极帮助解决困难，从官府粮库里借出种子给农民，不能误了农时；三是每年秋季丰收后，各个州县必须查找属地中耕作勤劳、经验丰富、粮食产量高的农民作为"典型"汇报上级，而后，全国范围内统一奖励"农业先进"，奖品有美酒、金钱，并且还敲锣打鼓地抬着"农业先进"巡游街市，风光荣耀。这个表彰"农业先进"的措施在清朝被长期执行。可见，当时政府的"三农"工作做的也有可圈可点之处。

其次，清朝为维护北方的粮食安全和社会稳定，相当关注漕运

漕运制度之所以成为我国古代封建王朝各项经济制度中最基本、最重要的经济制度之一，是因为政府对粮食安全和王朝中枢稳定的格外关注。清朝沿袭明朝制度，采取相关地区漕运粮食到京城以供首都需求的措施。顺治二年（1645年），清廷户部规定每年征收的漕粮为四百万石，此外，山东和河南在漕粮外还征收小麦和黑豆。江苏的苏、松、常三府及太仓一州，浙江的嘉、湖两府，每年要上缴糯米给内务府，以供给皇宫和百官的禄米之用，称为"白粮"，并且由专门船只运送，绝对不容马虎，既是"经济任务"也属"政治任务"。假如发现粮食分量不够或者发霉等，就要惩治经办、押运的官员，差事办得好，运达指定的仓库，由相关单位检验合格"出具粮米无亏印结"，就有可能得到皇帝的召见，提拔重用，形成了一套具体的提拔奖励措施，这种措施一直延续到晚清。然而，这也给清朝官场人事腐败提供了便利，"各省大吏往往藉漕运保举私人"。

著名史学家孟森在《清史讲义》中说，清代京城需要的粮食都靠漕运，但是运河又经常淤堵，使得当时的清政府很伤脑筋。如道光四年（1824年），"南河黄水骤涨……河道浅阻，输挽维艰"。其时，有漕军的粮船40帮共计一百万石粮食无法运送京城，一时人心浮动，让道光皇帝大为光火，处分了两个相关总督，并要求大臣们研究新的运粮方案，保证京城的粮食安全以及政治稳定。有了皇帝作后盾，当时的"改

革派"两江总督琦善、江苏巡抚陶澍、漕运总督穆彰阿、江苏按察使林则徐不顾众多保守势力、利益集团的反对，向道光帝建议改变漕粮运输方式——由河运改为海运并获得成功，确保了北方粮食运输的安全，这被认为是道光朝一个十分成功的漕运尝试。但是当这次漕运危机解决后，出于多种考虑，清朝漕粮复归运河运送，直到1900年后，运送京城的漕粮才改为由轮船招商局海运。可见，漕粮牵系着清朝统治的中枢神经。

再次，荒歉年景下，政府出借粮食，积极赈济百姓

古代农业生产水平低下，粮食产量少，春天青黄不接的时候，常发生饿死人的事情。《榆巢杂识》记载，清朝有规定：青黄不接的时候，缺少粮食的农民可以到地方官府的粮仓里借粮食，秋收后，再还粮食给官府，每借一石粮食要另外多支付一斗，相当于10%的利率。乾隆皇帝上台后，励精图治，颁布新规："若值歉收之年，所有借领仓谷，至秋后还仓时，止应完纳正谷，不应令其加息。"第二年春天，乾隆皇帝再次发圣旨："歉收之岁，无论常平、社仓谷石，概免加息。"就是说，在收成不好的年景，农民可以无息出借官方的粮食维持家人的生计。10%的粮食利息对于富有四海的皇家，不值一提，但是对于当时的贫寒百姓来说，实在是能救人命的，所以被称为善政德政，笔之于书，传之后世。

此外，乾隆时期的饥荒之年，政府提倡各省"互帮互助"。农业最容易受到自然灾害、病虫害的影响，中国古代常常出现大面积歉收情形，清朝也不例外。封建时代，当官的都是"各人自扫门前雪"，只要把自己的管辖地维持好就万事大吉了，尤其是省与省之间，更是畛域分明，但是当时乾隆皇帝要求各省必须对荒歉的邻省给予粮食的"对口支援"，不许消极对待。假如"邻省歉收告籴，本地方官禁止米粮出境者"，那么，该省各级官员都要受到不同程度的处分。这在一定程度上避免了地方粮食保护主义，最大可能地达到了赈济效果。可见，当时的中央对粮食安全是高度重视、"全盘考虑"的。或许，这也是以前中国民间对清乾隆朝有好感的诸多因素之一。到了清朝晚期，每逢灾年，粮食地方保护主义重新抬头，加上赈济相关措施不力，屡屡出现百姓饿死的惨例。

最后，加强粮食储备管理，严厉打击政府粮仓营私舞弊行为

清朝统治者很重视粮仓管理，积极维持粮库的安全运转。乾隆二年（1737年），大学士嵇曾筠汇报中央说，许多地方官员春天出借粮食后，"年底尚无仓收申送"，他指出这样"既不敷来岁出粜，仓储空缺，亦且缓急无资"。粮库储备不足构成了粮食安全隐患。政府采纳了他的建议，制定了严格规定，要求应该填补粮库的粮食必须在"本年十一月内买足"，否则，追究粮库官员同其上司的责任，"春间出粜，秋成买补，定限昭然"。

清朝对粮库营私舞弊行为处罚极严。乾隆年间，陕甘总督勒尔谨、甘肃布政使王亶望虚报粮仓储备，为应付朝廷检查，在仓口深处铺上木板或掺和糠土充粮，然后在上面铺上数尺厚的粮食，蒙混过朝廷派遣来的调查人员。乾隆四十二年（1777年），王亶望还因收监粮有功、管理粮仓得法升任浙江巡抚。古话说"不是不报，时候未到"。乾隆四十六年（1781年），勒尔谨、王亶望一伙捐监冒赈、贪污粮款共侵吞上千万两银子的营私舞弊案全部暴露。此案涉及包括时任总督勒尔谨、布政使王亶望和王廷赞、兰州知府蒋全迪等高级官员在内的100多位官员。案发后，勒尔谨被勒令自尽，王亶望、蒋全迪立即处斩，王廷赞被判绞监候，这是当时轰动全国的大案。

总而言之，加强鼓励粮食生产，确保粮食供应，维护粮食安全，不惟清朝，也是各个朝代从来不敢懈怠的大事情。

明清漕运经济账

漕运，是中国古代封建王朝将征自田赋的部分粮食经水路解往京师，或其他指定地点的一种运输方式。而明朝和清朝的漕运制是为当时最高统治者服务的庞大的国家运输体系。

"漕"的本义是通过水道运送粮食

我国历史上第一次有明确记载的大规模水道运粮，是春秋时期周襄王五年（公元前647年），秦国通过内陆河道运粮救助晋国的"泛舟之役"。此后的各时期政权和历代王朝都很重视漕运粮食及物资到京城，隋代大运河的开凿为历史上南北物质运输交流奠定了基础，后期王朝也逐渐形成相应的漕运仓储制度。

明朝是我国封建社会中央集权制度高度强化时期，漕运是体现集权的一种重要形式，而"大运河（漕运）是京城和江南之间唯一的交通运输线，所有供应都要经过它"。明朝和清朝，中央政权自江苏、安徽、江西、浙江、湖北、湖南、山东、河南等省将征缴的粮食（漕粮）转运京师，并形成了一套较为完备的体系，成为国家的重要经济措施。

明清漕运的主要目的，是供京城的宫廷消费、百官俸禄、军饷支付和对北方地区粮食消费进行补充，涉及统治中心和北方地区的稳定，所以明清两朝最高统治者极其重视。明朝迁都北京后，初期"转漕东南，水路兼挽，仍元人之旧，参用海运"，自明代开通会通河后，永乐朝正式实行运河为主的漕运，此后运河漕运一直延续了明清两代近500年。

那么，明清运河漕运运些什么？

首先是粮食。南方输送京城的粮食主要是糯米、粳米。明朝初期，永乐朝运河漕运粮食最初的运量为300万石左右，但是没有固定数额，此后渐增，明正统初年漕运粮食曾达到450万石。明成化八年（1472年）正式规定漕运定额为400万石粮食，《明史》上说"自后以为常"。在漕政上，清朝基本沿袭明制，顺治二年（1645年），清廷也确定每年征收漕粮400万石。但是这个额度也不是绝对的，常会根据实际需要和清廷的规划进行微调。综合史料来看，在明清两朝初期，漕运粮食有时超过这个数字，如明朝宣德七年（1432年），输送到京城的漕粮为670多万石，应该是明朝最多的一次，而两朝后期漕运粮食的数量比较稳定，常常低于额定数字。其中一个重要的原因是，相当一部分的额定粮食被折算成银两上缴朝廷，"金花银"就是一例。黄仁宇先生的《明代的漕运》认为，明廷向江南地区征收的金花银每年达100多万两。

原则上的400万石粮食运输进京，在当时的交通运输条件下是个艰难的任务，只有水运方能承载如此巨量运输。明清漕运主要有支运、兑运、长运等形式，尤其是由漕军运卒承担的"长运"比较高效，而惯常使用，但"长运"在方便百姓交粮和方便运输的同时，也衍生出了名目众多的附加杂费和腐败行径，给百姓造成了一定的经济负担。

其次，进贡给宫廷的物品也是运河漕运一个极其重要的部分。黄仁宇先生将漕运的宫廷物品分为三类：一是地方政府的"土贡"，主要是净米、金花银、棉布等，其他的诸如毛笔、纸张、药材、蜂蜜及各类禽畜；二是由宫廷采办运输去京城的，如丝织品、瓷器和各地时鲜果品、食物，以及重要建筑材料等；三是商人运输到京城后由宫廷购买的，如硫黄、铜制品、铁制品、漆、木材等。黄仁宇通过研究认为，"明廷从纳税人身上征收了各种各样的物品，数目成百上千"。而这些征用品种也基本上被清朝统治者所沿袭。

最后，占用漕河运输的还有从事漕运的官吏、漕丁自带的货物，有些商人也同漕运船帮勾结起来走私货物、逃避关卡税，这部分的货物也不是小数目。明清两朝明文规定，漕船在完成漕粮运输任务的情况下，准许顺带一些物品贩卖。明朝天顺年间规定漕船可以顺带一些地方土特产到京城或者在沿河地区贩卖，而且"附载土宜，免征税钞"。免税量以石来核算，明朝弘治年间为每艘船10石货物，明神宗时提高至每艘船60石随带货物。清朝初期，按惯例漕粮之外每只船外带60石土特产，雍正年间官方下规定，再多宽限40石的量以示格外开恩，允许每只漕船多带100石的土特产，让漕运船工水手多得些补贴，并"永著为例"，实际上，附带土特产的量后来又有增加，所谓的"土特产"五花八门，包括芝麻、绿豆、梨子、桃子、牛皮、腌猪肉、毛竹、木制家具等。

漕运的正常运转需要哪些配套设施和配套编制呢？

漕运首先得靠船。明清两代对漕船的规格、数量以及维保都有一定的要求。要求漕船用楠木、杉木制作，次等的用松木，标准长度为16米左右。明朝初期要求每艘漕船要能运粮300石以上，清代以500石运量的漕船为多，如加附带则在600石运量以上。在漕船保养上，明清都是"三年小修，六年大修"，满了十年漕船就要更换。船只数量上，明朝开始运河漕运初期，所使用各类船只多达14000多艘，到明天顺朝以后，规定漕船定额为11770艘，漕运官军为12万名，临时征用为漕河漕运服役的百姓也是一个庞大的数字。明朝末期，清江浦船坞一艘漕船的打造成本约为105两银子，如按照每年需要替换2000艘漕船来算的话，每年造船成本约为21万两白银。清代漕船、运军数量与明代相差不大，但是造船成本显著增加。

漕运体系中最难办的是保障运道通畅，尤其是淮河沿线的安全和水量控制。淮河是黄河和长江之间最大的一条河流，发源于湖北、河南交界处的桐柏山，横穿皖北，在江苏盱眙境内流入洪泽湖，成为运河极其重要的一段，经过扬州附近汇入长江，全长约2000里。淮河极其难治——甚至在1951年5月15日，新中国毛泽东主席都专门题词要求一定要把淮河修好，明清政府更是左支右绌，费尽心力。

淮河相当长一段时期被冠以"害河"的绰号，缘自南宋建炎二年（1128年），因兵乱掘黄河而导致"黄河夺淮"后，被黄河水逼出水道的淮河在苏北平原泛滥成灾。淮河流域是中国人口最稠密的地区之一和农业最发达的区域之一。清朝乾隆年间《淮安府志》记载："自明中叶以来，每淮水盛时，西风激浪，白波如山，淮、扬数百里，公私惶惶，莫敢安枕者，数百年矣。"黄加佳在《一定要把淮河治好》中指出，自南宋至清末，淮河流域共发生过400余次大水灾，造成的生命财产损失无可估量。

明清时期政府维护漕河的费用惊人。清代负责过运河工程的官员说，"本朝河防之费，乾隆中年以后始大盛"，从一年60万两银子的常规工程预算，一直攀升，到乾隆中后期，最多时连防汛费用在内每年需350余万两银子。而有外国学者甚至相信乾隆、嘉庆年间，清廷拨付南河总督的资金每年达到600万两白银，仅1808年至1810年，为疏浚运河，政府就提供了800万两银子。这是个大胆的估算，但是，河工费钱是众所周知的，道光年间，南河总督张芥航主持修筑了一段洪泽湖大堤，宽15丈，工程质量很过硬，经受住了大汛考验，"淮、扬得以保障，其功甚巨"，就这一项造福当时淮安、扬州地区的河工，工程款就达100多万两白银。再如道光四年（1824年）二月，为维修运河沿线堤坝、疏通河道，直隶总督蒋攸铦与江南河道总督联名请户部"先拨银120万两"，清廷批准。可见，维护漕河的安全和畅通是多么耗钱！如果折中按照平均每年花200万两银子维护保障漕河正常运行的话，清政府从1644年建立到1901年取消河运，近260年所花费金额当在5亿两白银以上。使用大运河漕运230余年的明朝政府维护漕河运道的开销也少不到哪里去。

由以上叙述可见，明清官方维修添造漕船、维护运河安全通行以及人力成本巨大。与此同时，漕运具体实行时还存在体制上、技术层面上的很多弊端。

遇到运河决堤，漕船即有损毁，随船押送漕粮的官员、漕卒也趁机谎报损失，甚至故意放火烧掉或者凿沉漕船，以掩盖监守自盗行为。尽管也有专门官员监督漕运，但是这种事情在明清两代一直都存在。而且在漕粮征集过程中，一些不良的包粮解户贿赂经手官吏，一同掺沙子或泼水到漕粮中以增加重量，致使有些漕粮根本不能吃。还有些权贵高官挪借漕船去干私活或者运送军饷，运送军饷时向国库申领运费，而后中饱私囊或者瓜分。有利必有人来图谋。据说，很多漕运把总都是花钱买到的。《明史》很保守地估计，明代国家粮库的腐败金额，"岁至十四万（两白银）"。虽然明朝嘉靖年间曾经大规模地整顿过漕运，但是效果不大，很多弊政依然存在，"（明）中叶以后，益不可究诘矣"。据精通漕务、河工的清朝官吏金安清介绍，清代漕务和河工腐败开始于乾隆中期，盛行于嘉庆年间，到了道光时期腐败至极。他说，因为当时百姓的生活还过得去，民间富户也不少，所以漕务上的一些腐败也没激起百姓的强烈抵制，漕粮征收都能顺利进行。

总的来看，明清时期维护运河漕运的成本巨大、存在很多弊端，那么，官方有没有想过改变运输方式呢？答案是有的。其实，元代从至元十九年（1282年）开始，江南漕粮运送大都（今北京）采取的主要是海运。明代永乐朝初期也由海运向北京运过漕粮，或者说曾同时采用河运、陆运和海运等三种形式。山东莱州在明朝很长时期都是海运漕粮中转港口。而明清两代都有官员提出以海运漕粮代替河运漕粮，如明朝官员邱濬、王宗沐等人。清朝嘉庆、道光年间因为运河漕运频频出现危机，不时有官员提出江南漕粮海运，清道光朝的官员英和、琦善、陶澍、蒋攸铦更是积极筹划试行了海运。

明朝为维持漕运，国家规定漕粮全征本色，不得减免，严格限制漕粮改折银两。只许在重灾、缺船或漕运受阻等严重情况下才实行部分改折，折征银两时正、耗各项合计在内。

清同治朝后期，清政府设立轮船招商局，逐渐划分了一些漕粮以轮船海运的方式进京。光绪朝初年，对于是否恢复海运漕粮，当时官员激烈辩论，分为两派——河运派和海运派。当时名臣沈葆桢是"海运派"，他上奏清廷力言"河运绝不能复"，对"河运派"的观点和建议举措进行了强烈批驳。

《清史稿》记载了"河运派"的观点："且海运历涉重洋，风波靡定，万有不测，所关匪细。"他们认为漕粮河运的好处是"河运虽迂滞，而沿途安定，经费维均。自各省以达京仓，民之食其力者，不可数计。裕国利民，计无善于此者"。此外，《清史列传》也记载了当时一些颇有见地的名臣的看法："京师百货之集，悉来自粮艘，若由海运，断不能多携货物，将来京地物价骤腾，亦碍生机。"——担心影响物价。"运丁所用兵工短牵等项，总计八九万人（实际更多），穷民资以为生……一旦失业，难保不流而为匪。"——担心穷苦运丁失业，影响社会稳定。看起来，这些都不是没有道理。所以，他们的结论是："河运迂而安，海运便而险，计出万全，非复河运不可！"实际上，漕运更关乎很多相关官员的既得利益，当然，这一点是不好光明正大地提出来的。

19世纪末、20世纪初的晚清重臣张之洞认为,如果将江苏、安徽、江西、浙江、湖北、湖南地区的漕粮改为征收银两的话,每年可以节省漕运等各项花费150多万两,这还只是一笔政府层面的粗账,而地方官府加在百姓头上的其他各种费用和隐形负担更是无法核计。其他一些有地方工作经验的官员也持与张之洞相同的观点,但是,深为慈禧太后倚重的朝中大臣庆亲王奕劻认为,漕粮、漕运涉及京城粮食供应安全,南方省份的征粮工作不能改为征收银两。他的话相当有分量,于是,清廷不允许漕粮改征折色。

因为恢复漕粮河运要花巨额的疏通维护运河费用,此时的清王朝即便想做,也是有心无力,再说还有"海运派"的极力抵制,于是,大部分江南漕粮依然海运,而长江以北地区部分漕粮则由河运。

但是,"河运派"和"海运派"的争执一直进行着

光绪二十二年(1896年),大学士、直隶总督王文韶针对漕粮河运和海运,进行了一个厘清,认为运河受黄河水的影响,所产生的危害"已非人力所能挽救",但是他不敢一下子将"河运派"拍死,而是做了个折中,向清廷建议,苏州地区的10万石漕粮全部海运至天津,而"江苏冬漕仍办河运,以保运道"。清廷完全同意。

办河运以"保运道"——精明过人的大学士王文韶一语道破天机。可见,清代后期,维持河运漕粮的一个不可忽视的目的是保护运河河道免致淤滞。而这个思路早在明朝和清朝前期也有过。

其实,明朝也将运河漕运看成一种礼制,除了物质层面的征调补给之外,也是一种天子威仪的礼制展示,属于意识层面,笔者认为这也是很重要的一个原因。举个例子,无论是明代到华的多批次日本勘合贸易使团,还是清代乾隆时期访华的英国马戛尔尼使团、嘉庆时期访华的英国阿美士德使团,中国官方都给他们提供了大运河路线,而在这条河上

行船，非进贡即臣服，是有象征意义的。所以，明清时期凡是标榜礼制的京城高官都是坚持漕粮河运的，而这往往都能说服最高统治者。

　　拉一个简单的账单，明清两代额定征收漕粮 400 万石，即便以 1 石粮食 1 两银子的最简单价格模型来计算，也合计收入 400 万两白银，当然漕河运输还为宫廷搜刮、征用其他各类物资提供了便利，而这些并非光明正大的漕运理由。正常年份，仅维护保障漕河正常运行每年花费就达 200 万两银子，造船费用各类漕运过程中的官方设施支出 150 万两银子，每年造船成本约为 21 万两白银，同时 10 多万人建制的常规漕军官兵的粮饷更是个惊人数目（清朝规定，江南漕运的每名运军最高支付行粮 2 石 8 斗，月粮最高支付 12 石，合计 14 石 8 斗，计银约 15 两），这还撇除了另外一个重要项目——"劳力的消耗，尤其是维持漕河河道的劳力消耗，常常不在漕运当局的考虑之列"。假如算明清漕运收支经济账的话，毫无疑问，它是入不敷出的亏本买卖。

　　掩卷深思，从宽视域历史角度来看，尽管明清大运河漕运有这样那样的弊端，明面上来看，明清以运河漕运，得不偿失，不划算，很多中外学者认为，明清两代近 500 年时间为漕河运输的运作和维持付出了极大代价，却没有使经济活跃到令人满意的程度，但是，笔者认为运河漕运对运河经济带的形成，对运河沿线城镇的经济作用和深远影响是不可估量的。并且，运河所孕育的文明，既是物质财富，也是中华民族的文化和精神财富。对此我们应该辩证看待。

晚清政府开展过哪些国际援助

众所周知,晚清国力积贫积弱,但令人惊讶的是,在风雨飘摇、财政入不敷出的窘境下,清政府还曾经屡屡对他国灾情施以援手。

先说晚清对日本的援助。光绪三十二年(1906年)二月,清朝政府"颁帑十万(两白银)助赈日本灾。"这等规模的经济援助是在中日甲午战后,至今读来,不禁肃然。《清史稿》记述此事只寥寥数字,"颁""赈"两个字眼,耐人寻味。这是《清史稿》所见晚清政府对日本的首次赈灾援助。

《清史稿》所见晚清政府第二次援助日本,是在光绪三十三年(1907年)九月,"壬寅,日本以水灾来告,输江、皖、浙、鄂诸省米粮六十万石济之。"由现在的观点来看,出口大米对一个国家来说不算什么了不得的大事,但是你若细看清朝历史,政府一直是把大米当成战略物资来对待,尤其在本国饥荒灾难之年更是严禁出口,而1907年恰也是中国的灾荒年,但是,清政府依然怀着"国际情怀"赈济日本六十万石大米,实在是很吸引眼球,于是这在《清史稿》里记得清清楚楚。

再看晚清政府对意大利的援助。光绪三十四年(1908年)12月28日凌晨5时25分,意大利西西里岛的墨西拿市发生7.5级地震,墨西拿市人口的一半约7.5万人丧生,另外,西西里岛已成废墟的村庄和意大利其他受灾地区，还有 7.5 万人丧生，总计死亡 15 万多人，震惊世界！晚清政府没有袖手旁观，《清史稿》记录，光绪三十四年（1908年）十二月"癸酉，义（意）大利地震灾，出帑银五万两助赈"。

此外，晚清政府对海外华人也体现出力所能及的关心。光绪三十二年（1906年）三月，美国旧金山地区发生 8.3 级地震，逐步具备国际视野的晚清政府也没有置之不理，也组织了一定资金赈济海外华人，"丁酉，美国旧金山地震，颁帑十万（两白银）赈华民"。

其实，1905 至 1908 年的晚清中国，饥荒、灾异几乎遍地皆有，如东三省饥荒，江苏、贵州、云南水灾，太康风灾，青海的镇番（今民勤县）暨巴燕戎格（今化隆县）雹灾风灾，会泽潦灾，荆州水灾，新疆的英吉沙尔（今喀什英吉沙县）水灾雹灾，广东水涝灾，武陟水灾，徐、海、淮西及安徽水灾，湖州涝灾，江宁府、扬州水灾，直隶水灾，等等，很多省份都需赈济。"以旸雨失时，偏灾屡告，懿旨饬君臣上下交儆。"连慈禧太后都对官员有所指示了，可见当时灾情之严重。除了巨额的庚子赔款，其时各地大笔军饷开支也是清政府正常行政开支之外的沉重财政负担，再逢天灾，让财政本就窘迫的晚清朝廷更加捉襟见肘。

如此窘况之下，为何清政府还积极地搞国际援助呢？

主要原因，一是两次鸦片战争以及甲午战败，尤其是 1900 年被八国联军打败之后，清政府逐渐被动认识到，实行改革、融入国际社会刻不容缓。在光绪朝中后期，清政府参加的国际社会组织有万国保和会、万国禁烟会、万国红十字会等，更与外国签订了数量众多的这样那样的国际条约，从某种意义上说，这些行为促使当时的晚清中国与国际社会的接触渐成常态，融入国际事务的步伐也不由自主地加快。这是中国历史上任何一个朝代都没有过的，可谓千年未有的大变局。

二是晚清政权在屡遭国际列强势力打击、屡战屡败的情形之下，很想结好国际社会，从而学习国际经验，实现社会改良进步，以达巩固统治目的。可以说，晚清政府是积极谋求国际社会认同的。光想光说是不行的，这就需要通过多种方式来改变国家形象，国际援助和捐款赈灾是重要举措。

三是中国传统美德中的急公好义情怀也发挥着作用，国际视野渐开的晚清政府开展一些国际援助，更多地融入世界，以期恢复昔日大国风度，重塑国际形象。

基于上述原因，虽然清末的统治大厦危如累卵、国家财政捉襟见肘，但清政府还是不吝以经济援助、友好捐助的方式结好国际友人和赈济海外华人。然而，历史证明，国际形象的改变、国际地位的提升并不是仅靠对外的金钱捐助就可以简单实现的。

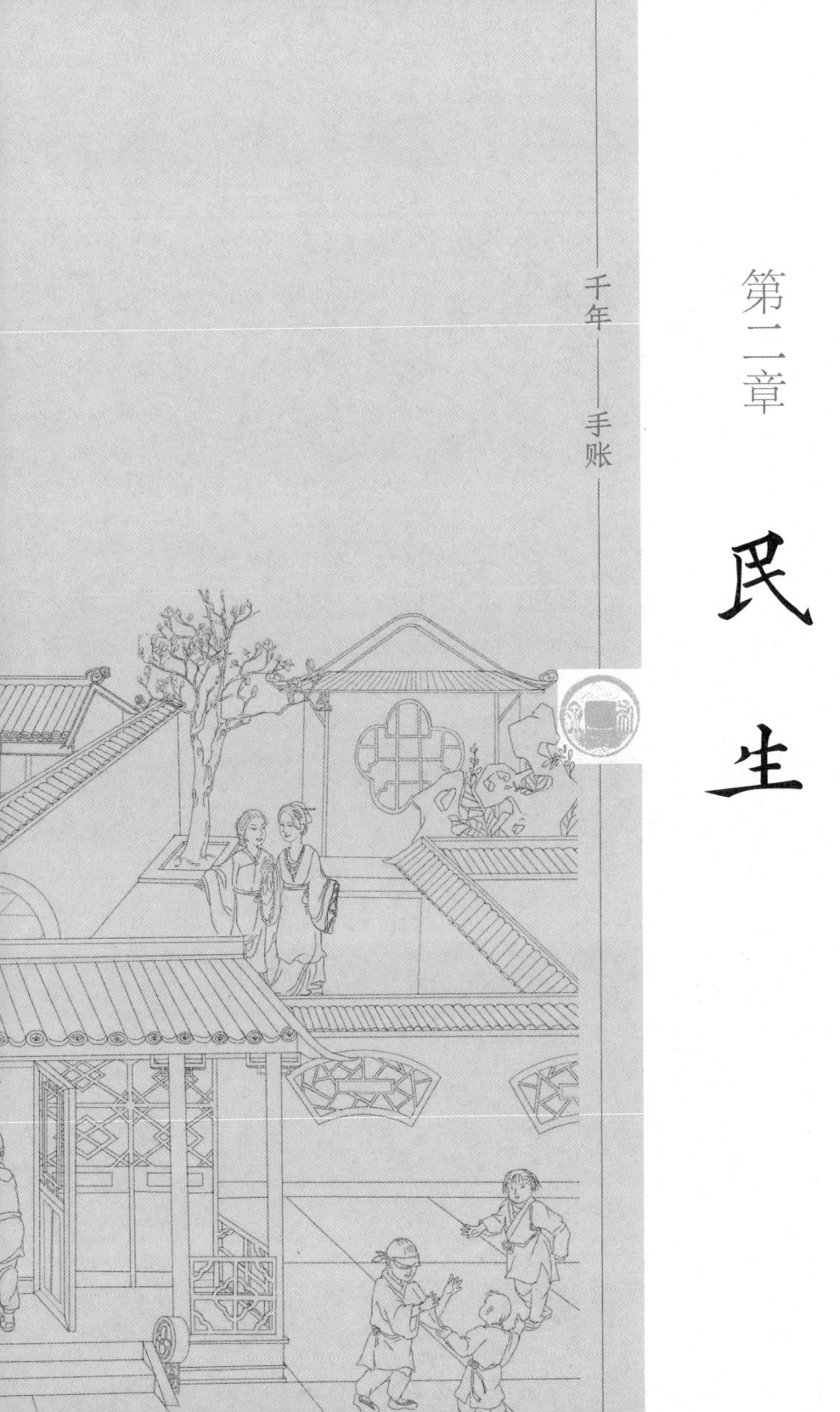

第二章 民生

千年手账

说说古代中国的马车

马车，顾名思义，是用马匹来拉行的车子，或载人或运货，我国古代很早就将马车作为重要的作战、交通工具。

对于马车的起源，国内外学界有不同的声音，但是，类同的物件几乎同时期在不同文明出现，也不是没有的事情。古代中国最早出现的常用马车是双轮马车。

河南安阳殷墟的考古发掘表明，中国在商代晚期已使用双轮马车。也就是说，有确切考古依据的事实是，至迟在3000年前，古代中国已经将双轮马车作为交通工具了，实际上，文献记载我国使用马车的历史更早，笔者将在下文叙述。史料显示，我国古代的马车最早是使用在战场的。

古代马车首先作为重要的战争装备

古代交通条件差，在崎岖地形条件下需要能承受一定重量的交通工具，经验证明，最适合的是两轮车。为了自身的生存、利益，战争是古代部落、国家之间最重要的对外活动之一。于是，用体格健壮、速度飞快的战马所拉的两轮战车，也就顺理成章地投入到决定部落、国家命运的厮杀战场上。

我国古代战车起于何时？据我国现存最早的记言体史书、汇编了上古时代政事史料的《尚书》记载，夏后氏的首领启在其父大禹死后，通过武力排除各方反对力量，登上华夏部落联盟领袖之位，但是有扈氏不服他的统领，于是，夏启对有扈氏发动了讨伐战争，两军大战于有扈氏的边境"甘"，最终夏后氏获得胜利，建立了中国第一个王朝——夏朝。据说，在这场战争中，夏后氏的战车发挥了巨大作用，证据是《尚书·夏书·甘誓》中作为天子的启对军队的命令，他说："今予惟恭行天之罚。左不攻于左，汝不恭命；右不攻于右，汝不恭命；御非其马之正，汝不恭命。用命，赏于祖；不用命，戮于社。"由此可见，夏启对战车上的各个岗位都有明确要求。如果，2500多年前这个记载不虚的话，那么，我国古代接近4000年前就将马拉战车投入战场了。

我国古代用于战场的马车是什么样子？2500多年前的春秋军事著作《司马法》明确提到："凡马车坚，甲兵利。"可见，马车作为战争装备，需要具备适应格斗厮杀、冲锋陷阵的坚实特性。最早的战车一般为独辕、方形车厢、驾四匹马或两匹马的两轮马车。车上有甲士三人，中间一人为驱车手，左右两人负责搏杀格斗，战车种类有轻车、冲车和戍车等。

1980年，陕西临潼秦始皇陵西侧出土了一前一后纵置的两辆大型彩绘铜战车。前面的一号车为双轮、单辕结构，四马拉车，车舆为横长方形，宽为126厘米，进深70厘米，前面与两侧有车栏，后面留门以备上下。可见古代战车，是从后面上下的。车舆右侧放置了一面盾牌，车舆前挂有一件铜弩和一些铜镞。战车上立着一顶圆伞，伞下站立一名高91厘米的铜御官俑。这应该就是战国至秦时期的马拉战车样式。

我国第一部系统完整叙述国家机构设置、职能分工的经典著作《周礼》中，记有"戎仆"一职，其掌管训练兵车的仪法，"掌凡戎车之仪"。在古代，大部落或国家的最高统治者也常常出现在战场，并配备多种战车，其中"阙车"是机动战车，"轻车"用于战场上冲锋挑战，这两种战车，是骏马拉车无疑。

历史上，随着战争的规模越来越大，人类对战争工具的研究不遗余力，对战车也不断进行改进。在春秋时期，战车开始了规模化建制，以"乘"为战斗单位。一般来说，一"乘"的标配是：拥有四匹马拉的兵车一辆，车上甲士3人（驾车手、长枪兵、弓弩兵各一），车下步卒72人，后勤人员25人，共计100人。在古代战场，如此配置的战车攻击力绝不逊色于现代战场的一辆重型坦克。

我们在古代文献中，能看到以战车的多少来估量作战双方、各个部落国家的军事实力以及国力的记述。战国时期，诸侯国小的称"千乘"，大的称"万乘"，如《韩非子》叙述："凡法术之难行也，不独万乘，千乘亦然。""千乘之国"是小于"万乘之国"的诸侯国。再如"一畿有戎马四万匹，兵车万乘"（《汉书》卷二十三），不仅是指统治者的兵力强大，也是对古代王都所领辖的方千里地面实力的描述。

以战车来衡量，则战国末期的"万乘之国"有韩、赵、魏、燕、齐、楚、秦七国，"千乘小国"都被这些"万乘"诸侯国所征服，它们在历史上留下了"战国七雄"的称号，它们的战车部队都很厉害。可以说，在古代，诸侯国得战车之利者可得天下。

另外一个小问题是，如果军队的最高统帅或者一国之君亲领大军参加战斗，他如何乘坐战车？这是有明确规定的："若兵车则御者居左，元帅居中。兵车法，将居鼓下，故御者在左。"（尚秉和《历代社会风俗事物考》）意思是：如果车中尊者是国君或主帅，则居于当中，御者在左。另外还有一个骖乘，他坐在主帅或者国君的右边，他的任务是执戈矛御敌，或者在车遇险阻时下车排除障碍、推车，相当于贴身警卫。车右陪乘者通常都是勇武有力的忠诚亲信，如"鸿门宴"中汉王刘邦的骖乘樊哙，他不仅深得刘邦信任，还是刘邦的连襟，绝对的心腹。

在汉武帝北击匈奴之前，两轮战车一直是战场上机动的主力，但随着战场逐渐延伸至西北戈壁和北方平原，对军事装备有了新要求后，机动性能更强大、后勤成本更低的骑兵部队逐渐取代了战车部队。于是，两轮马车的使用就逐渐转向了民间。古代军队中运输辎重，则一般是用牛车，虽然行动缓慢了些，但是运载量大，牛的成本也更低。

尽管马拉战车退出了战争舞台，但是到了近古时期，一些文学作品好借古为文，仍将"千乘"用来指代大军，如白居易在《长恨歌》中写道："九重城阙烟尘生，千乘万骑西南行。"可见，战车对古代的影响之深。

马车作为载人的交通工具

传说3000年前，周穆王驾驭着用八匹骏马拉着的马车出游，日行万里，去会见了西王母。尽管是个传说，但至少可以说明，在很早以前，统治阶层权贵就用上了当时最先进时尚的交通工具——马车。

先秦时期，乃至两汉，马车都是身份的象征，"贵者乘车，贱者徒行"。一般来说，马车只有统治阶层才可以乘坐。孔子最看重的弟子颜回去世后，他的父亲颜路穷得只能给他备个薄棺，颜路请求孔子将他乘坐的马车卖掉，换些钱给颜回买个外椁，孔子坚决不同意，理由是："吾不徒行以为之椁，以吾从大夫之后，不可徒行也。"——因为孔子担任过鲁国中层官员，不能没有马车坐，否则有损"大夫"的身份。

《周礼·夏官·司马》中有个"趣马"的官职，其任务之一就是"掌驾说（同'脱'）之颁"——负责安排周王室众多马匹驾车的先后次序，可见当时王室是普遍使用马车的。据文献记载，周王的马车按照不同的规格分为五种：玉路、金路、象路、革路、木路，合称为"五路"，亦称为"五辂"。周王拥有的不同马车用于不同的场合，如"木路"（亦称为"田路"）马车用于巡视野外或者田猎。

此外，在野外打猎时，根据车主不同的身份，马车的速度也有规定："王提马而走，诸侯晋，大夫驰。"（《周礼·夏官司马第四》）职位越高，马车的速度要越慢越稳缓：大夫的马车放马奔驰，诸侯王的马车稍微控制着速度小跑，周天子的马车则是被控制着缓慢地走。

而且，周王的马车所使用的马，毛色需要一致，这由"校人"负责挑选准备，"毛马而颁之"。王室的华贵马车都有车盖，在大王下车后，随从就取下车盖跟从为他撑着，表面上是遮阳防风挡灰尘，其实是体现乘车人的尊贵身份。

在古代，天子乘坐马车是有章法的，有一个职掌"道右"的官员负责随时提醒他，"诏王之车仪"，如：大王的马车进入狭小不平的巷子时，就提醒大王要用手扶好马车厢前的横木扶手"轼"，注意安全，不能跌倒受惊；如果遇到路旁有祭祀仪式，也要提醒大王用手扶好"轼"，站起来，表示尊敬神灵。而这两种时候，驾车人都得下车，到马前面去看护好拉车的四匹马，缓慢行走，防止意外。

《史记》记载："（张）良尝学礼淮阳……得力士，为铁椎重百二十斤。秦皇帝东游，（张）良与客狙击秦始皇博浪沙中，误中副车。"韩国贵族后代张良雇用杀手暗杀秦始皇，所投掷的大铁锥并没有砸到秦始皇，只是砸碎了他的副车。因为按照古代规制，为了安全起见，天子出行跟有许多规格相当的马车，一是随时备用，同时也起着迷惑潜在敌人的作用。

再看，秦始皇病死沙丘后，赵高、李斯为了不让秦帝国皇室成员以及天下人知道皇帝的死讯，"乃秘之，不发丧，棺载辒辌车中"（《史记》卷六）。这"辒辌车"是古代马拉的两轮豪华卧车，"如衣车，有窗牖，闭之则温，开之则凉"，既可保暖，又可透气，而且关上窗户后，外面人看不见里面，就像现在的房车一样，私密性很好，所以，精明的李斯将之作为秦始皇的丧车，以达其阴谋。后来，历史上的帝王将相都学着将这种车子作为丧车了。

《周礼》记载："圉人掌养马刍牧之事……凡宾客、丧纪，牵马而入陈，廞马亦如之。""大丧，饰遣车之马。"这说的是，王室举行的一切殡葬礼仪都会用到马车。

古代官吏执行公务也会用到马车，被称为"服车"，有五种规格：最高等级办公用车称为"夏篆"，由三公、三孤大臣乘坐，车毂上雕有隆起的花纹，并漆有五彩；"卿"等高级官员乘坐的马车为"夏缦"，车毂上只漆五彩，而无雕刻的花纹；中级官员"大夫"乘坐的马车称为"墨车"，不加任何纹饰，车厢用树漆漆一下；低级公务人员"士"所乘坐的公车称为"栈车"，用竹木制成，简单地用树漆漆一下车厢；第五种公务车是政府工勤人员乘坐的车，更为简单，称为"役车"，有个方形车厢装载工具杂物，方便随时干活，所用的马一般来说是老弱之马了。

其实，在古代，不仅天子诸侯乘坐马车仪式很多，其他人乘坐马车的礼节也很繁缛。

首先，乘车人得站着，位置是在舆的前部、轼木之后。古人乘车以左边位置为尊。所谓"古人尚右，独乘车尚左，所以然者，古乘车横长，而立乘，故尊者须人护持，而御者立于当中，尊者居左，骖乘从右扶持之"（尚秉和《历代社会风俗事物考》）。

其次，在乘车时，不能大声咳嗽，不能指手画脚，"车上不广咳，不妄指"。而且，乘车时，眼睛要看着车前转轮五圈的距离；凭"轼"时，目光只能看到马尾，否则被视作不稳重不虔诚，等等。

《礼记》还规定：君子在乘车过程中，遇到尊者要行"轼"礼，经过卿的朝位要下车，马车不能直接进入人家的大门，以及"妇人不立乘"，等等。

秦始皇建立了中国历史上第一个大一统王朝，在全国以咸阳为中心修建了九条著名的驰道，每条驰道的宽度大约为五十步（约69米），最高统治者充分考虑了陆路马车交通，这个标准被后世修建国家级官道所借鉴。

汉代初年战争频繁，所消耗战马极多，马匹资源相当紧张，连为皇帝拉车的马都难以找到相同毛色的。但到了汉武帝初年"众庶街巷有马，阡陌之间成群"（《史记》卷三十），马车的普及率应该相当高了。但是，《后汉书·舆服志上》明确记载："贾人不得乘马车。"这透露出的信息是，一是东汉时期，马车已然较为普遍了，二是当时有抑商思想。

此后，有财力的阶层普遍使用马车，官宦之家、商贾富户都备有自用马车。个别时期，如魏晋时期，受当时社会思潮的影响，高官显贵一度喜欢乘坐慢悠悠的牛车，但是，这个时期之后，为了实际便利，马车的使用仍是主流。

随着社会进步，马车虽然还是双轮，但是在车内装饰、乘坐方式上都有了相当大的改进。到了南北朝时期，出现了装饰豪华、内部设置合理的马拉长檐车，这在敦煌莫高窟北魏时期壁画《九色鹿经图》中展示了出来，此后，唐宋以降，马拉长檐车一直为权贵富户所喜爱。

关于马车的一点闲话

人类之所以用价格不菲的马车，无论是作为战车还是作为民用，主要是利用马的爆发力强、动作敏捷的优点。但是，马车也有明显短处。

首先，马车的速度取决于马的优劣，马越好，车速越快，同时这跟它的负重大小也相关。

2200多年前，汉王刘邦在睢水大战中失利逃跑，乘坐马拉战车经过老家沛县时，遇到了逃难的儿子、女儿，就把他们拉上了马车，但是，项羽的骑兵追得很紧，"楚骑追汉王（刘邦），汉王急，推堕孝惠、鲁元车下"（《汉书》卷一），车上多了两个孩子，马车的速度就慢了下来，急得刘邦连自己的亲骨肉都不顾了，从这个历史情节中，一可见刘邦的性格，同时也可见马车在战场上，虽然攻击力强，但是当重量陡然增加后，速度会受很大影响。

其次，我国古代战争频繁，战马的需求和消耗都很大，造成很长时期缺马的状况，不用说民间，就是官府也缺马，所以，马匹的价格一直很高。于是，民间社会折中使用骡子、驴子来拉车。如清代的北方镖局就常用骡车、骡轿来运送货物，装载客人。明清时期的乡村，为了多装货物又省费用，也有使用牛拉大车的。

一般来说，我国古代的马车都是两轮的，但是，汉末、三国时期，令人惊讶地出现了四轮马车。考古学者发现了四川三国时期的四轮马车画像砖，艺术来源于生活，这说明了三国时期之前，确实出现过四轮马车。关于这种马车的具体使用情况，目前还没有更多记载，尚待进一步考证。

我国民间社会使用马车一直延续到民国时期。巴金在《随想录》中写道："我们上了岸就让旅馆接客人用的马车把我们送到四马路一家旅馆。"只是，不知道巴金当时所乘坐的马车是传统两轮的中国式马车，还是西式四轮马车？因为在 20 世纪初，像北京、上海等一些大城市已经出现了西式马车。

总之，二十世纪之前，马车曾长期作为包括中国在内的世界各国的交通工具，然而随着火车和汽车的出现，马车的黄金时代宣告结束，但是在一些古典传统仪式上，或者在偏远地区，马车或许还在使用。

任何利器，都只是社会发展大舞台上的一个角色而已。马车于中国历史，亦是如此。

唐代的"陪门财"与"富女婿"

在中国古代,除了维系权贵统治的政治联姻外,凭门第缔结婚姻也是常见的婚姻形态之一。到了唐朝后,高门士族与出身寒门庶族的新权贵以及富人也会缔结婚姻。但是,这种联姻金钱利益因素占了很大成分,甚至是赤裸裸的金钱交易。

高门士族与庶族卑姓通婚索取"陪门财"

唐朝初年,因改朝换代,一些本来处于统治地位的高门士族家道中落了,生活穷困潦倒。因时势所迫,他们不得不"纡尊降贵"通过与出身寒门的富户通婚来获取巨额钱财,有个专有名词叫"陪门财",说白了,就是庶族卑姓要想与高门望族结亲,需要为其身份地位的悬殊而向高门支付"经济补偿",这种情形在当时很普遍。

《资治通鉴》记载,唐朝贞观年间,当时山东的高门世家"自矜门第",认为自己家族的门第高贵,对于想与之通婚的门望没有他们高的联姻对方,要求多给他们家族"陪门财"才肯通婚,"婚姻多责资财"——即便当时朝中重臣如魏征、房玄龄等都热衷与高门世家通婚以给自己家族长脸,但没有大笔钱财陪嫁,高门世家是不会与寒门庶族通婚的,即便家族中满是大龄"剩男""剩女"也不管不顾。

这股歪风让唐太宗很恼火,立即下诏书:"仍定天下嫁女受财之数,毋得受陪门财。"以国家文件的形式来规定嫁娶不能多收财礼!然而,即便是金口玉言的皇帝也左右不了民间的婚姻。禁止"陪门财"的实施效果很不理想。因为政府不允许公开收受高昂的"陪门财",高门望族或是悄悄地嫁娶,或者因为没有门当户对的人家、没有合适的人家敢支付巨额的"陪门财",即使自己家的儿女年龄大了,也不肯为之嫁娶,尤其是不肯轻易嫁女,这一来将大龄难婚的问题逼得更加突出。

唐朝嫁娶索要"陪门财"的原因,首先是考虑经济因素,其次还有个面子问题。高门士族觉得自家名望高,同名望低的家族通婚,是件挺掉份儿的事情,得到些经济上的补偿是应该的,而且让亲朋好友等众人知道对方是支付了巨额"陪门财"才缔结婚姻的,也是提高自己家族声望的一个大好机会!在唐朝"禁止陪门财"的条令下,真正高门士族子弟的嫁娶依然困难——这就像如今,越是条件好的,越不容易找到合适的对象——反而一些门望不是真的很高的"衰宗落谱"家族,他们私下吹嘘自家也属于被禁止"陪门财"的家族,暗示对方与其通婚是占了便宜的,从而悄悄要求对方多给财礼。

唐朝女孩家长热衷找"富女婿"

以财产谈婚论嫁是中国古代常见现象,汉代有个说法叫"盗不过五女之门",意思就是说,女儿生多了,因为嫁送女儿要陪财礼,搞得倾家荡产,连强盗也不想进门了。到了唐代,经济繁荣,以财产多寡来决定嫁娶的情形相当普遍。

《资治通鉴》中记载,唐高宗时的宰相许敬宗,为人贪婪,是个很会投机取巧的人,为武则天的上位狠出了一把力,他不顾家人反对将自己如花似玉的女儿嫁给了远方一个外族部落之长冯盎的儿子做老婆,"嫁少女于夷貊",不是因为冯公子有才华,也不是因为冯公子潇洒英俊,完全是因为冯父是个大土豪,同意送给许宰相巨额的财礼,"多纳其货"——许宰相此举如同"卖女""求富不仁",被当时人耻笑。

唐代中后期诗人李益在《江南曲》中写道:"嫁得瞿塘贾,朝朝误妾期;早知潮有信,嫁与弄潮儿。"诗句的大意是,(女子)悔恨嫁给瞿塘商人做老婆,他总是把相会的佳期耽误了。早知潮水的涨落有这么守信,我还不如嫁给一个弄潮的人呢!唐代商业非常发达,从事商品远途贩卖、长年在外经商的人很多,一般而言,做生意的人有钱,而当时社会流行看财礼嫁娶的风气,很多父母嫁女给商人富户,的确是看重钱财。难保这个瞿塘商人的老婆不是为财而嫁,婚后长年独守空房,做了富太太又后悔耽误自己青春好年华了。另一个唐末诗人元稹在《代九九》诗中说:"阿母恋金重,亲兄要马骑;把将娇小女,嫁与冶游儿。"为了满足老妈和哥哥的欲望,一个楚楚可怜的娇娇女子愣被嫁给了只知游乐的纨绔子弟!这两首诗都是唐代婚姻重视钱财的生动写实。

再说唐朝的许敬宗虽然贵为宰相,但公元 672 年去世后,专为大臣死后定谥号的太常博士们坚持要给他定一个不好的谥号"缪"——含义是"名与实爽",原因之一就是,他贪恋财礼把自己弱小的女儿嫁到了荒远之地,"得失一朝,荣辱千载"。可见,尽管封建禁锢,但那时还是有几个读书人的心里是亮堂的。

毫无疑问,唐代嫁娶,在不论人品和感情,只注重钱财多少的婚配恶风劣俗支配下,葬送了无数男女的人生幸福。

宋代房租那些事儿

宋代的商业经济得到很大发展,物价也与日俱增,这也包括房价,尤其是汴京等大城市,"重城之中,双阙之下,尺地寸土,与金同价",房价高得非一般百姓所敢问津,包括一些官员在内的多数在大城市谋生的人只能租房子住。

所租房子的来源有两种:一种是民间房东的房子,一种是官府用来出租的公房。

先说民间租房

在宋代城镇中平民被称为坊郭户,并以财产为标准分为主户、客户,坊郭主户就是在城里有房产、经济条件好的居民,坊郭客户则是上无片瓦、下无插针之地,在城里买不起房子的经济条件较差的平民,他们是城镇租房子的主要群体。史料显示,城镇的房舍大小、多少也是宋代区分坊郭主户等第的一个重要标准(漆侠《中国经济通史》)。实际上,宋代城镇民间房东的组成就是城镇中有房产出租的坊郭主户,以及有房产出租的权贵官宦人家。当时有一批在城镇中没有固定职业,专门靠出租房子过活的人,被叫做"掠房钱人"——家里有几间空房子打理打理租给有需要的人,全家生活就有着落了,一般来说,这是坊郭主户中的普通百姓。这种情形不少,在当时自发形成了新的行业叫"庄宅行",而那些游手好闲的有房子的人也有了新"职业"。

民间房东有大小。小房东的房子少,只是糊口而已,如北宋名臣欧阳修在报告中提到过,河东路辽州一个小房东,自家开了个饼店,同时也出租房子,"日掠房钱六文",一个月180文钱,一年得租金2160多文。而同时期的苏舜钦在他的文稿中,也提到了民间房屋出租业,他说:"只于京师仕宦及有屋业者取之,岁入不啻百万。"再看北宋末年,一个权贵官宦叫韦渊,因是太后亲戚,得到赏赐极多,在京城等大城镇有很多房产,仅出租受赏的房子一项,"房缗钱日二十千"(《宋史》卷四百六十五),一天就是20000文钱,一年大概在720多万钱。不比不知道,一比你就能看出,2160∶7200000,同样是房东,差别可不是一般的大。

宋代还有一种出租房,房东是政府。宋朝政府向官员、百姓人等提供公房出租,房租价格也因时、因地随市场波动。如北宋熙宁十年(1077年),首都开封的公租房房租是每间每月170文钱。十八年后,绍圣二年(1095年),远离京城的广东惠州,因营房不够,部分士兵进城租公房,每间月租接近300文钱。两相比较,当时惠州还不是像开封那样最繁华的大城市,但是,十八年后其房价也超过了当初开封的房租,而此时最繁荣发达的首都,其房租更会大大增加,这跟北宋后期经济发展程度以及物价上涨紧密关联。

周密在《浩然斋雅谈》中记载了南宋一个叫张卿的官员所写的关于房租的诗句:"小小园林矮矮屋,一日房钱一贯足。"这所附带了园林的一般住宅,每月的租金为30贯,即30000钱,而据说当时京城地区一个普通人夫的月收入不到3000文钱,也就是说,当时10个工人一个月的收入总额才能租一个稍微像样一点的住宅。

从历史角度来看,宋代的租房市场已然比较规范,也有些好措施。如根据经济形势、自然气候变化、政治需要等,政府常以减免房租作为笼络官吏以及百姓的措施之一。如宣和七年（1125年），书画家皇帝宋徽宗曾下令首都开封的公房、私房一律减少20%的租金。有宋一代，减少房租的政令常有，至于具体落实情况如何，不得而知。

宋金议和后，南宋朝廷认为"边患"消弭，便着力发展内部经济，"务与民休息，禁网疏阔，富家巨室，竞造房廊，赁金日增"（赵彦卫《云麓漫钞》）——富人都竞相投资房产出租，而且租金随着物价不断上涨。当时，在城镇买房，不是普通百姓所敢企及的，相当多的百姓包括官吏还是租房，官府为了减轻居民的租房压力，下令公私租房适当降低租金，这一举措受到房客们欢迎，但有些地方官府出于利益考虑，常常阳奉阴违。为此，南宋绍兴年间曾发生过一起由房租引发的刺杀案。

公元1151年，一天，镇江府衙前来了一个年轻人，他一身京城衙门差人的打扮，跟府衙警卫说，他是京城秦太师府里派来送知府迁转命令的差人，要当面交给知府张楠。府衙警卫见他公差模样，又携带中央来的重要文件要交知府大人，不敢怠慢，立即汇报了张知府。张知府很亲切地在书房接见了这位年轻人，"展刺拜谒如礼"，京城差人很有礼数，而后，他的眼神扫了一眼站在知府身旁的衙役，对知府说："秦太师另有指示，请让其他人暂时回避一下！"知府当然照办。衙役们出去后，京城差人从袖子中取出一卷装潢精美的黄纸公文，表情恭敬地将公文在知府旁边的桌子上展开，请知府来看，张知府移步近前，突然，京城差人抽出身配的短刀刺向知府。知府眼疾腿快，躲过几次刀刺，脸上被划破了几道小口子。京城差人又用刀狠狠地刺向张知府的颈子，张知府一仰头，短刀就顺着他的嘴前虚空而过，说时迟那时快，张知府一口咬住刺客握刀的手，刺客啊呀一声大叫，短刀随即掉地。这时，书房外面的几个衙役闻声而入，将刺客抓住，"遂捕送入狱，鞫成，具奏"，处死刺客。

此案的关键有两点：一是刺客的身份，二是他为什么要刺杀镇江府知府？《云麓漫钞》给出了答案。首先，这个刺客不是什么京城公差，而是镇江城里一个做小本生意的卖药人，名叫高嵩，十九岁；其次，他刺杀地方长官的缘由，从他展示给知府的貌似公文的黄纸上透露了出来——上面写着"镇江府张楠违背圣旨，不放房钱！"可事实是，知江阴军赵隽之降租，高嵩误将此地方政策当成全国政策，恨张知府"抗旨不遵"，才闹出了这一惊天大案。

这件与房租有关的谋杀案在南宋经济政策史上很有典型性，案情公开后，"房缗顿减矣"。如淳熙八年（1181年）、嘉定二年（1210年），多地发生灾害，宋孝宗和宋宁宗分别下令各地房租降低三分之一（《宋史》卷三十五、三十九），这些都是按比例的永久性减免房租，实质上是打压居高不下的高房租。

宋代公租房减免房租尚有如此波折，让民间房东一起降房租，更是难度颇大。实际上，遇到朝廷降低房租的通知，那些与房产主有勾结的州县官员或者藏匿公文不发，或者拖延；而精明刁钻的房东们更是阳奉阴违，或者先故意抬高房价宁愿租不掉，再假装房租降下来，真实房租常常是不降反涨，或者一段时期干脆不租房子，以避风头，这样一来，反而给租客们增加了更大的负担和麻烦。这就是整个宋代，尽管每隔一段时间，朝廷都要求各地官府关注民生，降低公私房租，然而房租却越来越高的一个重要原因。

说"嫁妆"

在我国古代,婚姻不仅是男女个人的事情,同时也与两个家族的利益息息相关。传统婚嫁中,嫁妆是男女双方家族很关注的,那么在古代,嫁女儿到底需要多少嫁妆呢?

我国第一部系统完整记述古代各项制度的典籍《周礼》有明确记载:"凡嫁子娶妻,入币纯帛,无过五两。""五两"在这里是指"五匹",意思是:婚嫁中的男方女方送聘礼或嫁妆,总数不要超过五匹黑色丝帛的价值。可见,在2000多年前,国家为避免百姓婚嫁过度攀比财富是有预见和预防的。

毋庸讳言,以财富论婚姻是我国古代社会长期存在的陋习。在汉代,为避免出嫁的女儿在夫婿家受歧视、怠慢,女方要花大量金钱办嫁妆,使一些小户人家吃不消。当时有个说法叫"盗不过五女之门",意思是如果哪户人家养了五个女儿,要办嫁妆的话,非得倾家荡产,强盗也不屑去"光顾"了,或者也可以理解为,连强盗也不忍心去拿她们家的东西了!

从来都是富贵人家的嫁妆丰厚。皇家嫁女在古装影视剧中,很抓人眼球。作为天潢贵胄的公主的嫁妆非同一般,重要"嫁妆"之一就是立即给她"老公"来个响当当的"驸马"称谓,其后极可能是官居显位,这或可称为"官位嫁妆"。同时,公主的财货嫁妆也让人眼花缭乱。

《资治通鉴》卷二百五十一记载，公元869年，唐懿宗朝的同昌公主出嫁，因为她是皇帝最喜爱的女儿，皇帝不但立即提拔她的未婚夫为起居郎、驸马都尉，还给她准备了极其丰厚的嫁妆，包括：一是皇宫中宝贝随她挑选，"倾宫中珍玩以为资送"；二是送给她和新郎一座位于京城黄金地段广化里的豪宅，装潢极尽豪华，连窗户上都镶嵌着各种各样的宝贝，家里的一应用品器具也非金即银；三是给她"压箱钱"50亿钱，"赐钱五百万缗"；四是还有一大批皇家用品，应有尽有——这样的嫁妆非同凡响，史书上都留下了记载。

同样在唐懿宗朝，还有一件关于嫁妆的事情发人深省。时任大唐尚书省右丞的裴坦的儿子迎娶地方官员杨收的女儿，当时盛行"陪门财"，杨收觉得自己攀了门高亲，奉送了巨额嫁妆，陪嫁的器物用品也都非常奢华，"资送甚盛，器用饰以犀玉"。按理说，女方嫁妆丰厚，男方应该"笑纳"才是，但作为唐朝名臣的裴坦不是这样，他说："这不是为我们家好，这是要害我们家啊！"命人当场将奢华的家具全部砸坏。后来杨收在端州司马任上因受贿罪被赐死，"其僚属党友坐长流领表者十余人"，虽然史书上没有写明，但由后来裴坦家没受牵连来看，杨家所送巨额嫁妆，裴家是没有完全收受的。作为杨收亲家的裴坦不仅没有受到牵连，后来还晋升宰相。

北宋熙宁朝以后有规定，除了皇帝的女儿出嫁从国库支取嫁妆钱，赵宋皇族有女子出嫁，国库也支付相应嫁妆钱。《建炎以来朝野杂记》记载了皇室支取嫁妆的例子：宋徽宗的女儿福国长公主得到的嫁妆是"奁具凡二十万缗"，2亿钱——这二十万缗是个巨额数字，因为当时宰相、枢密使每月的俸禄才不过三百缗——据说，这同北宋强盛时期相比还减少了很多；还有一个是南宋淳熙十三年（1186年）出嫁的安康郡主，她的嫁妆是京城一座府邸，"又诏南库给金五百两、银三千两为奁具"。

赵宋宗室女子有嫁妆标准:"祖宗(宋太祖)元孙女五百千,五世三百五十千,六世三百千,七世二百五十千,八世百五十千。"谱系越远,皇室给的嫁妆钱越少,八世以后,就没有记载了。到了南宋绍兴年间,战事多开销大,国库紧张,皇帝下诏书将疏远的宗女的嫁妆又减了不少,而且还不能保证正常支付。没有像样嫁妆,致使这些宗女嫁不出去,"有司不时给,宗女贫不能行,多自称不愿出适者"——没钱作嫁妆,这些与君主同宗的女子被迫成了"剩女"。由此来看,宋代婚姻是很讲究嫁妆的。北宋名臣司马光曾尖锐指出宋代婚姻注重钱财货物的情形:"将娶妇,先问资妆之厚薄;将嫁女,先问聘财之多少。"

叶盛的《水东日记》记录了南宋景定元年(1260年)郑氏家族的一份嫁妆标准:"奁租五百亩,奁具一十万贯(钱),十七界。"因婚嫁双方都是官宦之家,所以女方的嫁妆也颇丰厚,属于中产阶层标准吧。

再看景定三年(1262年)的一份嫁妆实物单子:礼书三缄,双金鱼袋,销金缬一疋,利市彩一疋,官绿公服罗一疋,画眉褐织一疋,转官毯须掠一副,叠金篚帕女红五事,等等。

明代中期以后,婚配门当户对的观念淡薄,婚配不问门第,专论聘财,"今女家许聘,辄索财礼,男家既醮,乃论资妆,稍不如意,非过期不归,则妇归见斥矣"——如果没有令男方满意的嫁妆,即便定了亲,也不娶进门,或者娶进了门,也会将妻子送回娘家!毫无夫妻情分。

婚姻重财的陋习在清代达到顶峰。陆燿在《切问斋文钞》中叙述了清代雍正、乾隆时期的社会婚姻情况:"将择妇,必问资装之厚薄,苟厚矣,妇虽不德,亦安以就之;将嫁女,必问聘财之丰啬,苟丰矣,婿虽不德,亦利其所有,而不恤其他。"

龚炜的《巢林笔谈》记录了雍正年间一件涉及嫁妆的事,作者同一个朋友喝酒聊天,朋友跟他说,要给作者儿子介绍个对象,女方家是个富商，女孩是家中最小的女儿，女方家承诺如能找个合适的夫家，愿意出嫁妆几千两银子，"奁资可得数千金"——可见，当时婚配是先将钱财货物讲论在前的，形同谈生意——但是，作者是个文人雅士，洁身自好，"予素持婚嫁不计聘奁之论"，所以赶紧回绝了朋友的好意。

清代人邵长衡在《财婚》一文中对当时婚配有精准概括："古人重嘉耦，今人重财婚。"

当然，也有开明的父母，金埴在《不下带编》中记载了一个善画的开明秀才，秀才认为夫妻情趣投合感情好才是婚姻最重要的内核，他给女儿的嫁妆是他亲手画的一幅画，上面题诗："婚姻几见斗奢华，金屋银屏众漫夸。转眼十年人事变，妆奁卖与别人家。"老秀才几句诗道出了婚姻中的势利现象，同时也揭示了婚姻论财的荒唐可笑与悲哀。

应该指出的是，古代常常出现的婚配重财、嫁女论嫁妆，甚至以能否满足财货要求作为缔结婚姻首要条件的现象，给个人和社会都造成了严重负面影响。

首先是使很多婚龄男女因家族经济原因，成了"剩男""剩女"，造成了很多不幸。

其次，我国宋代以至明清时期，尤其是南方省份，贫苦家庭生下女婴后常常会无奈地狠心将其溺杀，原因之一就是担心家庭不堪嫁妆重负！

《清稗类钞》对清代溺女现象有深刻揭示："溺女恶习，所在有之，盖以女子方及笄许嫁时，父母必为办嫁妆。富家固不论，即贫至佣力于人者，亦必罄其数年所入佣资，否则夫婿翁姑必皆憎恶。"由此，我忽发奇想：《孔雀东南飞》中汉代男子焦仲卿的老婆刘兰芝，是个勤劳会做家务的才女加美女，夫妻之间和好相悦，而且，媳妇对婆婆也恭顺，为什么婆婆一定要儿子休掉这么好的儿媳妇？会不会也与嫁妆有关呢？

敢同皇帝谈工资的那些人

现代社会，很多地方推行工资协商制，提倡劳资双方平等协商工资，在今天的我们看来顺理成章，但在古代封建时期，竟然也有那么一些人敢向皇帝提出加薪要求，就让人觉得不可思议了。

两千多年前，西汉儒生东方朔初次向汉武帝上书自荐时，并没有被重视，只是待诏公车，意思是，没有正式派活，就在警卫殿中司马门的公车署这个地方等候任命，待遇自然微薄，说是坐冷板凳也未为不可。作为帅哥加才子的东方朔实在耐不住了，借机用谎言恐吓了汉武帝的心腹侍从朱儒，从而被汉武帝责问。这正中其下怀，得以当面向汉武帝陈述自己的想法："朱儒身高三尺多（汉代一尺约现代 23 厘米），得俸米一囊，钱二百四十，我高有九尺，所得薪俸也和朱儒一样，所以，朱儒吃得快要撑死了，而我这么大个块头都快要饿死了，如果我上书的建议中用的话，希望与朱儒所享受的待遇有差别，如果皇帝您觉得我的建议不可用的话，就罢免我，不要让我在京城里到处索米，为吃饭发愁！"

对于东方朔亦庄亦谐、滑稽多智的应答措辞，汉武帝听了后大笑，因而破格提拔他待诏金马门，待诏金马门是当时对于应征之士特别优异的一种待遇，而且有与汉武帝接近的机会，对于东方朔来说最直接的好处就是他的薪水大幅提高了（事见《汉书·东方朔传》）。

南北朝刘宋政权的左仆射刘穆之是刘裕的心腹之臣，能力非常强，史书说他"内总朝政，外供军旅，决断如流，事无拥滞"，公务之余，爱看书爱交朋友，几乎每天都在家里摆酒席请客吃饭，虽然位为高官，但也耐不住如此花费，家人常在他面前嘀咕花钱太多，外面也传言他的奢侈浪费。于是有一天，他向皇帝刘裕汇报："我家里原来很贫穷，日子过得都不周全，多亏您的赏识提拔，才过上了如此富贵生活，虽然，我也想节约点，但是，现在场面大了，每天的开销实在是减不下来，我承认是有些奢华了！但是，我发誓，对您，我是忠心耿耿的，坚决贯彻执行您的每一项指示！"这一说，刘裕对于他的奢华生活，不仅不怪，反而又给他提了薪水。由此可见，刘穆之真是善于同老板要薪水啊。

沈括在《梦溪笔谈》卷一的《故事》篇中记载，北宋大臣杨亿任翰林学士时，身处清水衙门，因不兼别的官职，所以俸禄不多，而且他的家境又不好，为了改善生活水平，他在"景德初，以家贫，乞典郡江左"，就是杨学士厚着脸皮请求外调担任官俸较高的地方官。杨亿在给皇帝的奏疏中，用典雅的骈体文委婉地发了点牢骚："虚忝甘泉之从臣，终作莫敖之馁鬼。"说白了，就是向皇帝汇报，自己穷得够呛，希望皇帝怜悯外放个稍稍俸禄高一些的官职。他是个人才，皇帝舍不得放他走，解决办法是：皇帝让他"知通进、银台司兼门下封驳事"（《宋史》卷三百五），又多派了些差事给他，这样他干的活多了，俸禄当然也就多了，杨亿家的生活有了相当改善。

上述争取"加薪"的方式温和文雅，传为美谈，但是历史上也有些非同一般的"谈"工资方式。

公元934年，后唐君主唐明宗驾崩，第五子宋王（唐闵帝）即位，唐明宗的养子潞王不服，同他争皇位。五代之时，战争不断，军队的重要性不言而喻，地位极高，无形中造成了士兵们的骄横之气。不发钱，不加薪水，后唐的军队根本就不愿意出征打仗。士兵们向皇帝要求增加军饷。唐闵帝为了激励士气以讨伐潞王，掏空国库来赏赐军队，并且，他还对着将士们信誓旦旦：如果打败了敌人，每人"更赏二百缗，府库不足，当以宫中服玩继之"。就这样，士兵们依然不甘心，反而变本加厉，无所顾忌，一边开拔一边公开宣称：到了凤翔（潞王地盘）再要一份赏赐！结果，政府军还没有同潞王的军队交锋就"百十为群，弃甲兵，争先诣陕（潞王军队驻扎地）降，累累不绝"。

动乱年代，有枪便是草头王，类同城下之盟，皇帝想与大兵们"协商"薪水，那也是行不通的，历史上此类例子不胜枚举。无论何时，"协商工资"得需要一个平等的氛围。

明清时期甘薯推广的历史借鉴

甘薯,甘甜可口,生熟皆可吃,可充粮食,在我国又被称为番薯、红薯、金薯、红芋、红苕、山芋、地瓜等,原产南美洲,是哥伦布大航海之后发现的新物种。现在,我国大多数地区普遍栽种。

甘薯于16世纪后期明朝万历年间传入我国,当时称为"番薯","番"意指外国,最先栽种地是福建、广东等沿海地区。史料显示,它的引进首先归功于一个叫陈振龙的华侨商人。陈振龙侨居吕宋(今菲律宾),携带番薯藤种回国,于万历二十一年(1593年)农历五月下旬(马南邨《甘薯的来历》)在福州近郊的沙帽池旁边空地上试种成功。第二年,福建地区大旱歉收,当时的福建巡抚金学曾得知陈振龙试种番薯收获颇丰,下令推广种植以度饥荒。中国百姓历来对稍有政绩的官员都是非常感恩的,于是,百姓就以巡抚的姓氏改称救了他们命的"番薯"为"金薯"。据说,在清代,福州乌石山还建有先薯祠,以纪念引种者陈振龙及推广者金学曾。郭沫若称颂陈振龙"此功勋当得比神农",此是后话。

那么,栽种番薯的优势在哪里?

首先,番薯很容易种植。明朝万历年间官员、学者何乔远在《闽书》中叙述:"其(番薯)种也,不与五谷争地,凡瘠卤沙岗皆可以长。粪治之，则加大。天雨根益奋满。即大旱不粪治，亦不失径寸围。"其次，番薯的产量高，价钱便宜，底层百姓都能吃得起。"泉（州）人鬻之，斤不值一钱，二斤而可饱矣。于是，耄耆、童孺、行道鬻乞之人皆可以食……下至鸡犬皆食之。"所以，番薯从南洋群岛传种到福建以后，不仅发挥了救荒作用，而且立即在沿海地区得到普遍栽种。

然而，本土化后的甘薯在中国广大地区的栽种却是一个漫长的由南而北渐进的推广过程。

17世纪初，江南一带频发灾荒，既有儒学造诣又兼具科学知识的大臣徐光启，以当朝官员的身份倡导农民栽种甘薯，并总结了甘薯的十三个优点，如"一亩收数十石……遍地传生，剪茎作种，今年一茎，次年便可种数百亩……可当米谷，凶年不能灾……用地少而利多，易于灌溉……根在深土，食苗至尽，尚能复生，虫蝗无所奈何"，可谓相当详尽，以此来劝说农人栽种甘薯。经徐光启的倡导推动，福建的甘薯被引种到江南淞沪一带，并又向黄河流域推广。徐光启曾向崇祯帝上过"屯政在于垦荒"的疏奏，得到褒奖采纳，对土壤、灌溉要求不高的甘薯，想必也是新垦荒地种植的作物种类。

《清史稿》记载：乾隆年间，陈宏谋主政陕西期间，深入调研当地土壤，从"高原恒苦旱"着眼，选定了种植品种，"劝民种山薯及杂树"。乾隆十年（1745年），陈宏谋在陕西推广红薯时，颁布《劝民领种甘薯谕》："若遽劝民领种，小民计利目前，岂肯将有用之地力，种此不可必得之物。今年总须各官先行觅地试种，或租民地试种……听小民观看，一俟有收，民间见其可食，然后令民依种，自不费力。但不可强。试成者奖之，不成亦不必问。"（陈宏谋《培远堂偶存稿》）劝民栽种甘薯是一项利民措施，作为封疆大吏的陈宏谋不是粗暴地采用强制手段，而是采取官方示范栽种、奖励栽种的方式在经常闹饥荒的陕西地区推广。以事实说话，以经济效益逐步引导当地农民种植甘薯。

历史上的陈宏谋爱民忠君，有担当、能力强，得到乾隆皇帝的重用，位至吏部尚书、工部尚书、内阁大学士，加太子太傅衔，为乾隆时期的大名臣，他在我国北方地区运用官方力量引导推进种植红薯一事流传青史。

清代掌故遗闻汇编《清稗类钞》记载："台湾内山生番不知稼穑，惟于山间石罅刳土种（山）芋。"可见，栽种山芋（甘薯）确实不需要什么农业技术，甘薯推广有优越的先天条件。

《清稗类钞》还记录了湖南醴陵地区"农事甚勤，隙地皆垦，无弃壤，田所宜"——该地区农民很勤劳，不浪费任何一寸土地，只要有空隙地块就会栽种适合的作物——"山谷则种薯、芋、豆、粟等杂粮"，可见清代湖南地区红薯已经成为很普遍的农作物。

甘薯可以种植在山地的斜坡或者荒地上，不占用水稻、小麦等传统农作物的耕种土地，而又增加了食物，使得历史上长期受饥饿惊扰的中国农民欣然接受了它。综合史料来看，湖北、湖南、山东等地开始种植甘薯时间是在18世纪40年代，山西、安徽、河南等省份则是在进入18世纪后半期之后才逐渐开始有人种植甘薯，此后甘薯栽种基本在我国传布开来。

有日本历史学者认为，中国明清时期对美洲红薯的引进，是当时人口急剧增加而必须增加粮食的结果。其实，到底是结果还是原因，众说纷纭。但是，人类为生存总是在不断地努力，这才是根本所在。

再来看看我国明清时期推广甘薯过程中的主客观因素。"地方官员在普及种植红薯方面发挥了巨大的作用，农民并没有积极主动地自行尝试引进。"（上田信《明清时代：海与帝国》）明清时期推广甘薯种植，官员所发挥的作用，确实功不可没。但是，指责农民在引进甘薯过程中没有多少作为，这一点应结合历史情境来分析。一是，当时的很多农民都是租种地主的土地,已被繁重地租和家口生计压得喘不过气来,哪里还有心思和精力放在引进新作物上呢?二是,引进新的作物品种,在当时条件下,连官府都很难做到,又岂是在贫困生死线上挣扎的百姓所可做到的;三是,即便有了部分地区官府的推动,但是真正栽种甘薯、主动不间断传种甘薯的还是农民,只是囿于当时的历史条件、农民的生存境况和观念,难以迅速传种甘薯于庞大的帝国各地而已。所以,上田信表述"农民并没有积极主动地自行尝试引进(甘薯)"确乎是对我国明清时期农民的苛求,不足为论。

在这里我还要做个材料分析:万历二十一年(1593年),番薯就在福建试种成功,此后也得到官方推广,救荒效果明显,为什么到了乾隆十年(1745年),陈宏谋还在陕西花大力气推广甘薯,以预防饥荒呢?而我国西北、华中地区逐渐栽种这种可以救人性命的农作物,其时间要到18世纪末。再据《陕西省志》描述,甘薯虽在乾隆年间被引进到了陕南,但是直到嘉庆年间才被引种到渭南地区,而且一直都是零星种植。可见,从明代万历朝到清代乾隆朝的200年间,能有效预防饥荒的甘薯,没有得到应有的重视。

在交流不发达、信息相对闭塞的两三百年前,乡野百姓不知外省的情形,情有可原,但是作为政府行政框架,而没有经济技术信息沟通,实在匪夷所思,也可看出,主观上,当时政府对地方经济民生的漠然态度和管理效率之低下。

番薯在我国的成功试种推广,最重要的客观因素是它具有易栽种、可食用、产量高的特点。在推广过程中,有些政府官员做出了努力,也都留名史册。但是回看历史,甘薯推广的速度实际上还可再加快些,太平年间,几个甘薯不算什么,而在饥荒年代,那就是一条条的人命。

历史足资借鉴。甘薯推广的史实有值得镜鉴之处:就农业而言,地方政府应该关注民生,积极作为,并有一个认真研究农业科技、善于推

广农业新技术的机构来推进农业发展，并尽快分享技术新成果；在百姓层面，则应改变旧观念，及时接受农业新技术，切实提高生产效率，增加收入，改善生活。

第二章　民生

古代那些私家园林别墅

良田美宅，通常来说是农耕文明时期成功人士的标配。当年，汉武帝见二十来岁的霍去病为大汉朝讨伐匈奴立下赫赫战功，就打算给他在京师长安建个豪华的园林别墅，将来好成家立业。对此，霍将军回答了一句千古名言："匈奴未灭，何以家为？"意思是：我们还没有把匈奴消灭掉，哪里还顾及个人修建别墅娶妻成家这些琐事啊！照此看来，那别墅没有建成，或者是建好了，但志大心高的霍将军没肯接受。

像霍去病这样的人，历史上凤毛麟角，相当一部分人对别墅还是十分钟情的。公元前19年，西汉一位有名的大臣叫陈汤，他通过内部消息得知皇帝要在霸陵的南面建造自己的陵墓"昌陵"时，运用人脉关系，向政府要到了昌陵附近的好大一片地。

陈汤得到了规划中昌陵附近的土地后，立即着手大建别墅豪宅——与昌陵工程几乎同步推进。这就像搞房地产炒地皮，如果开盘销售，那他准定是赚得盆满钵满的，即便是自己居住，也是不动产急剧增值。

人生不如意十之八九。就在陈大人的小算盘打得噼里啪啦响，坐等发大财的时候，朝廷突然宣布在建的昌陵因耗费太多，朝廷财政吃不消，废弃不建了。这一来，陈汤的如意算盘全部落空，他建盖的庞大别墅群成了烂尾工程，投下去的钱都泡汤了。他自己也因为在弄"昌陵"地皮时和当时负责建造"昌陵"的将作大匠（汉朝管理建设工程的高级官员）做了些手脚，欺瞒了朝廷，于是被判罪。

再说汉恒帝时期的外戚权臣梁冀，曾经权倾内外，门生遍布朝野，连续三位皇帝都是他拥立的，你说势力大不大？夫贵妻荣，他的妻子孙寿也被封为"襄城君"（这样的封号一般是封给皇帝的丈母娘的）。受封受赏赐后，孙寿说如今她也是有封爵的人了，得有自己的官邸啊，倚仗权势，她干脆把对门人家的地皮给吞没下来，照王公府邸的标准盖了座襄城君府邸，气势壮观，华丽非常，"殚极土木……广开园囿，采土筑山……奇禽驯兽，飞走其间"。历史记载，公元150年房子盖成，公元159年全家就被灭门灭族了，梁冀和孙寿都被勒令自杀（《资治通鉴》）。那大片的豪华别墅也不知道归在谁的名下了，历史没有说。

西晋末年衣冠南渡带来了江南园林的勃兴。随着全国政治、经济、文化中心的南移，历史上相当长一段时间，江南豪富之家修建别墅园林呈风起云涌之势，尤其在明代中晚期。

明代成化年间，仅一个苏州昆山县，即有郑氏园、翁氏园、松竹林、北园、西园等12座有名的私家花园别墅。嘉靖、万历之际，私家别墅兴建成风，"海内宴安，士大夫富厚者……治园亭"。比如，地处江南的南京城，别墅园林在数量与质量上远远超过了北方古都洛阳，最著名的有16座，如东园、西园、凤台园、万竹园、莫愁湖园等。而绍兴的园林别墅之多就更加令人叹为观止了，仅明朝中期，绍兴城外就有20多处园林别墅，城里有近30处，个个都造型精妙，巧夺天工，尽得林下之胜，江南园林一时盛况空前。

"雪满山中高士卧，月明林下美人来。"——乡间园林别墅生活让人羡慕得直流口水。据说，江南的园林别墅曾为江南的戏剧提供了丰富素材，"公子落难后花园，金榜题名大团圆"就是南派戏剧的经典主题。

"此地居然形胜，似曾小小兴亡。"综合史料来看，虽然每个朝代都有数不胜数的园林别墅，但其结局常常是荒败，后代子孙鲜能守住！

最悲惨的是那些因变乱战火而遭废弃的别墅花园,有个曲子是因私家园林别墅而写的:"有一等人造花园磨砖砌甃,有一等人盖亭馆雕梁画栋,费尽工夫得成就。今日做了张家地,明朝做了李家楼,好一似翻手覆手。"读来怎能不让人心有所思!凭古试问:那些当初兴致勃勃、倾囊买地建园林豪宅之人,有几个会料到几十年、几百年以后的身后事?

由明清米价看康乾盛世

民以食为天。在我国古代,吃得好不好、能不能吃饱,成为衡量社会是否稳定的重要参数之一。我国明清时期以大米为重要的主粮,大米是百姓生活必需品,俗话说管中窥豹,所以由当时米价也能粗略看出明清交替时期以及所谓的清代盛世的相关情况。

明清时期,江南是稻米的主产地,我们以此切入,来看一下该地区明末清初的米价。明崇祯五年(1632年),江南松江府一带,白米每斗120文,值银一钱,即每石米(明代一石米相当于现在184市斤左右)的价格在1200文左右,按照当时银价在一两银子上下,"民间便苦其贵"。此后相当一段时间,米价一直保持在每石1000文左右。而到了崇祯十一、十二年(1638-1639年)间,"米价顿涨",1石米卖3000文钱,值银2两多,是原来的2.5倍,而这还不是最高价格。同一时期,北方的米价大概为每石3.56两银子,要高于江南地区(寺田隆信《山西商人研究——明代商人的商业资本》)。

崇祯十五年(1642年),明帝国社会动荡,大范围通货膨胀,铜钱兑银比例下降厉害,崇祯初年1000文钱值银近九钱,而崇祯末期的1000文钱值银"不过四钱几分",更兼米价高涨,白米每石需纹银五两,合计铜钱12000多钱,每斗米价格就是1200多钱,几乎是崇祯五年(1632年)米价的10倍!

明清时期，我国北方粮价一般来说都是高于南方的。如明朝官员李清在《三垣笔记》中所记载的崇祯末年的情形："所募二千五百名，月加费米千石，银九千九百五十两，得不偿失。"可见，崇祯末年北京周边地区的米价是每石九两九钱五分银子，比稻米之乡的江南地区几乎又高了一倍！为什么从崇祯初年到崇祯末年米价一下子蹿得这么高？除了前文所述的地区粮价差之外，翻开明朝历史你就会知道答案。崇祯初年，后金兵马袭扰北方，又因为北方自然灾害、大饥荒和弊政等原因，张献忠、李自成等先后起兵，到了崇祯十五年（1642年），明帝国烽烟四起，内外交困，经济凋敝，民不聊生，国难一发不可收，两年后，即1644年，崇祯皇帝自杀，统一的明王朝灭亡。可见，大规模的战乱是促使明末粮价高涨的一个极其重要原因。

再看清朝初年，顺治年间的米价也不低，顺治三年（1646年）江南地区"斗米几及千文"，顺治四年（1647年）"白米每石纹银四两"，此后到顺治十三年（1656年），米价一直在每石二两五钱至五两银子之间徘徊，除了秋季新米上市时米价的短暂回落。原因是这时的清朝政权才入主中原，受到明朝残余势力的抵抗，战事依然不断，人心不稳，农业的发展受到阻滞。

让人眼睛一亮的是：在顺治皇帝统治中原十三年之后，江南地区的米价一下子降到了每石八钱银子，"亦有六、七钱者"——这也不同寻常，但低价米昙花一现后，江南地区的米价又很快地反弹到每石二两银子上下，此后一段时间内米价波动不大。

历史的车轮前进到了众所周知的康熙朝。康熙元年（1662年）正月，"白米（每石）二两一钱，糙米（每石）一两九钱"。其后，米价稳步降低，到了康熙八年（1669年）因为米价极便宜，在历史上留下了深刻印记，"新米每石纹银六钱……后至五钱"（叶梦珠《阅世编》），按照当时银钱兑换比例换算一下，当时的每斗米价格是60文钱，这与物价颇低、容量单位相当的明朝崇祯初年比起来，还要低一半！即便与明朝初年江浙一带的通常米价每斗100文钱相比起来（叶盛《水东日记》），也低不少。康熙朝的这一米价，几乎创造了明清时期米价的一个奇迹！

根据相关第一手资料，从康熙八年（1669年）直到康熙中后期，江南地区米价都比较稳定，每石新米最低价格在五钱一二分银子，米价上限至多不超过每石二两银子。如康熙四十七年（1708年）三月初一，江宁织造官曹寅上报："江宁上白米价一两二三钱……漕船一到，则米价更贱。"意思是让皇帝放心，江南地区米价百姓是完全可以接受的，有粮食吃，不饿肚子，地方上就不会出大事！百姓有饭吃，从上到下都很开心，史家称之为"康熙盛世"。

此外，综合明清史料来看，只要不是灾荒年，几乎是每到秋收季节，米价就会下来一些，这跟新米上市、官府要收秋税，以及农民很多借债要在秋后偿还有很大关系——为了变现，一时涌到市面上的大米显著增多，价格自然回落。

顺带说一下，豆子价格在康熙八年（1669年）前后也很低，每石豆子价格也是五六钱银子左右，直到康熙十八年（1679年）价格才增至一两银子以上。再大概看一下麦子的价格，在明朝崇祯末年的小麦的价格每石在6000文左右，计银为二两五六钱，到了"（清朝）康熙初，麦价始贱"，也几乎是在康熙七、八年（1668-1669年）前后，江南地区的麦子价格一直低于每石五钱银子，康熙十七年（1678年）后，麦子价格有所上涨，但是价格也很便宜，百姓都能接受。

众所周知，在以农耕为主要经济形态的我国古代，大米等粮食价格是社会其他物品定价的重要基准。米价一上升，人工价格和相应产品价格都会提高，从而推动整个社会物价上涨。

事实证明，米价平稳的时期——如清代康熙八年（1669年）之后的相当长一段时期——是一个社会比较安定的时期，米价超过了百姓的购买力，通常不是大面积的自然灾害，就是社会不安定所导致的结果，同时，这也是社会更加不稳定的一个动因。

我国古代，只要有粮食能养活子女，百姓几乎都愿意子女绕膝、儿孙满堂，因为这不只与家族繁衍有关，而且也涉及家庭竞争力和社会生产力。清代史料显示：在康熙六十一年（1722年），全国人口大概为1.37亿；直到乾隆十四年（1749年），人口大增长开始启动，全国人口接近2亿；乾隆四十八年（1783年），全国人口接近3亿。这段时期，清代人口一直处于增长过程，而清朝的所谓"康乾盛世"也正是到了乾隆中后期才臻于顶峰！仔细分析，不难得出这样的结论，古代的生产力水平不高，在耕地可以承受的人口范围内，人口恰恰是创造财富、推动生产力发展的重要因素。

所以，体现康乾盛世的一个基本物质标准，笔者认为是以米价为代表的全国范围内较长时期的低粮价。社会稳定，农业发展，米价等粮价较低且平稳促进了社会人口增长；在耕地资源可以承受的人口数量范围内，人口增长又为社会经济发展提供了必需劳动力，从而推动了经济社会的进一步发展。于是，迎来了历史上所谓的煌煌"康乾盛世"。

然而，无法回避的历史事实是，随着时代潮流滚滚向前，国家又将面临新的经济社会问题。社会总是动态发展的。

清代弃婴的经济根源和育婴堂的建立

历史上弃婴行为屡屡发生。《史记》记载:"周后稷名弃……初欲弃之,因名曰弃。"周王朝的始祖"五谷之神"都差点被丢弃了!自古以来,人们对弃婴行为普遍痛心。那么,古代弃婴行为的根源是什么?我们从最后的封建王朝——清代的弃婴情况来一窥端倪。

清代,人们封建思想重,重男轻女,不愿意多生女孩,常有女婴一降生即行淹毙的行为,相当残忍,这在南方某些省份尤为突出。溺女的风习,有其深刻复杂原因。乾隆三十七年(1772年)江西按察使欧阳永琦在给皇帝的汇报中分析民间溺女婴一事:"因家计贫乏,虑日前之抚养维艰,即家计稍丰,亦虑将来之遣嫁滋累,并或急望生男,恐为哺乳所误,迟其再孕,往往甫经产育,旋即淹毙。"大概意思是,(溺女婴)有的是从经济角度考虑,家里贫困,养不起女婴;有的是不愿意将来为女孩出嫁妆,一生下来就溺毙;溺毙女婴的另一个重要原因是为了节省精力与"资源",希望尽早生个男孩。说来说去,清代弃婴的根源显然是经济因素。

在清代,溺婴、弃婴等怪风恶习得到了国家和社会的关注,譬如建立育婴堂就是反对溺婴、救助行将被溺和被遗弃的婴儿的一个有力举措。清代初期,北京就有了育婴堂,顺治皇帝的母亲孝庄文皇后倡导并出钱资助,起到了很好的表率作用,当时一些经济较为发达的城市,如扬州、苏州、松江、杭州、绍兴、通州等地,办了很多育婴堂。嘉庆时期,金华当地溺婴风气盛行,知县刘陆遵"为立条约,时于地方耆老敦切劝戒,并捐产创建育婴堂,以恤贫困。"泾县有个庠生王元右自己捐钱办了个育婴堂,起名为"好生堂",主要抚养宗族中穷人的女婴,以及被遗弃的婴儿。这些善行受到社会的赞扬。

  清代各地的育婴堂逐渐形成了一整套较为合理的管理办法。育婴堂作为一种慈善事业,资金来源有三个方面:一是由富人捐资赞助,二是政府的零星拨款,三是以前两项资金购置田产房产租借出去,收取田租房租来维持育婴堂的开支。育婴堂设有董事和经办人,由名声好的绅商担任,并且接受地方官的监督。当时育婴堂通行的管理办法有以下几种:一种是育婴堂有房舍,将弃婴收留在育婴堂里,雇奶妈喂养;另一种是把婴儿交给奶妈带回家喂养抚育,按月发给生活费。无论在堂与否,均给衣服。譬如松江府育婴堂把女婴放在佃户家里抚养,管理人每个月头到佃户家里验视,给予钱米。当时有首《松江衢歌》道:"水云亭畔义堂开,不复传闻虎乳孩。记得城东收弃子,佃农月旦望门来。"可见,清代育婴堂的管理还是颇有章法的。

  此外,清代湖南人欧阳兆熊在《水窗春呓》中还提供了个《育婴变通善法》,可视为育婴堂管理的第三种办法。文中记载,他湖南老家有个育婴堂,雇了一百多个奶妈喂养育婴堂里收养的孤儿,经费压力大,而且招聘来的奶妈自己家里也有子女需要喂奶,一个奶头叼几个娃,奶水当然不够。于是,大多数奶妈名为育婴堂的奶妈,却不给弃婴喝自己的奶水,而是"私以饭汁饲所养婴儿"。被收养的婴儿没奶水喝,缺乏营养,一个个面黄肌瘦,整天哭个不停,"不久即当就毙"。欧阳兆熊正好接管育婴堂事务,动了番脑筋,想出了一个改进办法:凡是养不起孩子送婴儿到育婴堂来的人,核实情况后,发个腰牌,表明这个孩子被育婴堂收养了,但是,"弃婴"还是让来人带回家,由产妇——"弃婴"

的妈妈自行喂养,每个月这家人可凭收养腰牌来育婴堂领取大钱六百文作为补贴,孩子的衣服棉布等另外发放。这样一来,解决了奶妈光领钱不给弃婴们喂奶的难题,更重要的是,使那些嗷嗷待哺、行将就毙的可怜婴儿们回到自己母亲怀里,存活下来,并且,也没有为育婴堂增加额外开销,"费省而事更无弊",一举三得。他的善心和明智之举得到了当地百姓的交口称赞,很多育婴堂借鉴他的方法。

清代还从制度上积极支持办育婴堂。康熙四十五年(1706年)清廷就曾令各地设置育婴堂,从而奠定了有清一代,政府对民间办育婴堂的鼓励态度。乾隆二十三年(1758年),嘉定知县奉上官的批示,竖立了"禁派育婴堂董杂差碑",作为永久性的布告,免除办育婴堂的相关人员的差徭。并且,清代还出台过政策,对捐献田、房、银两给育婴堂的人给予表彰,甚至议叙、升官。

但是,有关史料也显示,清朝统治阶级救助弃婴的力度还相当不够。雍正十二年(1734年),南昌的育婴堂有名无实,缺资金,普济堂还没有办,署理两江总督赵弘恩因为看过皇帝下的明谕,要关注民生,办好育婴堂和普济堂,就想动用府库里的盐务规银,号召官员捐款搞慈善事业,于是他写报告请示雍正皇帝。雍正帝批示:"育婴(堂)、普济(堂)固属应行善举,然亦不过妇女慈仁之类,非急务也。"意思很明了:育婴堂和普济堂这样的慈善机构虽然也该办,是民生工程,但是,这种小恩小惠小仁慈并不是一定急着要办的事!有清一代,信奉佛教的雍正帝号称是最关心民生、最爱搞社会救济的皇帝,但是,他在密折上批示的这句"真心话",足以使天下小民们寒心。皇帝的态度决定了国家机构、官员们的办事力度。于是,尽管有育婴堂,但在清代,弃婴的生存状况依然不能有效地得到改善。

目前,很多国家将丢弃婴儿定为犯罪行为。

晚清的劳务输出

虽然有资料显示,中国历史上的对外移民,可以追溯到2200多年前的战国后期,但可以肯定的是,我国历史上的海外劳务输出是在清代才进入常态,并受到政府重视的。当时这些向外国劳务输出的工人,有个共同的名称——"华工"。

在清代,较早地从中国招募劳工的是美国,资料显示"始自咸丰年间"。另一个规模性地从中国引进劳务(或者说是"招工")的国家是秘鲁,《清史稿》记载:"同治九年(1870年),秘鲁船一只在澳门贩载华工三百十三人。"而且,秘鲁贩拐清朝华工的力度很大,就当时的粤海关税务司统计汇报,仅同治九年至十一年(1870-1872年),这三年之间共动用33只船,贩载华工人数为15681名。

而贩拐华工最多的地方要数美国与南洋。光绪四年(1878年),出使美国大臣陈兰彬到美国呈递国书,"旋请设领事,言华人侨美各邦约二十余万,不设领事,无以保护华民"。光绪初期,华人没有投资移民的可能,这二十万侨居美国的华民可以说几乎都是华工,或者说是华工后代。

南洋诸岛邻近中国,华工人数更是相当可观。光绪二十七年(1901年),统计称:"和(荷兰)属南洋各岛开埠最早,华民往彼谋生者亦最多,噶罗巴(今雅加达)一岛尤为荟萃之区,寄居华民不下六十万人。"我国古代的老百姓是不会轻易离开故土的,除去少部分华人富商,所以这个六十万的数字中,绝大多数都是在国内生活无法维持的贫苦劳工。

在秘鲁的华民也不少,同治十二年(1873年)李鸿章在回复秘鲁大使葛尔西耶的照会中说:"乃昨据贵大臣面称,现载往秘鲁华人已有十万余人。"这个数字是两国就雇工问题交涉时秘鲁大使说的,看来,当时在秘鲁的华人还会更多些。还有古巴、墨西哥等国家也有不少华人务工。

相关资料显示,晚清有一百多万华工在外邦谋生。当时的华工到了招工国家,几乎就是"苦力"的代名词,什么苦活累活都得干,境遇很惨。

其一,华工的待遇很差,干的活不仅脏累,而且还遭到虐待。当时在美国、秘鲁、古巴、墨西哥及南洋等地务工的华工待遇都很差,受气被虐待更是家常便饭。光绪六年(1880年),清政府与美国使臣安吉立所订约的四款中有一条就是:"不得凌虐(华工)。"然而,这只是聋子的耳朵——摆设而已。此后的光绪十年(1884年)七月二十五日,(美国)洛市(洛杉矶)丙冷埠一案,惨杀廖臣颂等二十八命,伤十五人,焚毁铺屋财物值十四万余元;七月二十八日,舍路埠一案,惨杀莫月英等三命,焚烧煤厂,约值数万,旋将华人尽逐;八月十一日,倒路粉坑一案,枉杀李驹南等五命……光绪十年(1884年)到光绪十二年(1886年),在美国务工的华民屡屡受到虐待残害,当时最大的侨乡广东的地方百姓得知亲人在海外受到虐待,非常愤怒,准备在国内起来抗议,被时任两广总督张之洞安抚了下来。

当时,在美国的华工之痛苦情形,有人概括为:"华民住房则有十苦之诉,洗衣裳馆则有六不近情之诉,统大小各埠工商人等则有七难之诉。"张之洞在写给朝廷的奏折中说:"美与中国虽无嫌隙,但此事系由美境土人专利而起,其视华工究不免稍分畛域。"晚清大员张之洞期望美国官方能对处于弱势的华工一视同仁、平等对待,真是奢望了!

实际上,早在1871年,美国洛杉矶市就发生过针对华人的大规模暴力事件,当时一群暴徒残忍地杀害了17名华裔男子,他们的尸体还被残忍地挂在商店门廊的横梁上,其中包括1名十几岁的孩子。并且,涉案地区的华人商铺在施暴时被洗劫一空。面对骚乱,洛杉矶警察却袖手旁观。事后,在洛杉矶市官方庇护下,参与骚乱和屠杀的凶手都逃过了惩罚。2017年,这个惨痛事件被梁普智拍成了电影《唐人街1871》。

其二,在经济上,华工于所在国受到欺压,常常要比别国籍人多交很多税。这样的情况在荷占南洋地区尤甚。光绪二十七年(1901年)左右的情形是:"华人初到,概入供堂问供注册;赴各乡营生须经批准,方许前往。"这无疑是对初来乍到的华工的一种人身欺压排挤。随即又出台了一些更为严苛的规定,譬如:"下不准华民居乡之例,限二十四点钟立将生意产业贱售而去,逾限罚银逐出,产业消归无有。"这是于光天化日之下赤裸裸地侵吞华人的资产。"华人来往本岛贸易,必领路票,使费外仍缴印花银若干,到一处又须挂号,再缴银若干。如一日到三五处,则两处缴费亦须三五次。挂漏查出重罚。""又华人词讼,审费照西人最多之例,科罚则照吐番最重之例。纵令理直,追回银数,已不敷状师之费,以致沉冤莫诉。"这分明是欺压盘剥华人。"华人在日里承种菸叶者……入园后,不准自由出入,虽父兄子弟不能晤面。加以克扣工资,盘剥重利,华人吞声忍气,呼唤无门"。南洋华工连人身自由、家族亲情都不能正常享有,动辄就遭盘剥克扣!

其三,华工受到种种歧视,有的国家限制华工人数,最突出的就是当时的美国。光绪六年(1880年),清朝总理各国事务衙门回复美国使臣说:"近来,金山土人深嫉华人夺其工作,不能相容,上年美议院曾有限制华人之议……去年彼国又开议,又欲苛待华人。"经过交涉,中美两国订约:"其已在美华工亦仍旧保护,惟续往承工之人,定人数年数限制,不得凌虐。"《清史稿》明确记载:"光绪六年(1880年),始有限制工人之约。"而在荷占南洋地区,则"各国人民皆得购地自业种蔗,华人独否"。

凡此种种,都不能完全描绘出当时华工的苦况。哪里有压迫,哪里就有反抗。在华工忍无可忍的时候,也发生了反抗事件。光绪二十七年(1901年)在南洋的班喀地方,华人干活的锡矿发生漏水事件,阴寒潮湿,造成华工"病死相任",而且当地的工厂主强迫华工购买厂里的商品,东西质量差却价格贵,更有不良的当地商人向华工放高利贷,华工借钱的利息达到了"一两纳息五钱"的程度,即50%的高利率,但是饥寒交迫的华工又不得不借疯狂的高利贷,借了高利贷,也就意味着得更加卖命地干活,而且总也难以还完欠债。华工被逼无路可走,开始反抗,但遭到了厂主的镇压,死伤很多。

其实,清政府对外国招募华工的态度变化是相当大的。清代前期严行禁止,1868年中美《蒲安臣条约》签订后,政府转而支持华工出洋谋生,于是华工人数迅速上升。晚清劳务输出猛增的局面,是民生凋敝、经济困顿之时,清政府给小民们的一条活命苦径,但最主要的是第二次工业革命后,西方资本主义列强为了自身发展的劳动力需要,而更多榨取中国人民的价值所造成的。

19世纪70年代爆发经济危机,美国首先挑起了排华运动,如前所述,并于1880、1882、1884、1888、1892、1902年先后通过一系列排华法案。针对激烈的排华运动,清政府派出官方代表或设立使领馆,与外国政府就海外务工华人的生计、税收、财产等问题进行交涉,期望能保护华工的正当权益。尽管在外务工的华人境遇略有改观,但是谁都知道,弱国无外交,清末的华工为了生计活路,在国外干的总是牛马活,过的依然是非人生活。实际上,华工在海外谋生,相当谨小慎微、忍辱负重,1885年,美国怀俄明州石泉镇的28名华工因为不肯随同白人同事一起罢工,而惨遭屠杀。据美国文化学者迈克尔·麦尔的文章介绍,在那里,现在立了一块纪念罹难的28名华工的牌匾。

其后的第一次世界大战中,英国、法国得到北洋政府的允许在中国招募了17万多名华工支援欧洲前线,为生计所迫,华工们远涉重洋,在异域的战火硝烟下,出苦力,做苦工,住地穴,躲轰炸,身心备受煎熬,有的甚至再没还乡。

历史是会说话的。血泪辛酸的华工往事告诉后人:落后的民族,无论在何时何地,都会受歧视遭屈辱。而幸福生活,更需珍惜。

左宗棠倡导的棉花经济

众所周知,近代史上的左宗棠,既有抬棺出征、捍卫边疆的雄武豪迈,作为一代名臣,他也有针对地方实际、务实发展的高超治理才能,150年前,他在陕甘总督任上倡导种棉花就是一例。

左宗棠倡导种棉花

同治八年(1869年)十月,左宗棠正式接受陕甘总督关防。同治十年(1871年),结合当时情形当地实际,左宗棠在陕甘尤其是甘肃地区倡导大举试种包括棉花在内的多种农作物。左宗棠任陕甘总督时期的甘肃,实际包括甘肃、宁夏和青海东部河湟区域的西宁府,以及新疆的镇迪道(今巴里坤和乌鲁木齐地区),区域广泛,地势扼要,可辐射整个中国西北部。

除了宣传动员农民种植棉花、派员到外地精选棉种推广,当时的陕甘地区官府还从生产流程考虑,官方出资购置纺车织具,"设局教习纺织",雇请产棉区有经验的民妇来教习织布技能,提升棉花经济价值,以此引导百姓多种棉花。

左宗棠非常关注西北棉花推广情况,要求陕甘地区官员多到乡村进行调查,一有机会,左宗棠自己也作实地考察,同百姓交谈,以更多地掌握百姓栽种棉花的情形。同治十二年(1873年)棉花收获季节,左宗棠在甘肃乡间同百姓攀谈，了解棉花推广情况，据称，这里的百姓都知道种棉花的收入与以前种植罂粟获利差不多，而且还有可能超过，所以都愿意种植棉花，左宗棠对此很是欣慰。

为系统推广棉花种植，同治十三年（1874年）正月，左宗棠刊行农技书籍《棉书》和《种棉十要》，要求陕西、甘肃两省向适宜种棉区广为散发，切实讲解，以使当地百姓掌握种棉花的基本要领。《棉书》内容丰富，包括"选种、布种、分苗、灌耘、采实、捡晒、收子、轧核、弹花、擦花、纺线、挽经、布浆、上机、打油等十五项"，对种棉、收棉、纺线、织布整个流程的讲解，简明而细致，非常实用。

左宗棠不愧为一个高超管理者，他指导出台了相应的考核机制，将推广种棉的进度实效作为适宜种棉地区官员政绩的一个重要考核项目。他总结出推广种棉的贯彻要领——"专以切实两字，为课吏与课心之要"。所谓"课心"，是指做好宣传教育工作，让西北地区百姓从思想认识上真正懂得种植棉花的好处；所谓"课吏"，即指严格考核各级官吏推广种植棉花的情况，奖优罚劣，酬勤惩懒。"课吏"与"课心"的关键点是要切合实际，将种植棉花工作执行到位，落到实处，大力推进西北种棉花。左宗棠于同治十三年（1874年）专门上奏折，建议对"官绅士庶有能实力奉行（种棉花），著有成效者，准予择优奖叙"。

通过"课吏"种棉，左宗棠也发现了一些地方能吏，如署宁州知州杨大年、署正宁县知县黄绍薪、署镇迪道周崇傅、秦州知州王镇墉等，都因劝农种棉，勇于担当，推广得力，得到嘉奖。

为何提倡种棉花

左宗棠是中国近代史上继林则徐之后的第二位真正严禁鸦片的政治家和疆臣。在陕甘总督任上，他不仅设法禁止外国鸦片流入，而且深刻认识到，栽种罂粟和吸食鸦片不仅是西北贫困之因，也是西北民风由强悍而颓靡、致衰致乱的根源。所以，他在辖区内严禁百姓种植罂粟。为达到根本禁止罂粟的目的，解决陕甘地区禁种罂粟后的百姓生计问题，经过认真调查研究，借鉴棉花产地的种植经验，论证出"凡宜罂粟之地，最宜种草棉，棉花之利，与烟土相若"，西北不少地区的土质适合种棉花，在经济上种棉花也能取代种罂粟获利，这是左宗棠决定系统地在西北地区"劝种棉花"的一个主要原因。

左宗棠提倡种棉花的第二个原因，是当时西北地区干旱，百姓生存艰难，尤其甘肃"民苦无衣甚于无食，老弱妇女衣不蔽体"，这对来自南方的左宗棠而言，实在不可思议，既然缺少衣服穿，自己种棉植桑不就可以解决这个问题吗？所以，他决心以"教种桑棉为养民务本之要"，以解决西北贫困群众的穿衣问题。

左宗棠在西北大力推广种植棉花的另一个重要原因，是为了军需。熟悉近代史的人都知道，左宗棠西征成功，大得益于粮饷军备的充足供应，其中有大力号召边疆屯垦的功劳，也包括种植棉花解决西征军棉衣军装在内。

当然，左宗棠是个务实之人，在种植棉花上不搞一刀切，对适合种棉的地区大力提倡种棉花，对西北那些土质不适合种棉花的地区，不作种植棉花的硬性要求，而是指导多种其他农业经济作物以增加粮食生产、改善百姓生活。

同治十二年（1873年），肃州一带，棉花丰收，"一亩之收，佳者竟二十余斤，每斤千文"，收入不菲，并且种棉花收棉花比"罂粟剥果刮浆"要省工省力得多，更重要的是，种植棉花有利无害。

在左宗棠经营西北十多年后的光绪六年（1880年），陕甘地区"耕垦日广，民食渐充"，更让左宗棠感到欣慰的是，西北地区百姓的穿衣问题有了明显改观，"罂粟既禁，以其腴地改种草棉，向之衣不蔽体者，亦免号寒之苦"。

左宗棠的经世致用思想

史料和实践都表明,左宗棠在西北倡导种植棉花的做法,具有综合治理、一举多得的社会功效。左宗棠曾在给朝廷的奏折中直截了当地指出,在西北劝导百姓种棉花是"敦崇本业,力挽颓风,于陕、甘民生习尚不无小补"的惠民实政。力求杜绝害民误国的罂粟种植,为西北地区百姓找一条可持续健康发展的农业生态链,可以说,这也彰显出左宗棠务实担当的民生情怀。

"左公乃五百年来第一伟人。"20世纪初,近代史上著名的政治家、大学问家梁启超如此评价左宗棠。左宗棠任陕甘总督之初,郑重其事地给左氏家庙撰写了一副对联,其上联就充分展现了他经世致用的主张:"纵读数千卷奇书,无实行不为识字。"为勉励家族子弟,左宗棠还在家塾撰写了对联:"身无半亩,心忧天下;读破万卷,神交古人。"从对联的字句之间,便可一窥左宗棠的人生抱负和思想脉络。

左宗棠在青年时期深受湘籍官员贺长龄、陶澍的思想影响,中年时期得到林则徐等官员的认同,其思想渊源为清初学问家顾炎武的经世致用之学。作为自然经济时代出生于农村的一名知识分子,尽管左宗棠也饱读诗书、博览群书,青年时期身历科举,中年以后决战疆场、提倡洋务、经营西北,成为中国近代史上一位叱咤风云的人物,位至一品,尊为侯爵,但是,综其一生来看,他一直不改农业种植的嗜好,这是他的个性,也是他自我标榜经世致用的一个质朴体现,在左宗棠看来,这也是最基本的国计民生。

总而言之,150多年前,左宗棠在陕甘乃至西北地区,在巩固边疆的同时,大力倡导屯垦和种棉树桑,始终把发展农业经济、尽可能地提高百姓生活水平作为一个重要的工作来做,利民利国,既是历史时势发展的需要,也出自个人的经世情怀,二者契合,以成大计,彪炳青史。

第三章

商业

千年手账

古代社会真的"轻商"吗?

说到中国古代社会经济形态,有个比较通行的说法是重农轻商。实际上,我国古代社会并非总是"轻商"。

俗话说:民以食为天。古代社会将农业作为"本"是无可厚非的,而且无论何时,农业都是民众生存的根本。于是,"重本"在我国古代农耕文明时期被提到绝对高度。而"抑末"——抑制商业,是古代一些统治阶级的主观行为,有复杂原因,暂不详细展开。但大量史料表明,我国漫长悠久的古代社会并非都是"重农轻商"的。

商业的作用在很久以前就被发现。《周易》记载了我国古代神农氏时期"日中为市,致天下之民,聚天下之货,交易而退,各得其所"的古俗,并视其为一种理想的制度,可见商业自古以来就被认为是治理天下、社会运行所不可少的部分。

春秋时期,管仲辅佐齐桓公打造"春秋第一霸",商业出力颇多。为了取得当时的重要战略物资,积聚货物,管仲不仅在国内提倡工商业与农业并举,而且大搞"国际贸易""国际招商",只要是来齐国做生意的人,不仅管吃管喝管住,还提供周到的服务,使来往于齐国官道上的商人络绎不绝。于是,天下商货云集齐国,这为齐国成为当时的超级霸主提供了重要的经济基础。

由此看来,"中国经济至迟在战国时期起就已经具有商业性了"(崔瑞德、牟复礼《剑桥中国明代史》）。这句话有一定道理，而且很多中外学者在著述中多次提到中国古代有商业传统。

如按照国史大家钱穆先生的说法，我国历史上的第一个皇帝秦始皇实际上并不重农轻工商，而是农工商并重，重视工商业投资的（钱穆《中国经济史》）。且不说吕不韦是参与造就了秦帝国的大商人，历史有名有姓地记载着，秦始皇还尊重另外两个实业家：一个是乌氏倮，靠经营畜牧业而成为巨富，"秦始皇令倮比封君，以时与列臣朝请"，大富豪得到了与朝廷大臣一样的政治待遇；一个是巴蜀的寡妇清，因开采丹穴而成为富豪，秦始皇非常尊敬她，不仅通报表扬，还为她建了女怀清台以表彰其创业事迹和道德人品。再者，秦帝国丞相李斯在名篇《谏逐客书》中，就提到秦国依靠对外贸易而获得了天下各国的诸多宝贝财货，以此讽谏秦始皇要广泛利用各国的有用人才不要驱逐客卿。这从另一个角度也说明了在秦帝国建立之前，秦国就不轻视工商业。

汉宣帝时期，钱币的价值高，换句话说就是货币购买力高，5个钱就能买大约120斤米。有史学家认为，西汉时期所谓的"重农抑商"，实质是政府抑制百姓经商，而将商业尽量抓在自己手上，由政府统筹工商业，并最大限度地享有商业高利润。皇帝宠信之人也占据有利资源从事工商业，谋取高额利润。如汉文帝时期的蜀郡南安人邓通，凭借与汉文帝的亲密关系，经皇帝允许，经营铸钱业，广开铜矿，得以富甲天下。当时，铸钱就是最有利可图的工商业形式之一。

汉代商业经济的真相还可从当时的文学作品中一窥端倪。《两都赋》是汉代文学家、史学家班固创作的，分《西都赋》《东都赋》两篇。《西都赋》描述西汉时期的都城长安："内则街衢洞达，闾阎且千，九市开场，货别隧分。"——可见，商业、工业在当时处于一个很重要的地位。

《东都赋》记载东汉建武、永平时期的洛阳："去后宫之丽饰，损乘舆之服御，抑工商之淫业，兴农桑之盛务。"东汉初年之抑制工商业,其实是统治者刻意为之的,而这也反过来说明,当时社会工商业的兴盛已经到了统治者不得不出手来"抑"的地步。

东汉另一个学者张衡写的《西京赋》也详尽描述了当时长安城的情形:"尔乃廓开九市,通阛带阓……瑰货方至,鸟集鳞萃。鬻者兼赢,求者不匮。尔乃商贾百族,裨贩夫妇,鬻良杂苦,蚩眩边鄙""五都货殖,既迁既引。商旅联槅,隐隐展展。"这些洋洋洒洒的文字形象生动地再现了1900年前我国一线城市的商业繁荣景象。

尽管汉朝对民间商人有这样那样的限制,比如汉高祖时期不允许商人穿丝质衣服、乘车,到了吕后掌政之时"市井之子孙,亦不得仕宦为吏",但是因其厚利所在,汉代民间依然乐于从商,统治者想抑制也无法抑制。

隋唐时期的官府为了筹措资金补贴官员的薪俸,甚至拨出一笔"公廨钱"款项作为本钱,让专门机构来做包括放高利贷在内的各种经营以赚取利息。这项措施经过了一个先施行后禁止再施行的调整过程,只不过调整后的"公廨钱"经营有了限制,那就是可以进行买卖贸易、农业投资等,但是不允许放高利贷。实际上,这就是政府的商业行为,在唐朝经营这项产业的人员有个专门名称叫作"捉钱令史",肩担这个职责的官吏在当时被视为能人,达到一定的获利经济指标,或是从业年限,都会得到提拔。这种现象被唐朝名臣颜真卿批评过,但是这种制度在唐朝实行了很长时间。没办法,要保证政府的正常运转啊。

从唐人诗句中,也可看出唐代中后期民间盛行从商的情形。唐朝宰相姚崇的曾孙姚合写过一首诗:"客行野田间,比屋皆闭户。借问屋中人,尽去作商贾。"(姚合《庄居野行》)反映的是1200多年前唐宪宗、唐敬宗时期社会重商轻农的风气,百姓见到做商贾的都过好日子,于是争相去做生意,造成了"如今千万家,无一把锄犁"的局面。

同时代的诗人白居易的《盐商妇》更是详细写出了一个扬州小户人

家女子嫁给大盐商后，过上了锦衣玉食的优裕生活，让众人眼热的当年事实："盐商妇，多金帛，不事田农与蚕绩""绿鬟富去金钗多，皓腕肥来银钏窄""盐商妇，有幸嫁盐商；终朝美饭食，终岁好衣裳。"此外，唐诗中还有诸如"金陵向西贾客多""嫁得瞿塘贾，朝朝误妾期"等等，不胜枚举，都是唐代商业繁盛的生动写实。

宋代商业很发达，北宋赵匡胤时代，夜市在中国历史上第一次取得了合法地位，"京城夜市至三鼓已来，不得禁止"（徐松辑《宋会要辑稿》）。由京城扩延，许多城市都有了夜市。宋代在农业和手工业都有很大发展的同时，商业也获得了空前的繁荣。宋仁宗前期，为了解决商业过程中商人携带巨款不方便、不安全的问题，四川地区首先出现了官方法定的"官交子"，这被学界认为是世界上最早使用的官方纸币，前后使用了80多年。可见当时商业经济的发达和社会对商业的重视。

元朝将对外贸易放在了重要位置上，在前期对外贸易的基础上又有了进一步发展，设置了几处"市舶司"掌管对外贸易，"每岁招集舶商，于蕃邦博易珠翠香货等物"。而且，在元世祖至元二十一年（1284年），政府在杭州、泉州设立了市舶都转运司专门从事对外贸易，官方出资本出船只，选派贸易官员"贸易诸货"，还规定了商业利润的分成，"以十分为率，官取其七，所易人得其三"（《元史·食货二》）。

实际上，即便像明太祖那样的对农业自然经济极其推崇的统治者，也没有放弃对盐、茶、明矾等商品的生产和销售的干预，而且，也实际上推动了明代商业经济的发展，因为，"虽然人们可能会产生这样一种印象，即商人必定在相当严的限制和相当大的压力下经营，但是受限制和专卖的商品的流通仍由商人掌管，没有被国家接管"（崔瑞德、牟复礼《剑桥中国明代史》）。国家的目的不是去压制商业，而是利用如盐引、茶引等各种执照制度，利用商人的经营积极性为国家财政、政策目标服务。

明末清初，中国出现资本主义萌芽，这从很多明清小说中即可见其大概，而且明代后期商人的社会地位和影响力也有了提高。明清时期，先后活跃在商业领域的商帮有：山西商帮、陕西商帮、山东商帮、福建商帮、徽商、洞庭商帮、珠三角商帮、江右商帮、龙游商帮、宁波商帮等。而在清代中后期，中国商人已然积极参与国际贸易。"晚清中国经济，以商业的高度发展为其特点"（费正清、刘广京《剑桥中国晚清史》）。

那么，我国古代商业之风长盛不衰的原因在哪里？以前文中唐朝商业现象为例做解释：一是因为农业产出的利润远低于商业和手工业；二是我国古代传统政治形态对农业的赋税沉重，某种程度上说，商人所承担的税反而轻些。务农之家辛苦一年的收获上缴给官府、田主之后，所剩无多，甚至无法生存，在这种情形下，"农夫税多长辛苦，弃业宁为贩宝翁（从商）"（张籍《贾客乐》）也就完全可以理解了。值得注意的是，当民众群体性从商谋利，而忽视了支撑当时社会存续的粮食生产时，晚唐社会便屡屡发生饥荒甚至人吃人现象，进而导致社会动荡。

其实，从秦汉时期逐渐形成的"海上丝绸之路"和"陆上丝绸之路"一直延续繁荣，以及受历代统治者的重视上，就可看出我国古代工商业活动一直都存在并活跃着，只不过是程度高低不同而已。所以，完全可以这样说，中国古代社会并非总是"重农轻商"，而政府对商业的"抑制"有其深层次原因，历史也证明，中国古代的商业并没有因"抑制"而至于消亡。

古代那些商人出身的政界人物

中国古代历史上出现过一些商人出身的政界人物,格外引人注目。

有史可查的我国第一位商人出身的政界人物是2700多年前的齐国宰相管仲。他辅佐齐桓公成为"春秋第一霸",而自身也因历史功绩被称为"春秋第一相"。

《吕氏春秋》记载,管仲年轻时贫困,与好朋友鲍叔牙一起到南阳做生意,两人分利润时,鲍叔牙让管仲来分,管仲给自己多分了钱,而鲍叔牙知道了一点也不生气,"鲍叔知其有母而贫,不以为贪也"。可见,当年齐国两位政治家都做过生意。后来,鲍叔牙不仅认为管仲做生意多拿钱不是贪,而且因为他有非凡谋略,反而将其推荐给自己的主君齐桓公,"任政于齐",自己甘居其下。管仲做生意很一般,但是治国理政确是一等高手。有管仲主持齐国大政,"齐桓公以霸,九合诸侯,一匡天下"。太史公司马迁写《史记》,明确地把管仲的生意伙伴、政治搭档鲍叔牙的人品襟怀置于管仲之上,这是很有道理的。管仲自己就说:"生我者父母,知我者鲍子(鲍叔牙)也。"

春秋末年,越王勾践卧薪尝胆,于公元前473年消灭吴国,在历史上有浓墨重彩的一笔。为越王谋划卑躬屈膝侍奉吴王、进献美女麻痹仇家等策略的谋主范蠡,名气很响。虽是越国复仇中兴的谋臣,但在范蠡身上,商人的烙印更深刻,范蠡"三徙三荣"就是最好的明证。没办法,有头脑的商人,无论到哪里都能财源滚滚。中国人说事喜欢用"三"这个数字,如果范蠡四徙、五徙的话,也必然会别开生面。

战国后期的大商人吕不韦"奇货可居",不仅生意做得好,赚得盆满钵满,还一步一步"打造"出了古代中国第一个皇帝——秦始皇,他的故事,国人皆知。他以超凡脱俗的政治眼光运用商业资本,既而掌控一个强大帝国的政治,虽是异姓却被皇帝公开称为"仲父",绝对是后来者无法企及的。实际上,此后也再无商人吕不韦。

都说西汉重农轻商,道家、儒家都排斥商业,到了汉武帝朝更加明显,但是雄才大略的汉武帝为实现伟大抱负,也将眼光瞄向精明能干的商人群体,重用商人家庭出身的理财高手桑弘羊为自己打理国家财政。桑弘羊在十三岁时,就因精于心算而出名,被选入宫中当侍从。后来,汉武帝重用桑弘羊,在汉帝国先后推行算缗、告缗、盐铁官营、均输、平准、币制改革、酒榷等经济政策,同时还组织屯田戍边,防御北方的匈奴。就当时国情而言,这些措施都在不同程度上取得了成功,大幅度增加了政府财政收入,为汉武帝继续推行文治武功奠定了雄厚的物质基础。桑弘羊制定的财税政策亦有弊端,并且他最终也陷于复杂的政坛斗争而死,但是读汉史实在不能忽视商家子弟桑弘羊对汉代财政体系所做的贡献。

如果你说管仲、吕不韦、桑弘羊再能干,名号再响亮,那也只是宰相一级而已,还不是第一号人物。那么,东汉末年,披荆斩棘开创蜀国成为帝王的刘备,也是商人出身。《三国志·蜀书》介绍:"先主(刘备)少孤,与母贩履织席为业。"因家境清贫,刘备与母亲一起做过贩卖鞋子和织草席的小生意。与世家子弟曹操喜欢读书、写诗不一样,历史上的刘备不喜欢读书,而是"喜狗马、音乐、美衣服",其爱好显然出自市井,活脱脱的商人做派。

来看看刘备事业起家的赞助人是哪些人?《三国志》说,做贩马生意的"中山大商张世平、苏双等赀累千金",二人一见刘备,极其称赏,于是成为要好的朋友。后来,刘备拉队伍所需资金也都是这些商圈朋友赞助的,"先主由是得用合徒众",在大商人们的赞助下,小商人出身的刘备开始动刀枪抢地盘。

再说说刘备的个人问题。据说刘备一生有不少女人,《三国志》却只为他两个妻子立了传,一个是甘皇后,一个是吴皇后,那个孙权的妹妹孙夫人也稍带提了下,而刘备的另一个妻子糜夫人却只在糜竺的传中说及。实际上,刘备娶糜夫人是有缘由的。糜夫人的哥哥是徐州有名的大商人糜竺,"祖世货殖,僮客万人,赀产巨亿",可见是拥有上万员工的大企业家,还有官员头衔。在刘备被吕布偷袭、四处奔逃、妻儿被敌人掳获时,糜竺以大商人的眼光看出刘备是个"潜力股",将自己的妹妹嫁给刘备,这次政商联姻,陪嫁极其丰厚,除了大批金银财货,还有 2000 名奴仆赠送,这对于当时正当落魄的刘备来说,不啻雪中送炭。史书上说,刘备"于时困匮,赖此复振",刘玄德的事业因此起死回生。可以说,刘备的蜀国江山,起于商人,成于商人——没有大商人们的力挺,1800 多年前的小商人刘备绝对不会成为蜀国的开国君主。

还有一个是元末的张士诚,靠贩卖私盐起家,积聚武装力量反抗元朝,占据了当时富庶的江浙地区,自号"吴王",据史料来看,他把该地区治理得也颇具气象。

总的来说,中国古代的政界人物多数出自世家,其次为行伍起步、科举出身,间或也有几个农夫,而商人出身者较少。为什么这样?历史客观原因是,儒家治国的传统观念是"士农工商","商"居最末,正统的官场体系对于商人群体鄙视排斥,就是所谓的"轻商",汉代早期就规定"市井之子孙,亦不得仕宦为吏"——做生意人的孩子不能当官吏,唐宋元明清,很长一段时期,不允许商人子弟参加科举考试;另一个原因是,成功豁达的富商大贾"素封"之家,过惯锦衣玉食、安逸自

在的生活，与案牍辛劳、杂务冗繁和波诡云谲的官场有意识地保持距离。所以，我国封建社会由商人而为政客者如空中流星，偶一闪现，便让人津津乐道。

唐朝向国外买什么

有一段时间，中国人出国旅游，喜欢从国外购买手表、化妆品、皮包、电饭锅、奶粉甚至马桶盖，等等。唐代是我国古代历史上一个思想开放、经济繁荣的重要时期，那么，唐代中国从国外购买些什么呢？

"朝贡"是古代中国对外贸易的重要形式，正史里很多所谓的"朝贡"实际上是各地将自己国家的物品贩运到中国来销售给最高统治者的一种途径，唐朝也不例外。皇族、权贵豪门、富人常常从外商手中买到他们想要的东西。

首先，唐朝皇室权贵使用的很多奢侈品都是通过海外贸易买来的

与唐代同时的横跨亚、欧、非三洲的阿拉伯帝国，被中国称为大食国，唐朝初年，大食商人即开始由海、陆两条线路来华经商，销售价格昂贵的药材、香料、珠宝，大食商人在当时名气很大。

到中国贩卖香料、珠宝的还有波斯商人，他们在唐人小说中频频出现。东南亚各国也都与唐朝建交并有着不同程度的贸易往来，他们分别把香料、珠宝、犀牛、大象等运销中国。可见，由国外"进口"的香料、珠宝深得唐朝权贵和有钱人的欢迎。

朝廷在广州、扬州两个商港城市设置了市舶司来管理对外贸易。唐玄宗开元时期的广州市舶司，经常为皇族购买从东南亚运输而来的外国珍奇商品。扬州市舶司则常购买大食（阿拉伯）、波斯（伊朗）以及西域外商的商品，尤其是珠宝美玉。

唐代京城长安的东、西两市非常繁荣，不仅店铺鳞次栉比、生意兴隆、管理有序，而且从传统特产、日常生活用品，到各种奇珍异宝，物品琳琅满目，应有尽有。这其中，就包括外商开的珠宝店，这些外商在当时被统称为"蕃商"，他们主要经营的是金银、珠宝、玉石、香料等奢侈品。显然，这些物品的消费对象都是皇族和权贵豪门、富户，非一般百姓。

不仅来自西域的珍珠等奢侈品成了大唐帝国宫廷贵妇富女们的必备行头，同时，西域的很多稀罕物也成了皇宫大内喜爱的玩意儿。唐宣宗大中年间，"女王国（今泰国北部）贡龙油绢，形特异，与常缯不类"，据说，这种绢是用龙油浸染丝线织成的，能防雨不漏，深得宫廷喜爱，下雨天常常用得上。唐德宗建中年间，大林国还进贡了把火精剑给皇帝，据说该剑"光如电，切金玉如泥"，厉害得不得了。

其次，除了购买国外的奇珍异宝之外，唐朝权贵豪门还看中了异国有情调的"服务"

唐朝初年，南方小国昆仑国（今印度尼西亚和马来西亚一带），运送男女奴隶给唐朝宫廷权贵之家，号为"昆仑奴"，其人黑小。唐德宗的宫中就有一位"昆仑奴"，被时人称为康昆仑，他弹得一手好琵琶，深受皇族权贵们的追捧。

上行下效，唐代社会以家中蓄养"昆仑奴"为地位身份的象征，不仅豪门权贵买"昆仑奴"作仆人，有钱的人家也竞相购买"昆仑黑奴"以炫富。对这些"昆仑奴"，主人并不要他们做苦工，而是养在家中摆阔气，就像如今做生意的人必须得弄辆宝马、奔驰不可，不然掉份儿——唐朝富贵人家养"昆仑奴"大概也是这种心态。在考古发掘出的唐朝富贵人家墓葬陪葬明器中，赫然就有镂刻的昆仑奴塑像（钱穆《中国经济史》）。

钱易在《南部新书》中还记载了唐朝繁盛的天宝末年，西域的康居国贩运舞伎卖给唐朝宫廷，号为"胡旋女"，她们擅长跳一种左旋右转的舞蹈，节奏感强，为当时权贵要人们所喜爱，成为高级重要宴会上的保留节目。唐代皇族、豪门权贵热衷于"昆仑奴""胡旋女"此类具有异国情调的服务，刺激了外商贩卖奴隶到唐朝的行为，显然，这也是当时商人重利不义的一个表现，卑鄙无情而充满血泪。

再者，唐朝大规模地从"国外"引进当时作为战略物资的战马

《谷山笔麈》记载，在开元年间，突厥毗伽可汗遣使入贡唐朝，向朝廷请求互市贸易。唐代的贸易使用铜钱和缣帛等丝织品，一般被称为实物货币。唐朝政府每年用数十万匹（唐制：每匹为四丈）缣帛同突厥交换良种军马，"以资军旅"，大大提高了骑兵的战斗力，是唐朝强军的一项重要措施。

见卖马给唐朝能赚大钱，唐肃宗乾元年间，回纥也主动提出了卖战马给唐朝的要求。回纥一匹马的报价是四十匹缣，每次交易额都价值数万匹缣，有史记载的规模最大的一次是唐代宗时，回纥要卖一万匹马给唐朝，总价四十万缣，其时，经过安史之乱，唐朝国力已然衰落，为了不得罪"老朋友"只得忍气吞声地照单全收，而且，在支付高额马价之外，朝廷还另外有赏赐。尽管这样，回纥要钱但也耍刁，送来交易的都是病弱无用的老马。史料描述，回纥装卖马的财物要用数千辆车子，使得"唐之帑藏坐而一空矣"，加速了晚唐帝国的崩溃。

最后，唐朝广泛地引进国外的生活物资和生产技术

日本商人经常将本国"文细密，如刷丝"的松木和杉木、罗木，运到唐朝进行销售，深受欢迎。此外，唐朝从日本购进的物品还有黄金、白银、珍珠、鹿茸、茯苓、硫黄、铜器等。

朝鲜的新罗国商人经常携带朝鲜特产，包括牛黄、人参、朝霞油、鱼牙锦、海豹皮以及木材、木炭、药材、铜等物资来大唐销售。在当时唐朝同其他国家进行的土特产贸易中，对新罗国物品进口量居第一。为了接待第一土特产贸易国的商人，唐朝政府特地在沿黄海的登州、楚州（今江苏淮安）等地，设立了"新罗馆""新罗坊"专供新罗商人居住，以方便他们来往两国做生意。

《新唐书》卷二百二十一还记载了唐太宗曾派遣使者去西域摩揭陀国考察并引进了制作蔗糖的方法，"即诏扬州上诸蔗"参考方法炼制中国蔗糖，并做了些改进，据说"国产化"的蔗糖味道比西域制出来的还要好。

贞观二十一年（647年），泥婆罗（今尼泊尔）运来本国的三种菜蔬波稜、酢菜、浑提葱，以及菜种，在唐朝播种。

唐朝的对外贸易以外来经商为多，但是为获得巨额利润，唐朝商人出海经商的也不少。唐代诗人李白写有这样的句子："海客谈瀛洲，烟涛微茫信难求。"这个海客，笔者认为就是大唐到海外做贩运生意的唐商。"求（珍）珠驾沧海……北买党项马，西擒吐蕃鹦"，也是唐朝商人"出国"四处搜寻货物进口以赚取高利润的一个写实。

另外，唐人刘恂在《岭表录异》中记载有唐朝商人从广州驾乘铜皮货船载着国产货物前往安南（今越南），进行易货贸易，换取安南特产再回唐朝销售。由史料和时人诗句可以想象得出，在唐代的东南沿海，满载货物的商船进进出出的繁忙景象。

唐代的对外贸易之繁荣，既让唐朝人买到了自己想要的东西，也使中外商人为了在国际贩运贸易中获得巨额利润，而甘冒生命危险跋山涉水做生意，同时也增加了唐政府的税收，比如唐朝的广州、扬州两个市舶司每年收抽的船脚（费），就为政府增加了可观的财政税收，这显然比后世的"海禁"要高明得多。

唐宋卖场那些事

唐宋两朝合起来有600多年，堪称我国封建时代卓有建树的重要时期，经济发展水平达到的高度，从与百姓生活密切相关的市场情形中也能见其大概。

唐代长安外郭城内，城左右有东、西二市，每市皆方六百步——我国古代旧制一步为5尺，唐代的1尺约等于现在的31厘米，也就是说，东、西两市的长度都接近1公里，这是当时国内最大的商业圈，市面上商铺众多，据文献记载共有二百二十种行当，"邸肆千数"。到了天宝八年（749年）又增设了南、北市。这种商业模式被称为坊市制度。在坊市制度下，京城的每条商业街不仅建有2至4个坊门，而且还设有钟楼，上面架着鼓，早晚由专人适时敲响"以警昏晓"，起着通知关闭、开启商业街坊门的作用。坊门入夜关闭，直到早晨五更三筹（天亮）再打开，恢复街道贸易，在坊门打开前都属于夜禁时间，大街上禁止通行，并停止一切活动，违者就是"犯夜"，要处罚，除非有特殊原因，"诸犯夜者笞二十，有故者不坐"（《唐律疏义》）。长安东、西开市时，商贾云集，熙熙攘攘，卖什么的都有，即便什么也不买，中外富商、京城阔少们还可以吆五喝六地到胡姬酒店里喝酒寻欢。

众所周知，唐朝是一个开放社会，与世界各地的交流非常广泛，这也充分反映在了市面上来自西域的、海外的奢侈品和吃穿用玩上，这些在唐朝长安市面上都能购买到。这些内容笔者在《从陆上丝绸之路走到大唐的外商》等文中也有叙述，此不赘言。要说一说的是，在长安城里不仅有贩卖奇珍异宝的西域胡商，也有做一些小买卖的西域胡商，这在唐人小说中颇多事例。沈既济的《任氏传》记载，长安市面上有胡人开店铺卖胡饼，"门旁有胡人鬻饼之舍"。饼是唐朝人的主要食物之一，无论贵贱贫富，人们都爱吃饼，这胡人卖的饼自然是"胡饼"。胡饼长什么样？胡饼有点像我们现在吃的芝麻烧饼，但又不完全是，胡饼中间还夹着肉馅，味道更加酥香。李昉等编撰的《太平广记》描述"胡饼如（斗）笠"，可见，唐代胡饼比如今的烧饼要大很多。量大营养好，在长安市面上，胡饼很受欢迎。

　　唐代，与管理规范严格的坊市同时存在的，还有一种"草市"，言下之意是如同"草"一样随地开办的市场。一般来说，唐代"草市"是在城市的城门以外，或者城郭附近，开展定期贸易。随着时间推移，商业逐渐繁荣，草市上如雨后春笋般出现固定的店铺，久而久之，形成了新的民间商业街，但形式比坊市灵活，于是"草市"就升为"镇市"。与"草市"相比，"镇市"的市场形式更加稳定，而且更上规模。

　　唐代对市场的管理很规范，有专门管理市场的官吏，长安、洛阳"两京诸市，置（市）令一人，从六品上；（市）丞二人，正八品上"，在这些朝廷命官之下，还有录事、史、典事、掌固等官吏，协助市令、市丞对所辖市场的货物质量、价格、真假和器物度量的精确与否，以及收税、财货交易等，进行全面严格管理。商业市场切近民生，所以唐朝从中央到地方都设专职官吏管理大大小小的市场，这也对唐代商业的发展繁荣起到了积极作用。

　　唐朝的市场管理人员面对基层，手握实权，在监督制度不甚完备之时，难免会有市官在市场中坐大的现象。唐朝张鷟的《朝野佥载》讲了个小故事：唐代有个管理长安西市的官吏叫魏伶，一边工作一边忙着玩鸟，他有一只赤嘴鸟，这鸟被他驯化得极其机灵，常常在西市中飞来飞去，或是站在店铺前，或是歇在人身上，叽叽喳喳地直叫唤，仿佛是在向人讨要什么东西。一天，有人用一枚铜钱逗它，它竟然用嘴衔着钱飞送给主人去。久而久之，长安西市的商家都知道这只赤嘴鸟是西市丞的宝贝疙瘩，称之为"魏丞鸟"，不看僧面看佛面，只要它飞来了，商人们都会给它嘴里放一文钱，这样一来，魏伶能"日收数百（钱）"。

到了宋代，虽然疆域较之唐朝缩减了，但是商业却更加繁荣，坊市制度不再能满足经济发展的需要，坊市格局被打破，在政府的默许下，街上随处都可以开店设铺，商铺越开越多，有的还要扩大营业，由于京城地狭人众，所以商家想着法子占道经营，挡也挡不住，所以到了北宋后期，官府干脆就"以经济为杠杆"对占道经营的商家征收"侵街房廊钱"了。同时，宋代在市场管理上，也有了历史性突破，唐代的坊市管理模式基本废除，虽然宋代也有管理市场的市官，但是他们的主要职责是为帝国收税，而商业行会在宋代商业中成为重要角色。行会对内起到组织货源、分配货物货币的作用，对外而言，商业行会在经营上排斥非行户的竞争，以保护和垄断各行利益，同时，行会也配合政府对商户进行控制。

关于宋代大城市的市场繁荣景象，我们可以从北宋风俗画《清明上河图》中领略一二。据相关文献记载，北宋的首都东京市面上有高档酒楼72处，特色饭店更是不计其数，有南食店、北食店、川饭店、胡饼店、素茶店、素菜店等。此外，在肉食铺、水产店、果品店里，也是南北特产兼有，琳琅满目。即使是南宋朝廷，虽然偏安一隅，但是其首都临安城，也有"菜市、花市……鲜鱼行、布行……花团、青果团……"四百十四行，商业活跃情形绝不甯于宋朝初年。

宋代的各个州县有镇市，还有广泛散布乡间的"墟市"，这"墟市"与唐朝的"草市"类似，一般来说，两天一次集会，也可以约定俗成"三数日一次市会",实际上,集市的间隔时间长短,反映了这个地区经济发展、贸易交换能力的强弱,是动态化的。南宋名臣范成大于宋孝宗乾道八年(1172年)从苏州到广西静江府去赴任,一路上看到了很多墟市,如在湖南的衡山县,他就发现很多乡村墟市中货物很充盈,"江、浙、川、广,众货所聚",买卖频繁,百姓贸易购物很方便。同时,宋代还有各种专业性强的集市,如汴京城里专为僧尼服务的大相国寺附近每月开五次的定期市,成都府的药市,各州县的蚕市以及进行商品交易的庙会等。这些不同层面、不同规模和灵活多样的市场,使得宋代的商业贸易网非常发达。

最后要说一说,宋代市场上有人专门收集整理城市各个大市场和小市场的商品价格、商业合同、放贷利息、特许经营等信息,将这些信息提供给有需要的商家或是客户。同时,还有一类在市场上为买卖双方说和、介绍交易,做交易的中间人,从中获取佣金的人,这些人被称为"牙侩"或者"牙人""牙商"等,类似于现在的商业经纪人,虽然这种职业早在汉代就有了,但是在宋代市场中他们起的作用更大。

从陆上丝绸之路走到大唐的外商

我国唐朝全盛时期,京城长安人口上百万,而同时代的东罗马帝国的君士坦丁堡号称繁华,人口才有 80 万,长安作为当时国际大都市的地位无可动摇。《唐六典》记载唐王朝曾与 300 多个国家和地区有交往,而从陆上丝绸之路到大唐的各国商人占了很大比率,"唐兴,(西域诸国)以次修贡,盖百余,皆冒万里而至"(《新唐书》卷二百二十一)。

从丝绸之路到大唐的外国商人在长安开了很多商铺,而从中亚运来的金银器具和玉石制作的器皿成了唐朝宫廷和朝廷贵族的喜爱之物,他们不惜花大价钱购买,上行下效,乃至于民间富人也对西域货很热衷,市场一大,更加刺激了西域商人到富庶的大唐来赚取高额利润的热情。在唐朝鼎盛的开元年间,在长安定居的外国人(实际上多数都是商人)有突厥人、回鹘人、吐火罗人、粟特人、大食人、波斯人等,此外,流动外商更是无法统计,当时政府为了有效管理这些外商,专设了一个政府机构叫作"萨宝府",其字面意思是"商队首领",系外来语的音译,可见当时长安的外商之多。

唐朝大诗人李白有首描写当时长安市面的诗:"五陵年少金市东,银鞍白马度春风。落花踏尽游何处,笑入胡姬酒肆中。"你看这富家子弟先是逛了奢侈品市场,逛腻了后,又去了有异国情调的胡姬酒店喝酒划拳、寻欢取乐,这两处在当时长安都是外商做生意和消费的地方,是富贵公子必去的时尚销金窟。

众多史料显示，在大唐诸多西域外商中，波斯商人的影响力很大，长安城里开有波斯邸、波斯酒店、波斯金店等，波斯商人也遍布洛阳、广州、扬州等大城市。据说，"阿拉伯历史记载，有庞勋作乱时，在广州做生意的波斯、阿拉伯等外国人被杀死者有12万至20万人之众"（钱穆《中国经济史》），由此来看，当时波斯商人，还有大食商人在唐帝国的人数是相当多的。而且波斯商人与华夏民族也有了融合，他们长期定居唐帝国，甚至娶了中国妻子。

其实，在从丝绸之路走向大唐的外商中，粟特商人的势力也相当之强

"从公元前2世纪到唐朝末期（公元10世纪），粟特商人在丝绸之路贸易中占支配地位。""他们的家乡马拉坎达，即现在的撒马尔罕（今属乌兹别克斯坦），位于丝绸之路的西北方。中国人因张骞去西域探险而知道了粟特人（索格底亚那人）"（吴芳思《丝绸之路2000年》）。公元前327年，粟特人被亚历山大的军队打败后，军事力量再也没有得到恢复，但是，他们很快以商人的身份在中亚闻名遐迩，活跃于丝绸之路，并且络绎不绝地来到了繁盛的大唐。我国古代和田人称呼这些粟特商人为"苏利"，久而久之，他们把所有的商人都称为"苏利"，可见当时粟特商人的影响之大和程度之深。

粟特人的相貌特征是"瘦长脸、高鼻梁、深眼窝和长着浓密胡须"。唐朝僧人玄奘在公元7世纪到达粟特人的都城马拉坎达时，发现当地人居住得十分狭窄，但是，市场上的商品却琳琅满目，"异方宝货，多聚此国"（玄奘《大唐西域记》）。粟特人的小孩从5岁起就读书写字，学做生意，到了20岁就被送到邻近的国家做生意。据说，葡萄和苜蓿就是粟特人输入中国的，他们还将西方的奢侈品如波斯萨珊王朝的

银器和玻璃器皿、波罗的海地区的琥珀、地中海的珊瑚、罗马的紫色羊毛布等运进中国销售，再将中国的丝绸运销至中亚地区，乃至于罗马，获得极其丰厚的利润。并且，粟特商人还以善于鉴宝著称，他们还仿制中国铜钱，使用中国纸张。

在7世纪时，很多粟特商人在中国经商，并且取了中国名字，据说当时的很多粟特人改姓"安"。8世纪中期，粟特人在我国敦煌附近站稳了脚跟，因其擅长做生意而积聚了大量财富，成为当地很有影响力的群体。

唐代的凉州和洛阳，有粟特人建造的琐罗亚斯德教寺庙。在敦煌佛寺藏经洞和吐鲁番的摩尼教经书中就有粟特语，据考证，大部分成书的时间可能在公元8世纪或9世纪的唐朝。

安禄山的祖先是丝绸之路上的西域之人是没有疑问的

《新唐书》介绍："安禄山，营州柳城胡也，本姓康。"西域之人姓康的，几乎都来自当时西域"昭武九姓"。而昭武九姓是中国南北朝和隋唐时期对从中亚阿姆河与锡尔河一带来到中原操中古东伊朗语的古老民族或其后裔的泛称。他们善商贾，和中国通商很早，唐代在中国的外商，以昭武九姓人最多，其中又以康国人、石国人为主。所以，安禄山"本姓康"是正确的。史书还明确记载，康国粟特人"善商贾，好利，丈夫年二十去旁国，利所在无不至"。

再说安禄山的妈妈阿史德，她在丝绸之路沿线商路上以行巫术为职业，史书记载她向战神"轧荦山"祈祷求子，后来她怀孕了，生下的孩子后来辗转改名为"安禄山"。安禄山在历史上虽然是位武人，但他身上的商人色彩却很浓：首先，他的祖先是真心喜欢并善于经商的粟特人；其次，安禄山"通六蕃语"，干得第一份工作是"互市郎"——外商与唐朝人做生意的中间介绍人，实际上也算是商人；更重要的是，安禄山的做大做"强"，得到了"外商"朋友们的鼎力支持，史书说"（安禄山）潜遣贾胡行诸道，岁输财百万"（《新唐书》卷二百二十五）。可见，历史上的安禄山与西域胡商关系非同一般。

总之，唐朝时粟特商人、波斯商人、大食商人等西域外商来华做生意，为自身赚取财富的同时，也将中国的丝绸、陶瓷、茶叶等特产购销到了中亚，以至于更远的欧洲，对唐朝经济发展起到了很大的作用，同时也促进了中亚文化和唐朝文化的交流。并且，在"开元盛时，税西域商胡以供四镇，出北道者纳赋轮台"（《新唐书》卷二百二十一）——唐朝政府在丝绸之路上广收商业税作为驻军的军费，以此巩固了边防。

从陆上丝绸之路走来的西域"外商"在民间也赫赫有名，在《太平广记》等唐人小说中也多有体现，历来为世人所津津乐道。

"逼"出来的明代沿海地区商人

中国古代传统社会有两个通行思维，一是学而优则仕，二是安土重迁，而这两点与古代商业的精神和要求是矛盾的。在封建各要素相当成熟且有资本主义商业萌芽出现的明代，商人这个群体的构成较复杂。其中，明代沿海地区除了世代经商牟利之家外，也有一些商人以及商业势力是被"逼"出来的。

首先，明朝沿海地区地少人多"逼"出很多商人

明朝开国皇帝朱元璋注重农业，尤其是要农民安心务农，众所周知，农业的根本是得有足够的土地，尽管在明朝初年朝廷积极提倡垦田屯田，实际上在一些沿海省份，依然没有改变人多地少的情况，如福建、浙江、广东等省份，而福建地区最为典型。

早在宋代、元代，福建商人就开辟了海运航线，例如驾海船经山东，到朝鲜，再赴日本的经商路线及到南洋各岛的南方商业航线。到了明代，福建商人这样的商业活动更加活跃，其中一个重要原因就是可耕种的土地少。明代一位官员对此有描述："闽中有可耕之人，无可耕之地……尝观漳郡力农者，散处七闽，深山穷谷，无处无之"（谢杰《虔台倭纂》）——土地如此紧张，致使福建地区的百姓不得不到处寻找可耕之地，甚至还带着农具跨省打工。如此，明代福建出现很多经商之人也就顺理成章了,否则的话,在中国传统的安土重迁的农耕文明思维下,百姓是不会轻易离开乡土的。鉴于福建沿海的地域状况,福建商人不仅在内陆经商,还积极参与海外贸易。自明朝永乐、宣德年以后,福建沿海各地从事海外贸易的商人活跃起来,到了明朝中后期的隆庆、万历年间,福建商人从事海上贸易已成习俗,政府也无力禁止,不得不作事实上的承认(傅衣凌《明代福建海商》)。

再看广东,南雄地区"山多田少……讯其男子,则皆担客装度岭去矣"(王临亨《粤剑编》)。因为耕地少,广东男子出外经商的也颇多。

其次,家境贫寒"逼"出来的沿海地区商人

这种从商情况所占比例颇大。著名社会经济史学家傅衣凌先生认为,明代福建海商的重要构成之一,是"被传统的封建关系所排斥出来的地方贫民,尤其在人多地少的沿海地区,他们迫于衣食,因而下海通番",明代福建漳州、泉州的很多从事海外贸易的商人就是因贫寒被"逼"在外经商的。"于是饶心计者,视波涛为阡陌,视帆樯为来耜……贫人以驱。"意思是说,在贫困的压力下,"穷则思变",沿海一带稍有头脑的百姓即把在海上从商谋生,看成同在陆地上耕种一样正常。

福建晋江的儒生黄继宗,因为父亲早早去世,家道没落,不得不挑起养家的重担,"父没,家贫,稍治生"(《泉州府志》),因为他勤奋聪明能吃苦,最后从商致富。这样的例子很多。

明代冯梦龙的市井小说《徐老仆义愤成家》就写了一个浙江的例子。明代嘉靖年间淳安县一户徐姓人家有兄弟三人,本是个较殷实的农户,有一个老仆叫阿寄,后来徐老三去世后,老大、老二急着分家,两人将牛马分给了自己,将五十多岁的老仆人阿寄分给了徐老三家。徐老三的遗孀颜氏,女人家一个,带着五个孩子,还有老仆夫妇要养活,想想以后没有办法维持家计,急得号啕大哭,老仆安慰她,并为她谋划了经商做生意养家的对策。无奈之下，颜氏不得不采纳老仆的建议，变卖了衣服首饰，凑了12两银子给老仆作为生意本钱。阿寄很灵活，经商有方，贩漆、贩卖米，"一连做了几账，长有二千余金"。实际上，这时的老仆阿寄如同一个商业职业经理人了。十年后，"家私巨万"，阿寄又建议颜氏置办了田宅庄园。文学来源于生活。可见，在明代民间，因贫被迫而跑四方从商、由从商而致富的例子不在少数。

在明代的东南倭乱中，"向来通倭多漳泉无生理之人"（郑若曾《筹海图编》）。可见，很多穷苦的沿海居民因生存所迫从事海上生意，而且，他们也在不自觉中被裹挟进历史事件。

再次，有些儒生放弃科举入仕的人生规划而经商

这类人原先是打算考科举，走仕途的，但是因为种种原因，而不得不放弃儒业学习而从商。如福建安平人杨乔，原先家境还可以，他早早入私塾，"十岁通经史大义"，闻名乡里，如果坚持考科举的话，金榜题名走仕途的可能性很大，然而在他十多岁时，父亲和大哥相继去世，二哥又患病，家里只有他一个壮劳力了，于是他只好"辍儒之贾"，经商养家。

也有考试不顺而弃儒从商的。万历年间的宁波人孙春阳，原来在私塾苦读，但是连科举初级考试童生试他都没有过，于是转而做生意。他在苏州开办了杂货铺，经营极为成功，连官府进贡给皇宫的贡品很多都在他的店里采购，名气很大，生意兴隆，孙春阳杂货铺从万历年间开始，一直延续了200多年，成为历史上有名的老字号。

文献显示，明代福清一带的商人很多是"学不遂，则行贾四方"的儒生，他们在打理繁杂商务的同时，"多属儒贾兼业"——也就是我们通常所说的儒商。这些经过儒家文化训练的人踏入商界，也给当时商业注入了清新之风。

最后，还有一种带有鲜明烙印的"海商"，他们多数是官府的打压给逼出来的

傅衣凌在《明清时代商人及商业资本》中指出，明朝开国，为了政治目的，厉行锁国政策，禁止制造适合海上航行的双桅大船，"片板不许下海"，在倭乱时期，甚至还将海边的居民强行迁徙到内地，一切的目的，实际上就是试图禁止明帝国百姓与海上势力来往，效果不能说没有，尤其是政治上的，但是，沿海居民为了生存，有势力且胆大的商人为了获利，铤而走险，偷偷地与海上外来商人贸易，这使得他们获得暴利。如福建地区，"15世纪上半期，漳州的海商们已然无视政府的禁令，与海外进行交易活动"（上田信《明清时代：海洋与帝国》）。

当明帝国高层发现自己疆域内有商人胆敢违抗国家指令与外人"勾结"时，派出了帝国军队清剿，扫除了沿海的几个贸易繁荣的"窝点"，表面上达到了官府的目标，但是，也为明朝有效治理留下了更大的隐患。封建专制之下，帝国统治者认为皇权至大，武力无边，无须与百姓商人对等对话，不讲谈判唯有打击，于是，从几次明帝国官兵清剿中逃出来的沿海商人，索性建立起了自己的海上武装势力，并且为了壮大声势，还与日本等海上国家的流浪势力勾结，形成了扰乱明帝国版图、影响明代历史的倭寇集团。从目前可以得到的史料中，显然能看出倭寇中的很多明朝商人的真正目的还是做生意赚钱，并没有什么政治企图，所以在明廷历次对中国海盗"诱降"时，他们都屡屡"中招"。

总而言之，且不论明代沿海众多百姓是在什么样的境况之下，改本业而从商的，就历史客观而言，明代沿海地区的贸易活跃、经济繁荣得益于当时当地的从商之风，并形成了商业传统，而这样的地域传统对于当时中国乃至今天社会影响很大。

明清时期的市井造假之风

明清时期,是我国由传统自然经济社会向近现代商品经济社会变革的萌发阶段。随着商品意识增强,社会风气转变,人心浮动,造假欺诈等骗术层出不穷,几乎达到了巅峰状态。

在经济比较发达的江南地区,欺骗造假之风相当盛行。明朝中期钱塘(今杭州)一个叫田汝成的名人在《西湖游览志馀》中,对当时弄虚作假的社会风气有着生动的叙述:"外方人嘲杭州人,则曰'杭州风'……云:'杭州风,一把葱,花簇簇,里头空'。""又其俗喜作伪,以邀利目前,不顾身后,如酒搀灰,鸡塞沙,鹅羊吹气,鱼肉贯水,织作刷油粉。"他所描写的菜市商铺里的无良商家,为了牟利,竟然毫无诚信可言。

与杭州并称为"人间天堂"的苏州,不仅也有和杭州一样的那些个市井伎俩,而且,"假"造得更加花哨漂亮。当时人叶权在《贤博编》中指出:"今时市中货物奸伪,两京为甚,此外无过苏州。卖花人挑花一担,灿然可爱,无一枝真者;杨梅用大棕刷弹墨染紫黑色;老母鸡毛插长尾,假敦鸡卖之。浒墅货席者,术尤巧。大抵都会往来多客商可欺。"你看啊,鲜艳灿烂的假花、染成熟紫色的杨梅,还有"乔装打扮"的"长毛"假野鸡等,真是骗你没商量,明朝的"天堂"造假也造得与人间他处不同。

卖酒掺水是当时通行的伎俩,可能是如今造假酒者的祖师爷了。学者吴履震在《五茸志逸》卷二中写道:"云间有嘲淡酒者,作《行香子》词云:……这一瓶约重三斤。君还不信,把秤来秤,有一斤酒,一斤水,一斤瓶。"这样的酒,喝起来自然淡且无味,然而,在市面上照样行销,不是大家不知道,只是将假就假罢了。

市面上还有许多骗术,诸如以黄泥掺红颜料搓成丸子冒充老鼠药,开假药欺骗病人等,比比皆是。

此外,在文化层面,明朝的古董造假也十分猖獗。造假者利用社会财富增多后,人们出于附庸风雅或者财富投资的需要,对书画古董的购买增多而造假,甚至有些当时名家也乐此不疲。明朝文学家沈德符对当时"假古董"现象是这样描述的:"骨董自来多赝,而吴中尤甚,文士皆借以糊口。近日前辈,修洁莫如张伯起,然亦不免向此中生活。至王伯毂,则全以此作计然策矣。"由此可知,"百无一用是书生",当时有些文人没办法,也"打造"假古董"混生活"。王伯毂造假古董骗人,自己却也被别人狠骗了一把,他以巨款购买的阎立本的《醉道士图》也是伪作。还有明末名家陈继儒,他所秘藏的颜真卿的《朱巨川告身》也是后人临摹的赝品。这种以假乱真的古董赝品事例举不胜举。

为了满足"发财梦",更有人铤而走险造假币——伪造金银。明正德年间,明代诗人姜南在《抱璞简记》"铁胎银"条中说:"今世之造假银者,或以铁,或以铜,或以铅、锡为质,外裹以银皮,不复辨其伪也。"另外还有制作假金子、假会票,以及私自铸造劣质铜钱的。不过,明朝政府打击制造假币的手腕是非常强硬的,规定凡是制造假币者,不论数额多少,一律斩首。

明朝末年,社会骗术千奇百怪,张应俞在反映当时的世情小说《杜骗新书》里讲述了84则行骗受骗案例,譬如美人计、调包计、苦肉计、连环计、提罐、扎火囤、放白鸽等。

清朝的欺诈手段较明朝有过之而无不及。乾隆十二年（1747年），纪晓岚在京城一家小客店中买了一支蜡烛，居然点不着，原来蜡烛是泥巴做的，仅是外面敷了一层羊脂而已。纪晓岚在京城还买了十六块号称为明代制墨师傅罗小华制的墨，装在一个旧盒子里面，很像那么回事，回去一用，那墨竟然也是泥巴做成，只是表面染成了黑色。

痛定思痛，纪晓岚总结说，受骗的人要么是贪便宜，要么是图方便，受骗都有自身的原因。与之同时代的钱文敏说，凡是便宜事，必然其中有问题。那些专门骗人的人，什么样的都有，怎么会有便宜的好事落到我们头上来呢？

其实，有清一代还有更厉害的"造假"

首先是假官。在晚清《点石斋画报》中屡有揭示假官的文字。譬如《假官撞骗》中："吴江县属同里镇，有杨姓等五人皆著名土棍也。初只冒充巡丁……后竟狡狯愈甚，每于黄昏后，杨扮作汛地官模样，以一差提灯前导，手执小竹板，后随二人……周行街市，名为巡查。……乡愚无知，任其搜刮一空而去，如是者数夜。"这是典型的地方恶棍假扮小官吏压榨百姓欺骗乡民的事例，着实可恶。但与下面的"假官"相比，那就是小巫见大巫了。

佚名的《清代野记》中有《插天飞》一则记载："插天飞者，名亦不传，亦方族也……学问赅洽，熟谙宫廷掌故。有党徒数十人，周流各省，专伺察地方大吏以取财。"据说这个"插天飞"就是清朝乾隆、嘉庆时期，时时假装朝廷亲王大臣，带着一帮人，到各个省份专门敲诈封疆大吏的人，让各省大吏头痛不已。

其次有假租界。汪康年在《汪穰卿笔记》卷三中记载："戊戌、辛丑间，天津忽有假租界一事"——这可是前朝各代所没有的新骗术！"源丰润司事皖人詹丙生及苏人彭氏之婿钱某，并浙人钱丙渭，于毗连租界之地名西开者,造房六七百间,中并设巡捕房,有犯事者辄由公堂刻罪。"这个"租界"不仅有独立地盘,而且还有"派出所",有抓人权与审判权,俨然一个小社会!为什么如此?原因是:"在华人以为系租界,莫敢过问;在西人又以为华人之地,莫之理。"而最主要的原因在于"官商钩串为之,大府竟为所蒙蔽"。好在是"久之始败"。

　　社会发展到相当程度的商品经济阶段,难免会出现拜金主义以及奢侈消费风潮。诸如明清两代中后期,人们对于金钱的欲望没有良性意识形态善为引导,于是,社会行为失范,出现造假欺诈之风,降低了人与人之间的信任度,带来整个社会的信任危机,其后果是,人情逐渐淡漠,道德随之滑坡。

清代的人参经济

中华民族历来重视具有食补药用价值的植物，人参正是这样的植物之一。有案可稽的我国古人服用人参的历史可以上溯到春秋时期，越国的范蠡在《范子计然》中对人参有这样的描述："人参出上党，状类人形者善。"此后人参一直受到人们的追捧。

我国最早的药学典籍《神农本草经》记载："人参，味甘微寒。主补五脏、安精神、定魂魄、止惊悸、除邪气、明目、开心、益智，久服轻身延年。"东汉名医张仲景的《伤寒论》一书列了113个配方，其中含有人参的配方就达21个，占总配方的18.6%，并论述了人参具有"温补、滋润、强壮、强精、保温、增强视力、安定精神"等功用。由此可见我国古代医者对人参的青睐。历史上赞美人参的诗句也比比皆是。而在清代社会，人参不仅发挥着治病养身的药物功能，同时也充当了政治工具。

首先，清代社会对人参极其推崇

清代社会对人参的祛病滋补功能极其看重，尤其是东北野山参，绝非一般人所能享用，这一点从人参的售价上即可看出来，"人参之价，至今日而贵极矣"。据康熙朝学者查慎行《谢揆恺功惠参诗》中的句子"一两黄参直五千""十金易一两"，可见在康熙五十年（1711年）

前后，一两人参的价格大概是10两白银。到了乾隆十五年（1750年），京城的一两人参价格是白银16两。乾隆二十八年（1763年），品质好的野山参一两值银子32两，品质再差的野山参也要25两银子，而且还很难买到真货。清代官员梁章钜说，到了道光后期，人参的价格又增加了十余倍，如果不错的话，那么在1846至1847年，每两野山参的价格已达100多两银子。从这我们就能看出正宗野山参在当时的贵重程度了。

所以，有两句诗从侧面形象地描摹出了野山参的高贵："中人十家产，不满一杯味""但许活富人，贫者莫可冀"——长白山野山参是清朝普通百姓所莫敢问津的。

再说在明朝嘉靖年间，产自朝鲜半岛北部的高丽参价格昂贵，非大富大贵人家买不起，而到了清代中期，因为当时人推崇东北山参，高丽参的价格一下子跌落了很多，所以中产阶层就能吃得起了。对于高丽参，在清代嘉庆、道光年间有种吃法很流行，选外形枝条大的高丽生参，"合糯米、姜汁屡蒸而屡晒之"做成熟参，据说滋补功效特别好，不亚于东北野山参。

在清代，皇家内务府还每年定期在扬州举办宫廷人参展销会，将东北地区进贡皇宫挑过后剩下的人参，分成很多等级变价卖给商人们，据说每年这个人参展销会的收益是13万至14万两银子。

其次，清朝统治者将人参作为政治工具

清朝统治者来自东北，东北是人参的重要产地，鉴于人参采掘的便利，以及中国传统医学对人参滋补功能的看重，清代皇室因地制宜地开发了人参的经济价值和政治安抚功能。

明代以来，东北长白山人参因其极高的经济价值为女真族的早期崛起提供了重要的经济来源。在女真建立政权后，人参采挖权被朝廷牢牢掌控。中国古代历史上，君王为了笼络臣下或是奖励臣子，常常会有赏赐，金银财宝和稀奇物件皆有，到了清代，皇室对于王公大臣的物件赏赐有蟒衣、黄马褂、花翎、鞍马、弓矢、书画以及貂裘衣物等，而赏赐人参则是清朝皇帝对宠臣的格外恩典。

清朝礼亲王后代昭梿在《啸亭续录》中描述了一位朝臣受到皇室赏赐人参的情形，"得上（皇帝）赐人参票，喜极过望，感激涕零"，不等皇帝回宫，在天桥路边，他就激动得趴在地上"泥首称谢"。因为得到了皇帝赐予的人参票——以人参票去内务府提取人参，官员感动得失态。这表明当时皇室赐予大臣人参属于浩荡皇恩，这不是一般大臣所能享受的待遇。

同治年间的大学士、军机大臣文祥深得皇室的宠信，多次受到清皇室赏赐人参。同治四年（1865年）十月二十八日有一道皇帝谕旨："文祥奏'请假回旗迎养'一折，文祥著赏假三个月，前赴盛京迎养伊母来京。并赏人参六两，即著文祥赍去，以资颐养。"（梁章钜《枢垣记略》）在咸丰、同治年间，清正红旗人文祥是个重要人物，文武兼备，"虑事繁难兼顾"，办事能力很强，十分难得，尤其是当时与洋人办理交涉，清皇室非常倚赖他，其地位仅次于恭亲王。这样一位重臣要行"孝心"将年迈的母亲从老家迎接来京养老，皇帝以及作为人母的两宫皇太后，当然极其称赏文祥的孝顺，为表示对文祥和其母亲的关心，让文祥给她带去了皇室高规格礼物人参——金银有价，皇家的人参却是无价之宝。这里包含了皇家的深恩，说白了，有感情的成分在内！

同治八年（1869年）十月十九日还有一道皇帝谕旨："军机大臣吏部尚书文祥，病逾匝月，尚未就痊……并赏给人参八两，以资调理。"这次是身担洋务重任的文祥劳累致病，朝廷派御医去为文祥看病，并送去了皇家的心意——人参。

多次受到皇室赏赐人参的文祥对皇室忠心尽职，作为三朝重臣，"于国计民生利病所关,及办理中外交涉事件,无不尽心筹划,实为股肱心膂之臣"(佚名《清史列传》),对晚清朝政发挥了相当大的作用。其实,翻检清代史料,如翁同龢、张之洞等深得朝廷倚赖重用的大臣都收到过宫廷赏赐的人参。可见,在清廷的治国理政中,人参成为当时皇家笼络大臣的一张"温情牌"。

此外,人参也参与了清朝对外的政治交往。道光九年(1829年)七月,"越南国王以母老乞蓰(参)芪",越南作为当时清政府恭顺的藩属国之一,对清皇室的朝贡相当积极,于是道光皇帝不仅给了人参和黄芪,而且还大大表扬了越南国王的孝顺。这是《清史稿》明确记载的一次外交史实,而没有录入正史的人参外交事件那就更多了。

清代的人参来源于哪里?

清代人参最重要的来源首先是国内东北地区。自古以来,人参就是我国的重要特产之一。到了清代,国内人参的主要来源地是太行山、长白山。太行山的人参为我国古人常用的传统补益药,因其地区古代属于上党郡,所以一般称为"党参",唐宋时期很被看重。但是到了明清时期,尤其是清代社会更看重东北地区的长白山野山参,认为"人参透明,党参不透明",所以清代所指"人参"已然是特指长白山野山参了。

我国东北地区的长白山山脉和乌苏里江流域一带,日光充足,土地寒冷,这种特性决定了它是人参最适合的生长地,明清时期珍贵的长白山野山参即产于此。及至女真族在东北地区崛起兴盛,以及开创清朝后,长白山野山参更是受到当时人的极力推崇。清代梁章钜把长白山人参夸赞得几乎有些过分:"迨入我朝(清朝),而东参遂甲天下,王气所钟,非一朝一夕故矣。"(梁章钜《浪迹丛谈》)

最初,东北地区的女真族采集的人参是作为地方珍贵特产向明朝进贡的,或者是通过互市与中原地区的明朝商人换取丝织品、茶叶和铁器等。史料记载，明代时期的女真族为垄断长白山野山参的挖掘还曾与朝鲜多次发生边境冲突。

因人参的重要经济价值，清朝入关前采参业的特权主要掌握在八旗贵族手中，清统一全国之初仍沿袭八旗分山采参制，但不久当国家政权稳定后，东北采参的特权就由皇室专有了。

康熙三十八年（1699年）清政府下令"一律停采（长白山野山参）"，实行政府放票采参制，即由政府统一发证才可以采参，对于私自采参者，严厉惩罚，但东北地区狂采滥刨野山参之风并没有被有效遏制。在清政府放开汉人迁居东北后，很多汉人到东北后的一个重要职业就是挖山参，因为当时人参实在是供不应求，价格奇高，虽然野山参也不易挖到，但正如老话所说，三年不开张，开张吃三年。

但是，到了咸丰三年（1853年），清政府停止发许可证给挖人参的汉人，人参采挖由朝廷派人直接控制，将人参的收益用作镇压太平军的军饷（费正清、刘广京《剑桥中国晚清史》）。

因皇家控制以及野山参资源的不足，市场上野山参供不应求，所以晚清的东北地区悄悄兴起了家植、家养人参的栽培活动，但是这种"人参"被视为"充货"、伪品，品质不被看好，只能算是替代品，然而为确保对人参市场的垄断，清政府对民间人参栽培业进行查禁和打击。

其次是朝鲜的进贡和互市。人参也是朝鲜半岛北部的重要物产，一直作为贡品进献明清两代皇室。众所周知，朝鲜半岛出产的人参被称为"高丽参"。有清代人说："高丽参即人参，同是长白山所产，在山之阳（南）为人参，在山之阴（北）为高丽参，高丽在山阴，其被阳光之气，自不及山阳之盛，故所出之（人）参，性亦稍寒。"（梁章钜《浪迹丛谈》）意思是说，虽然都是长白山附近的人参，长白山南面清朝东北地区的东参要比山北面的朝鲜境内的高丽参的品质更好，这是清朝当时人的看法。朝鲜在向清朝皇室进贡高丽参的同时，朝鲜商人也通过向清朝商人提供高丽参而得到他们想要的物资。

再者是从国外购买人参。出于中医治疗和日常保健的需要，清代社会对于人参的需求量很大，于是在国内野山参价格高、供应量跟不上的情况下，清代也通过海商从国外购入外国人参。

先说从日本购进人参。日本的人参，清代称其为"东洋参"，比朝鲜的肥大，看相好，所以，"医家或以为胜于高丽（人参）者"（陈其元《庸闲斋笔记》），江浙一带的富贵之家尤其喜欢服用"东洋参"。实际上，根据日本学者的考证，东洋参是朝鲜人参的改良品种。东洋参成为日本江户幕府时期重要的经济作物，"（日本）诸侯官参之利，遂溥天下"。在中日互市贸易下，日本的人参成为清代中国一项重要的进口物资。

此外，清代中国还从美国进口人参。《清史稿》记载，在中英第一次鸦片战争，签订了通商章程后，美国人也向清政府要求按照中英通商章程减少进口美国人参、铅斤的关税，清政府同意了。可见，在道光年间清朝已经开始大规模进口美国人参了，它被称为"花旗参"。

清代的人参，不仅是一种珍贵的药材，同时也是一种稀有的经济作物，还发挥着某种特定的政治功能，实在是不容小觑的一种植物。尽管人参的医用功效很被国人看重，但是值得注意的是，很多科学资料也显示，误服人参反而会引发其他疾病。

"五口通商"原本只有"四口"

云愁雾惨的道光二十二年（1842年）八月二十九日，在江宁城（今南京）下关江面的"康华丽"号英舰上，清政府代表耆英、伊里布与英国全权代表璞鼎查签署了《江宁条约》（即《南京条约》）。这是中国近代史上的第一个不平等条约。条约共有13款，其中包括清政府赔款两千一百万银元给英国，并割让香港岛给英国人"以便修船及存守所用物料"等。

《江宁条约》中有表述："自今以后，大皇帝恩准大英人民带同所属家眷，寄居大清沿海之广州、福州、厦门、宁波、上海等五处港口，贸易通商无碍。"意思是说，仁义的大清朝皇帝恩准英国的老百姓可以携带家眷随意在这五个城市实行自由贸易和居住了！——被打败而不得不赔款、割地、丧失主权和开放通商口岸，但是清帝国的架子还是舍不得放下！就"五口通商"而言，西方打开了清朝闭关锁国的大门，使当时的中国大地沦为西方列强的商品倾销地。

清朝官员梁章钜的《归田琐记》中有篇《致刘次白抚部鸿翱书》，这是作者写给当时福建巡抚刘鸿翱的一封私人信件，从中可以确切看出，所谓的"五口通商"，起初只是"四口"，而福州是英国人强加上去的。

梁章钜是福建长乐人，清朝嘉庆七年（1802年）进士，历任礼部主事、荆州知府、江苏按察使、广西巡抚等,前后五任江苏巡抚,还曾短暂兼署两江总督,为官勤政廉洁,政绩突出,深受百姓拥戴,有胆量有见识。

他在《致刘次白抚部鸿翱书》中写道:"六月杪,至衢州,探问江南大吏(指两江总督牛鉴)以千万金钱与英夷讲和,许其于江南(指江苏)、浙江、福建、广东四省设立码头互市,业经奏准。呜呼!此乃城下之盟,不得已权宜之计。"按照梁章钜的这番叙述,当时清朝讲和官吏与英国人谈好的只是四个"码头":广东的广州,福建的厦门,浙江的宁波,江南的上海。对此,作者表达了自己的态度:这次与"英夷"讲和的条件本身就是不公平的,是"城下之盟",但又是"不得已权宜之计"。这封信写于道光二十二年(1842年)秋天。

此时的历史背景是:道光二十年(1840年)六月,英国侵略者为保护鸦片贸易,发动了侵略中国的战争。道光二十一年(1841年)五月以后,英军步步紧逼,先后攻陷厦门、定海、镇海、宁波、乍浦、吴淞、镇江等地,并且还截断南北交通,阻断漕运,直捣两江总督驻地江宁府(今南京)。道光二十二年(1842年)八月四日,英国军舰驶抵江宁府下关江面,英军从燕子矶登陆,察看江宁城地形,扬言攻城。这一来,"剿""抚"多变的道光帝彻底慌了神,赶紧命清廷代表钦差大臣耆英、两江总督牛鉴、署乍浦副都统伊里布与英方谈判。清朝代表在英方的军事压力下是毫无反抗能力的,英方蛮横地不允许清方对其提出的条件做任何修改,屡屡以进攻江宁府相要挟。

于是,在《致刘次白抚部鸿翱书》一文中就出现了这样的文字:"七月初……忽闻英夷复欲在福州添设一码头,执事已为据情奏请,不胜骇愕。"同时,在梁廷枏的《夷氛闻记》中也有此类记录,话也是梁章钜所说:"江南(指江苏)、浙江、广东,每省只准设一马(码)头,而福建一省独必添一马(码)头以媚之,此又何说以处之……而福州则开国以来并无此举（设码头）。"因为梁章钜是福建长乐人，长乐位于福州出海的闽江口，他质疑并反对福州作为码头，既属忧国也是忧乡。

而英国人这个"得陇望蜀"的要求由耆英等人上奏清廷，道光帝觉得英国人也是得寸进尺，起初不同意。但是，英国人坚决要求再把福州作为通商码头，否则定不善罢甘休，再则，清军兵败如山，英军势如破竹，负责谈判的清朝大吏耆英、伊里布、牛鉴等人也只想及早平息战事，不顾其他，于是向皇帝"求顺夷情"，"胳膊肘朝外拐"帮英国侵略者说话。当时英国人的借口是"皆以海道可通之故"——说福州也是英国轮船很容易就能开到的地方，你可以把厦门开放，为什么就不能再开放一个福州呢？英国人势在必得！

那么，为什么英国人又非再强要一个福州不可？而不是其他地方？深通时务，籍贯福建，又有经世干才的能臣梁章钜认为："该夷所必须者，中国之茶叶，而崇安（今武夷山市）所产，尤该夷所醉心。既得福州，则可以渐达崇安。"

而且当时曾流传一种说法是英国人想从清政府手中购买武夷山。有资料记载，道光十五年（1835年）春夏之交，游弋于福建沿海的英国商船，曾派出商业间谍悄悄地驾着小船由福州洪山桥直上水口，在闽江水道竹岐段勘察，被清朝官员发现，命令水师开炮轰走。据说，当时英国间谍的侦测目标就是崇安，觊觎产红茶的茶山武夷山。鸦片战争爆发，英军连连打败清军，清朝政府又求着讲和，因时顺势，贪婪的英国侵略者当然要加码了——即便仅从商业角度来说也是有利的，不要白不要，于是坚决要求开放福州为通商码头。所以，梁章钜痛切陈词："此局果成，其弊将有不可殚述者""愿执事合在城文武各官，及在籍老成绅士，从长计议，极力陈奏，必可上邀俞旨，下洽舆情，使英夷知中国不可以非理妄干，自帖然听命。"

当时的福建巡抚刘鸿翱曾经是梁章钜的下属，对老上司"执弟子礼颇恭"，所以，在信中，梁章钜"不惮倾倒言之"，说得很明白直接，认为刘鸿翱作为福建的地方大吏应该在福州一事上有所护持力争，然而这终究是一厢情愿。"次白虽不以为忤，而迄不能见诸施行。"国难当头，即便是一个封疆大吏对当时局势也无能为力。其实，清廷全权代表耆英在上下各方的压力下也曾向英方做过不开放福州的申辩，但被英方拒绝。甚至道光帝所发圣旨"福州不准开放，不得已可改为泉州"也没有保住福州，英国人坚持要在福州通商。

城下之盟，无可商量。屈服于英军的强势，道光帝只得同意增加福州为通商口岸。道光二十二年（1842年）八月二十九日清政府与英方签订了《江宁条约》，第一次鸦片战争结束。

梁章钜曾经担忧过"倘各外番并援英夷之例，亦于濒海各省请分设码头，则又将惟命是听乎？"——真是让他不幸而言中，两年后即道光二十四年（1844年）五月十八日，美国又强迫清政府签订了《中美望厦条约》，而且变本加厉，条约规定："倘中国日后欲将税则变更，须与合众国领事等官议允。"接着，九月十三日，法国与清政府签订《中法黄埔条约》。此后，其他国家也以"利益均沾"为借口，纷纷效仿攫取利益。

开放"五口"使我国富庶的东南地区豁然洞开，外国资本主义势力大规模侵入，近代中国经济日益半殖民地化，沿海手工业者大批破产，自然经济开始冰融解体。不平等条约更是严重破坏了近代中国的贸易主权等，五个口岸城市成为英国等列强进一步对近代中国实行侵略渗透鲸吞蚕食的据点，惨痛的中国近代史缓缓拉开了帷幕。

清代如何寄送文书物件

传送公文、书信，历来就深受重视。在清代，传递寄送公文、书信（统称"文书"）乃至于顺带一些小物件的渠道有官方和民间两种形式。

首先看看官方如何传送文书、物件

清朝官方传送文书有专门的负责机构——驿站，而且清代的驿站设置比前代数量更多、效率更高，管理也更成体系。驿站管理分中央和地方两个体系，中央的驿站管理部门是兵部车驾清吏司，负责国家级驿站运行，同时清政府还成立了由满汉两大臣会同管理京师和各地驿务的专门机构，下设马馆，又设捷报处，收发往来公文和军事情报。而地方驿站归各省的驿巡道管理，具体落实到各府、州、县衙门。我们通常在影视剧中看到的"八百里加急"，就是清代最快的一种传递重要公文的标准，一昼夜传送800里，这速度尽管在现在来看不算什么，但在古代却是极致了。

那么,清朝的各省督抚是怎样向皇帝送信奏事的呢？按照清代惯例，各省派本省武进士及候补守备等武职官员送请兵部充补，驻扎在京城，专门负责传送本省与中央各官署的往来文书，称作"提塘"——相当于设了个机要通讯处在京城。一般来说，各省专送奏折的折差到京城后，先将奏折盒子交给提塘官，提塘官再将奏折盒子护送到位于紫禁城景运门内的外奏事处。外奏事处办完相关手续后,再经过内奏事处送达皇帝。

其实,清朝提塘在完成本省公文传送的同时,也会顺带为本省籍的官员传送一些私人书信。如清朝名臣曾国藩就曾对通过提塘传送家信有自己的看法。道光二十四年(1844年)三月十日,彼时还是小京官的曾国藩给六弟、九弟写了封信,郑重其事地谈到了如何通过提塘传送家信的问题。他在信中说:"三月八日接到两弟二月十五所发信,信面载第二号,则知第一号信未到。比去提塘追索,渠云并未到京,恐尚在省未发也。以后信宜交提塘挂号,不宜交折差手,反致差错。"曾国藩的意思是,私信通过驿站、提塘传送渠道也一定要走正常的登记手续,不可因熟人的关系或图省事,直接交到折差个人手上,这容易误事。在这封信中,曾国藩还指出两个弟弟从去年五月到十二月,共给他写了七八次信,但是他只收到了2封信。曾国藩发出感慨:"远信难达,往往似此!"在交通不方便、没有现代通信工具的年代,"家书抵万金"绝对不是一句空话,它承载了亲人、朋友之间太多太重的托付,所以,信件遗失让古人极其头疼又无奈。

为了巩固边防,清朝官方在东北、蒙古、新疆和西藏地区设立了大量驿站,这些边疆地区驿站,一般归驻防八旗将军、驻藏大臣管辖,唯独蒙古地区驿站由理藩院旗籍清吏司管理。这里展开一幅历史画面:道光二十二年(1842年)十一月九日,民族英雄林则徐辗转跋涉到达遣戍地伊犁,当夜写好报平安的家信,第二天就发出。道光二十三年(1843年)正月,他从西安来的家信中得知,去年十一月十日由伊犁发出的报平安家信,十二月初九就送到了西安的家人手中,用时29天,他很欣慰,认为"尤为快速,可喜"。林则徐的这封信之所以能如此快速无误地送达家人,从《林则徐日记》中可知缘由:这封信是请伊犁将军布彦泰和陕甘总督层层转递的!有两位封疆大吏的保驾护航,林则徐的家信才顺利快速地送达家中。以现在的标准,伊犁到西安的总里程为3200多公里，开汽车需时1天12小时左右。

林则徐遣戍伊犁期间，心心念念的事情之一就是他同家人和朋友们来往的信件、物品是否能安全无误地送达。伊犁地处西北，邮件往来都是通过各地的军台、驿站来传送，归武职人员管理，好在当时新疆地区最高军政长官伊犁将军与林则徐关系很好，而且他与遣戍地、家眷寄居地掌握实权的官员们保持了很好的来往沟通，这样才保证了他远在边疆能及时地与内地家人、朋友们互通音信，保持联络，进而了解家事国事。

对于当时的林则徐来说，信件是远隔两地的亲人之间唯一的联络工具，他让西安的家人将写给他的每一封信件都编上号，以防遗漏。道光二十二年（1842年）十二月十一日，林则徐收到了伊犁将军府转送来的第十一号家信，其时第十号家信还没有收到，看过信的内容他就知道了，这封由西安转送伊犁的家信，路上用时46天，而且信件在路上遭到了严重破坏，"封缄已全行拆散，恐沿途处处传观矣！"毫无隐私可言。连西安将军写给他的信件，也"均被扯破"。可见驿站邮差的胆大妄为。林则徐在回信中发出感慨："虽极可恨，而无如之何，驿站中毫无顾忌，一至于此！"

与林则徐相比，后来曾国藩的驿站遭遇更加憋屈。《曾国藩日记》记载，咸丰十一年（1861年）正月二十三日，身在前线的曾国藩接到了由驿站传送过来的朝廷赏赐物，除了皇家御赐"福"字、荷包之外，还有一些宫廷食品，但是皇宫赏赐物中的南枣、挂面、奶饼之类食品，在传送过程中，"驿站竟将包拆开，偷窃十分之七八矣"。皇帝赏赐给带兵重臣的东西，驿站人员都敢拆包偷取，确实令人惊讶。曾国藩极其生气，认为"亦足见纪纲废弛，下无忌惮，日甚一日也"。

其次是民间传送书件

清代民间传送书件最普遍易行的是委托熟人带书信、物品,但这种方式的局限性很多,要正好碰巧有熟人到委托人需要送信送物品去的地方,同时所送物品信件的件数、分量也受限制,而且,熟人顺带书件也有很大的风险,比如书信物品遗失,或者被委托人在途中发生意外等。

于是,商业类的信局在清代尤其是同治年间开始盛行,当时国内信局多数是宁波人开办的,传送网络很畅达,水陆并进,"水路以舟,陆路以车,以急足",大城市小城镇都能到达。邮寄物除了信件,银票和小件物品也可以寄送,而且很讲信用,"遗失者偿之"。费用怎么收呢?根据距离远近、送达难易程度定价:一封信最少十文钱,多则五六百文钱。光绪年间官员邓华熙的日记中,普遍有他在京城通过福兴润信局、协兴昌记信局、安荣信局等信局邮寄信件和物品的记载。

同治朝后期,面向海外华侨的寄送物件业务也出现,并渐成气候。《中华民国专题史·华侨与国家建设》一书有述,晚清海外华侨投资的信局主要集中在厦门、泉州一带,它们不仅传送海内外信件,也承接各项华侨汇款业务。如同治十年(1871年),福建首家传送海内外书件、汇款的民信局郑顺荣批馆,在晋江安海镇开业。此后陆续创办的厦门天一信局、悦仁信局、恒记信局,以及泉州如鸿民信局等在华侨中的名气都很大,业务也颇多。

晚清时期,一些在全国多地有分号的钱庄银号也承接传送书信、物品业务。如晚清名臣王文韶在地方任官时,多次通过阜康银号寄送信件、物品。

洋务运动开始后,国内新办的一些商业轮船公司也经办代客寄信、汇寄银两银票的业务。光绪三年(1877年)十一月七日,在北京当官的邓华熙收到在地方当官的朋友郑耀东通过太古轮船公司给他邮寄来的信件和银票。两天后,他又收到郑耀东托进京解饷官员顺带来的信件和两箱茶叶。显然,这是两种不同的传送方式,一种是商业渠道,一种是官方顺带渠道。再看,以封疆大吏头品顶戴退休的邓华熙,光绪三十四年(1908年)写给朝廷的奏折依然可以走官方传送渠道,如二月十六日他请求加恩授予太子少保衔的奏折,就是通过老家广东官方折差进京呈报朝廷的。可见,对于官员来说,传送书件、物品的方式渠道比一般百姓要多。

　　随着社会的发展,清朝末年朝廷设立了官方邮政局,一些省份的民营信局陆续淘汰,但是一些边远省份,如四川、云南、贵州、广西等地区,商人、百姓邮寄书件物品还得通过信局,信局的生意依然很好,尤其有名的是森昌信局,它在边远省份都有联号分点,既方便又安全,价格也比较公道,所以民间还是喜欢通过它来送信递物。

清代的世界首富

自乾隆二十二年（1757年）清王朝实行"一口通商"后，广州十三行垄断对外贸易，这是第一次鸦片战争之前的旧外贸制度的重要标志。根据行商们的经济实力和威望选拔出的"十三行"领袖，称为"商总"，"商总"对当时的对外贸易发挥着重要作用。第一位"商总"叫潘振承，因为经商重诚信成为18世纪的世界首富。

潘振承，1714年出生于福建省泉州府同安县，早年家贫，学习做生意。他年轻时乘私人帆船三次往返马尼拉，贩卖丝绸和茶叶，所获颇丰，赚到了第一桶金。后来，潘振承在广州受雇于一位陈姓行商，因为诚实稳重，深受信任，被委以全权。1742年，28岁的潘振承创办同文行号，向政府申请成为一名专做外贸生意的行商。1760年，潘振承被清政府选为广州"十三行"的"商总"。

通过在实践中自学，头脑灵光的潘振承掌握了西班牙语、葡萄牙语和英语等多种外语，能轻松地用闽南口音的外国话同外国人交流，交涉经商能力超强，尤其注重商业诚信，一个最经典的例子是他慨然接受了英国商人退回的1402箱出口茶叶。

1783年夏季，英国商人从广州行商购买了1402箱茶叶，因运输匆忙以及技术原因，在包装和运输过程中，没有很好地进行防潮处理，经过几个月的海上航行，到达英国港口开仓时，发现茶叶发霉变质。茶叶是当时英国人生活中的奢侈品，一船茶叶价值巨大，英国商人沮丧至极，怀着试试看的心态，将茶叶运回了广州。

当广州行商接到英国人要退茶的消息后，顿时炸开了锅，这可不是一笔小钱啊，再说货物已经离岸了，是英国人自己运输的，运输过程中的风险应由英国人承担。但是，商总潘振承却有自己独到的看法：其一，英国人远道来进行贸易，也不容易，这并不是他们恶意退货，这批茶叶损失，他们承受不起，如果不同意他们退货，这些英国商人很有可能破产；其二，如果这些英国茶商破产了的话，中国茶商将少了熟悉的可靠贸易伙伴，势必影响以后的茶叶生意，培养一个好的贸易伙伴可不是个容易的事，适当地帮助贸易伙伴也就是帮助自己；其三，再把话说开来，事已至此，如果不退赔英国商人的话，他们也不会善罢甘休，一定会弄得鸡飞狗跳，到处败坏中国茶商的声誉，甚至引来官府的干涉，到头来，吃亏的还是咱们行商。这一细致分析，行商们都信服了。于是，在潘振承的力主之下，中国茶商形成了决议，如果确是茶叶问题的话，除了退茶外，别无二话。

潘振承一面与粤海关监督沟通免除了这批返港茶叶的进口税，一面派人上船检查茶叶情况，并通知英国船长，以后再有坏茶的话，在船只进入内河之前将它们直接扔下水，英国商人只要如实提供坏茶斤两，中国茶商照价赔付。这让久经商场的英国商人大为惊讶，没想到中国商人做生意这么讲信誉，如此大手笔。这个消息不胫而走，外商圈里都对当时的"十三行"商家竖大拇指。

潘振承讲求商业信誉、善待贸易伙伴，如数退赔坏茶事件，给当时的对外贸易树立了典范，自那时起，如发现外销茶叶中有损坏、劣质、掺假的茶叶，甚至装箱技术不合格，行商都无条件赔偿，虽然看似华商们失去了一笔数目不小的商款，但这为当时的中国茶叶出口和中国商人赢得了国际声誉。在当时的欧洲，只要贴有潘家"同文行"字样的茶叶，就是品质的象征，就可以卖高价。

金杯银杯不如顾客口碑，当时外商们尊称潘振承为"潘启官"，对他评价极高："夷人到粤必见潘启官""他是公行中有大才干的人物，是行商中的巨头""在整个贸易过程中，潘启官从未有过掺杂欺骗行为，他的作为是诚实的。"

潘振承诚信经商、经营有方、敢为人先，积累了雄厚资本，是清代洋行界第一位具有财力和手腕的领袖人物，他的商业实力在18世纪80年代达到了巅峰，被《法国杂志》评为18世纪"世界首富"。而且纵观史料，真正贯穿清代行商历史的是以潘振承为第一位行商的潘氏家族，潘家是"十三行"历史上唯一经营长达百年的商家。

清代那些炫富的"土豪"

物质享受攀比之风，历史上时有发生，尤其在社会经济发展到一定阶段、财富积累到相当程度时，奢靡攀比之风最容易抬头，如清代中期的富户"土豪"们不仅挥金如土，而且相互之间经常有意无意地"PK"一下。

攀比斗富成为"土豪"常态

钱泳的《履园丛话》记载，康熙初年，苏州有个富商叫朱鸣虞，"富甲三吴"，他的邻居也是个了不得的人物，姓赵，是吴三桂的心腹侍卫，有钱又有势。两个"土豪"就像两只公鸡，一有机会就"PK"。凡是朱家请过的唱戏班子，赵侍卫"必罗致之"，朱家给戏班多少银子，赵家一定超过。

某年元宵节，朱家为了显示实力，在自家门前挂了几十盏豪华精美的珠灯，把门口照得一片辉煌，这一来，隔壁赵侍卫家的灯就显得暗淡无光了。气得赵侍卫叫家人把朱家的豪华灯饰统统打碎。当时的吴三桂权势煊赫，连苏州府衙门都不敢得罪平西王爷的人，朱家更不敢找赵侍卫赔偿，只能捏着鼻子受气。但是，朱家憋了劲地同赵家斗，动脑筋找关系，花重金结识了也住在苏州城的吴三桂的女婿，借力打力，这才赶走了赵侍卫。两个"土豪"相斗多年，朱家受气不少，花钱之多更不用说，却是"笑到了最后"。

金安清在《水窗春呓》中记载,乾隆中期,嘉兴首富陶家与苏州洞庭首富席家是姻亲,两家在来往中也暗地里较劲斗富。某日,陶老板到席家走亲戚,席家已经接到通知,并计算了下路程,陶老板由水路到洞庭山的时候将是晚上,而且"泊舟处至席屋约二里许",于是,席家在这两里多路上都架起了灯棚,远望就像条灯火长龙,老亲家走夜路都不需要打灯笼,堪称照顾备至。当然,此中既有对亲家翁的热情,也有炫富的意思。精明过人的陶老板哪能不明了。

此后,席家"张乐欢宴累日"招待陶亲家。茶余饭后,席老板矜持地问陶老板:"亲家啊,您看我家的居住环境还有什么需要改善的吗?"陶老板笑了笑,应道:"那我就不见外,说真话了,其他的都很好,只有两点需要完善,一是大厅的地砖纵横数尺,像皇帝行宫用的地砖,不太妥当;二是书房窗外的池塘里缺少些荷花点缀,呵呵。"席老板听了,一声不吭。亲家看在眼里得意在心里。

两个时辰后,席老板又派人来邀请陶老板谈事,故意带他从书房前的水榭走过。陶老板忽然发现,池塘里已经"荷叶盈目",到了厅堂发现原本数尺见方的地砖已经全部换成一尺来方的了。陶老板"大惊服"。——实在是"不服不行"啊!两个时辰内栽种满池荷花、更换整座大厅的地砖和布置,变魔术似的一挥而就,太厉害了。陶亲家不得不连声称赞。

但是,这个陶老板也干了件"露脸"的事儿。陶老板喜欢听戏,到城里的绝秀班转悠时,唱戏的见他是一个穿着不显眼的干瘦小老头儿,这儿看看,那儿望望,就嘲讽他:"你这么喜欢看我们的戏,不如干脆把班子请到你家里演去,但是哦,每天除了戏价外还得供应我们风鱼、火腿作菜肴。"

第二天,有个嘉兴人来绝秀班定了一百本曲目,一下子来了单大生意,绝秀班主很开心。戏班子进了嘉兴雇主家后,管家安排他们在一个门窗都关闭得严严实实的大房子里演出,没有一个观众,自行演出,而且每天中午和晚上的菜肴都是风鱼、火腿,没有其他的菜。戏班子的人没见过这等阵势,弄得丈二和尚摸不着头脑,也不知这是卖的哪门子药,只好闷头唱戏,一连唱了十天。原来,这家人的家主就是前些日子被他们嘲讽的小老头,于是,戏班子所有人都向他磕头赔礼不迭。陶土豪这才消了怨气。

这样斗富炫富的例子在相对繁荣的清朝中期不是个例,而是常常有之,尤其以江南居多,譬如浙江嘉兴的查氏、方氏也颇为突出。

再说晚清鼎鼎有名的红顶商人胡雪岩,"其子店遍于南北,富名震乎内外",国库缺钱时,还常常要向他挪借,堪称"大土豪"。胡雪岩早期创业时并不奢侈,但是当他富可敌国后,却肆意挥霍,生活奢靡,这为他后来的身败破产埋下了致命的伏笔(刘体智《异辞录》)。良贾善藏若虚,这句古训,历史上富起来的商人很少真能做到。

励精图治的清朝前期严禁奢靡之风

历史上,虽有观点认为,社会风气适度奢靡,能促进消费、推动经济发展,但是,更多有识之士指出,这样的繁荣是畸形的,于个体而言,豪富难以一直保持;对于社会来说,彼此效仿,养成奢靡浪费、攀比斗富等不良社会心理和风气,弊端多多,所以历史上处于上升时期的王朝几乎都反对奢靡之风。励精图治、吏治颇为清明的清朝前期就是很好的例子。

《清史稿》记载,康熙皇帝在位时,躬行节俭,宫廷的地毯"用至三四十年",如果不是溢美之词的话,可以让炫富的"土豪们"为之赧然。

雍正皇帝常拿节俭故事来教育皇室后代和大臣,严禁奢靡之风。如在雍正十二年(1734年)四月,雍正帝下旨严禁广东制造奢侈品——象牙席,并且明令禁止民间富户们购买使用,这是写进了正史的,可见当时奢靡攀比之风已经引起了最高统治者的注意。纵观雍正一朝，奢靡之风是受到压制的。就是有了康熙朝、雍正朝的励精图治和勤勉节俭，才出现了清朝统治的盛世巅峰。

《清史稿》还记载，乾隆五十八年（1793年）前后，当时中国人口呈现空前增长，"生之者寡，食之者众"，为维持粮食、物资安全和社会稳定，乾隆帝下旨要求各级地方官员不仅要带头节约，而且还要对百姓"劝谕化导，俾皆俭朴成风，服勤稼穑，惜物力而尽地利"，可谓是开源节流，双管齐下。但当时社会是所谓的"盛世"，从上到下已经奢靡成风，不是紫禁城里说几句话就可以刹住手的了。

由此可见，一个有正确价值观引导、良好道德自律的社会是唾弃奢靡浪费和炫富斗狠的。唯其如此，社会才能健康发展。

日本如何向清朝商人捞情报

370多年前，日本德川幕府实行闭关锁国政策，1635年仅把长崎作为对外贸易的唯一口岸，而且规定只有三个国家的船只可以进入，其中之一就是中国。

很多清朝商人在长崎登岸跟日本人做生意，但是日本对于来日本的清朝商人有硬性规定：原则上每年来日本的清朝船只不能超过70艘。据日本学者木宫泰彦《日中文化交流史》统计，从1648年至1688年，40年共接纳清朝商船1736艘。

清朝商人到了日本，住在哪里？

其实，早期的清朝商人到日本后是可以随意选择租住民间房屋的，但是，1666年长崎官方要求清朝进港商人改行宿町制——必须按照规定住在由街道安排的宿处，这样，日本政府既可以得到一大笔可控款项，还加强了对中国商人的控制，一箭双雕。但是，宿町制经常引起清朝商人与日本街道接待方的争执，其他伤风败俗的事情也屡屡发生，有碍社会治安。于是从1689年起，日本政府明文规定，凡是进入长崎港的中国人都必须住进政府建造的、用围墙围住的唐人坊里，否则拘禁。此后，日本的其他港口也都效仿。

同治九年（1870年），日本外务大丞柳原前光到中国递交通商签约的请求时宣称：日本与欧美"泰西十四国订盟"，都签订了通商条约，中国商人在日本做生意的很多，因为中国没有与日本签订通商条约，所以清朝商人就常遭到欧美各国商人的排挤，因此希望清朝也与日本签订通商条约。同治十年（1871年）清朝与日本签订了《中日修好条规》，有史料认为，这是中国近代所签订的所有条约中唯一的一个平等条约。

《中日修好条规》签订之后，清朝商人在日本得到了合法地位和权利，可以走出唐人坊从事商业交往，并且通商口岸扩展到横滨、长崎、大阪、新潟等8个港口城市，当时在横滨的中国商人尤其多，及至甲午战争前，在横滨的中国商人达到四千多人。时人黄庆澄在《东游日记》中记述了当时日本的华商分为三帮：一是闽帮，一是粤帮，一是三江帮。其中，以"闽粤人早至，生理较盛；三江帮后来，人数寥寥"。但是，日本政府依然严禁中国商人进入日本内地，活动地只限于几个港口城市。

清朝商人在日本从事哪些行业？

清朝人何如璋写的《使东述略》记述了19世纪中后期，清朝商人在日本从事的都是卖糖、卖棉花、卖水产等小本经营的事。到了晚清，在日本经商的清朝商人以"三把刀"名气最大，即剃刀（理发）、刮浆刀（裁缝）和菜刀（饭馆），此外，"华人经营的商业，七十二行俱备"，有杂货、粮食、藤织等，但是清朝商人在日本受到日本政府的很多制约，特别是甲午战后的限制更为明显。

值得一说的是，清朝商人在日本的对外贸易中起过很大作用。据卢冠群《日本华侨经济》一书的描述，光绪二十二年（1896年，日本明治二十九年）日本对外输出额的74.2%、输入额的70%几乎都由华商经营。日俄战争之后，清朝商人在日本对外贸易中的地位明显下降。

清朝人去日本有的为做生意，有的原本并非想去做生意，后来却做起了生意。譬如太平天国运动时期，苏州商人程稼堂，为了避乱加上对清政府的不信任，举家借经商的名义迁居日本。还有一个是广东人冯镜如，流亡日本后，在横滨创办了文经商店，与孙中山关系深厚。

清朝商人到日本做生意有个很耐人寻味的细节——"风说书"。两百多年的锁国，使得日本相当闭塞，在开放前后，日本政府急切地想了解外面的世界，根据老传统，他们最先关注中国。日本政府想到了从清朝商人的口中"掏"资料，这些资料中最重要的是"风说书"。

所谓"风说书"是指日本德川幕府时期规定，在长崎入港的中国商人必须向管理外贸事务的长崎奉行（长崎地方最高官员）报告海外消息，这类报告统称为"风说书"，即"传闻"的意思。中国商人的报告叫"唐风说书"，也叫"清商口单"。譬如道光二十年（1840年）七月，清朝商人周蔼亭来到日本长崎，即以"风说书"的形式向日本政府描述了中英之间从禁烟交涉到武装冲突的经过；道光二十一年（1841年）六月，沈耘谷、王云帆等清朝商人向日本政府汇报了鸦片战争的新动向，并写了书面文件《英夷入寇去定就广风闻》；咸丰二年（1852年），清朝商人杨少棠汇报了太平军的初期情况，并且于咸丰四年（1854年）冬继续向日本政府书面汇报了太平军起义的进展情况，等等。应该说，这些"唐风说书"对于日本认识世界大势，了解中国的鸦片战争以及太平天国起义的实际情况，总结教训，制定自己的治国纲要都起了重要的作用。

日本不仅要"大资料"，小细节也要。长崎的地方长官还派人向清朝商人做调查笔录，内容关乎清朝老百姓全方位的日常生活，甚至包括洗脸、走路、干活的一切细节，另外还找画工去跟这些清朝商人"聊天"，让他们描述清朝当时的生活环境、生活中的各种器具，并一一画下来，回去整理、研究。从这些画稿以及"聊天"的内容、记录，能体会到日本人搜集情报的耐心、细致以及传统。

为什么要搜集这些东西？原因是自己封闭了两百多年，亟需开放时那种茫然无措产生的焦虑，或者说是求知渴望，同晚清后来对于欧美包括宪政在内的种种知识信息需求的迫切，几乎是一个道理。于是，日本政府很迫切地想了解当时的"天朝大国"清朝，从上到下到底是怎么回事、到底在干什么。

从日本从清朝商人那里收集情报的细致入微、系统缜密上来看，后来在中日甲午海战以及第二次世界大战期间，日本情报的准确性与有效性之高也就不足为怪了。看来，日本人早就把商场当成战场了。

"经济作物"罂粟加重清末大饥荒

在古代农耕社会,自然灾害是造成饥荒的常见原因,此外,很多人为的因素也会促成或加剧灾荒程度。譬如晚清大范围栽种"经济作物"罂粟,就加重了当时的饥荒灾害。

有晚清官员动议提倡种植"经济作物"罂粟

鸦片在中国近代史上扮演了不可小觑的角色。鸦片在晚清有"洋药"与"土药"之分,"洋药"是指直接进口的鸦片,而"土药"则是指国产鸦片,晚清民间广为种植,甚至被视为"经济作物"。徐珂在《清稗类钞》中记载,鸦片,即罂粟,名称至多,"曰阿片,曰阿扁,曰阿芙蓉,曰芙蓉,曰苍玉粟,曰藕宾,曰乌香……曰大土,曰白皮,曰红皮,曰小土,曰洋药,曰洋烟者皆是也"。大概数了一下,其名称就有二十多种。

1836年前后,每年输入中国的鸦片约1820吨,据估计,当时清朝约有1250万吸烟者(费正清、刘广京《剑桥中国晚清史》),全国各地几乎都存在吸食鸦片的状况,鸦片问题成了社会灾难,为朝野上下所震惊,引发了近代史上有名的禁烟运动以及鸦片战争。到了1890年,根据外国学者的统计数字,清朝吸食鸦片人数达到了1500万左右(斯宾士《清代吸食鸦片概况》)。当时全国人口大概3亿左右,吸食鸦片的比例为5%，可见其消费市场之广。

严重的吸食鸦片状况不仅使当时百姓陷入颓废消沉之中，更极大地损伤了人民健康，降低了国家综合实力，其巨大的经济利益也让外国列强趋之若鹜，最后竟然驱使国内也把鸦片作为当时最具暴利的"经济作物"进行生产。

其实，在嘉庆时期，浙江诗人官员范春船就曾写诗描述当时种植鸦片的情形："不识何人作俑者，于今流毒遍朝野。闻道台州罂粟花，家家种取逾桑麻。"

19世纪20年代，在安徽各地的山上遍地都栽种着红罂粟花。尽管道光皇帝在1831年禁止从广州输入外国鸦片，而且严令制止国内种植鸦片，但是并没有达到多大的效果，外国鸦片照样在市面上热销，而且价格逐日攀升，使得白银大量外流。19世纪30年代，每年仅鸦片一项外流到国外的银两就达到一千万两。

1836年6月，在清政府的禁烟争论中，官员许乃济上《鸦片烟例禁愈严流弊愈大应亟请变通办理折》，说鸦片无大害，除禁止官员、兵丁吸食外，无须禁止民间贩卖吸食，建议与其禁止本国栽种鸦片让外国鸦片占领中国市场攫取巨额利润，还不如加大鸦片国产化力度，"宽内地民人栽种罂粟之禁"——把罂粟当成"经济作物"来栽种，以排挤外国鸦片的进口，肥水不流外人田，防止本国白银外流。或者国家放开鸦片贸易，实行"易货交易"以取得外国鸦片，许乃济几乎完全是从经济角度来考虑鸦片问题的。虽然，最终道光皇帝没有采纳许乃济的建议，但是他的这种观点代表了当时相当一部分官员的看法。

徐珂在《清稗类钞》中还记载："相传乾隆时，英人自印度传（鸦片）入我国，久之而我国亦自植之。"到了光绪年间，"及火车南北交通，姚黄魏紫与千顷罂粟争艳"（钱仲联《清诗纪事》）——这还只是指关外地区，相比而言，关内栽种罂粟的比例更大。并且，当时对于栽种罂粟花还有相当的研究,有单台与重台之分,根据光绪年间诗人陈恒庆的记载,如果是夫妻同种或者是两只手布种的,那么花开的就是重台,既漂亮又高产。所以,他有一句诗这样说:"钗荆裙布饷南亩,底事夫妻不种花?"尽管这种说法有些荒诞不经,但是也表明了当时百姓阶层对提高罂粟产量的热衷程度。

种植"经济作物"罂粟加重了晚清的饥荒,死人无数

19世纪的中国,灾难频频,悲剧不断,天灾人祸使得强大的帝国进入了史无前例的衰落和崩溃期。这其中,饥荒扮演了相当重要的角色。

1876至1879年,中国北部和西部发生了大面积饥荒,有上亿人受灾,饿死人数在1000万之上;1892至1894年、1900年,北方地区又发生了严重的饥荒……晚清的大饥荒,天灾固属必然缘由,而大面积栽种罂粟也是大饥荒的一个不可忽视的因素。

美国密歇根大学历史教授费维恺认为:"有一种作物在19世纪最后几十年肯定扩大了种植亩数,这就是鸦片。"鸦片在19世纪80年代中期以前是中国最大宗的进口货,所占进口比例相当大,但是到了1898年,进口比例下降了50%,"鸦片进口量下降的主要原因是国内鸦片的种植逐步扩大"。因此,国内用于生产粮食的耕地面积严重缩水。

有数据显示,清朝自1855年开始,歉收的州县比例一直都在20%以上,歉收比例最高的年份恰是王朝的末期,1910年歉收的州县比例高达57.63%(费正清、刘广京《剑桥中国晚清史》),其实,所谓的歉收,同大面积种植罂粟造成生产粮食的土地绝对面积减少有很大的关联。

1859年,蠢蠢欲动的清廷正式颁布了《征收土药税厘条例》,使国内鸦片种植合法化。以山西为例,短短十余年,山西农民"弃田之半以种罂粟",而且,本末倒置,"往往以膏腴水田遍种罂粟,而五谷反置诸硗瘠之区"。及至光绪年间,山西已成为本土鸦片的重要产区之一。有官员痛切描述山西田亩的状况是"数十万顷膏腴之田,几无树艺五谷之土"。更有人估算出当时山西栽种罂粟"合全省土田计之,应占十五万顷"。张之洞也说山西种植鸦片,"几于无县无之"。

山西是这样,那么其他地方又怎样呢?

光绪二十七年(1901年)正月,卸任四川学政的官员吴庆坻到西安行在去觐见光绪皇帝和慈禧太后时,发现陕西境内正逢灾荒,百姓贫困异常,饿殍遍野,"耳目所接,不忍听睹"。同时,另一个现象也让吴学政极其痛心:陕西凤县一带的百姓,不分男女"十人五瘾",吸食鸦片率达到50%,而且连孩子也有吸食鸦片的!这些都记录在他的《庚子十二月赴行在日记》里。当时,陕西很多地区旱灾严重,农作物大面积歉收,物价飞涨,平时只值6文钱的一块麦饼,当时却卖到了24文,比往常高了三倍!

吴庆坻是个注重调研的官员,他向一个咸阳老农民"问以灾状",老农如实回答:"自去年春夏乏雨,全境歉收,冬令饥冻,死者无算,其故由于多种罂粟。"老人家回答得很直白。再问"多种"到什么程度?答案是:"家有一顷(100亩)地者,必以五十亩种罂粟;有三十亩者,必以二十亩种之;即有五六亩者,亦以三亩种之。"就是说,普通百姓在高额利润的驱使下,用超过一半的良田栽种罂粟。于是,生产粮食的田亩大面积地减少,在丰收年景都没有什么多余的粮食存储,更不要说是到了荒歉年景,百姓"安得不饿死"?所以,了解实情后的吴庆坻痛心地指出:大面积栽种罂粟的现状假如不及时改变的话,再过十年,陕西一带就没有正常活着的老百姓了!

显然,吴庆坻所调查的陕西大面积种植鸦片导致全境歉收、"死人无算"在当时具有代表性。因为,晚清各省如同山西、陕西一样几乎都大范围、长时间段地种植了罂粟以提高经济效益。徐珂在《清稗类钞》中说:"鸦片来自印度者为大宗,亦有产自法兰西、波斯者。而我国所制亦甚多,约举之,有云土、川土、硇土、建浆、葵浆、台浆、象浆之别。"可见,晚清时期国内不仅在相当大范围内种植罂粟,而且很多地方种植制作的鸦片还有自己的专有名称,被视为地方"特产"。

当年的《申报》曾分析 1878 年山西饥荒的缘由:"山西自广种罂粟以来,五谷所产渐少,民间毫无盖藏,一遇旱荒立见奇拙,此尚谓害而不由于罂粟,其谁信之?"其实,这就是晚清饥荒加剧的原因之一。

罂粟种植为何在晚清大行其道

光绪四年(1878 年)二月二十四日,左宗棠在写给陕西巡抚谭钟麟的信中说:"罂粟之禁断宜及时整理……甘肃各州县之玩示禁令者,已察撤数员……民间目睹奇灾,亦示妖卉之有害嘉禾,瘾重之必就死地,亦似稍有警觉矣……秦中办理少迟,流毒较广,若能实力奉行,亦可望有起色,幸勿为浮议所惑。"(任光亮、朱仲岳整理《左宗棠未刊书牍》)此时稍稍清醒的封疆大吏如左宗棠已然察觉到罂粟不是真正富国的"财源",而是害人的"妖卉",必须"禁断"。

但是,整个晚清时代,政府一直喊"禁烟",而且参加了"万国禁烟会",然而,直到大清消亡时,外国鸦片"洋药"依旧强行进入,本国鸦片烟也照样大肆横行,甚至还成了某些地区的"硬通货"。

为什么国内上下都知道罂粟是祸害,却依然大肆种植罂粟呢?

实质上根本原因就一个字:利!

一是政府要依靠鸦片税收,不断地补充糜烂的财政、支付巨额的军费以及天文数字般一次又一次的赔款等等,就当时财政而言,只有鸦片税来得既快且多又有保障——也就是说,晚清政府离不开鸦片税收;

二是百姓在同样田亩中种植罂粟的经济效益远高于种植粮食。晚清百姓栽种罂粟,一来可卖,二来自己家人也是消费者,省得花钱再购买。所以,尽管有些地方也象征性地劝止百姓栽罂粟,但是晚清罂粟的栽种量一直居高难下。

"利"字旁边有把刀。晚清大面积种植高利润的"经济作物"罂粟不啻饮鸩止渴! 栽种粮食的田亩和劳力大幅度减少,基层百姓的粮食储备毫无保障,理所当然,一到荒年,农耕社会下脆弱的粮食供应链断了之后,绝大部分的底层农民就只有饿死的份了,社会必然动荡不安。种植罂粟不仅毒害了同胞的身心健康,也侵占了良田,成为晚清频频饥荒,乃至于饿死无数百姓的一大重要诱因。

"中国留学生之父"的铁路计划为什么流产

容闳,出生于广东,早年留学美国,是第一个完整地接受了美国高等教育,并在美国耶鲁大学毕业的中国留学生,19世纪70年代,他策划并实际组织了中国幼童留美学习计划,开启了中国近代史上的出国留学潮,被称为"中国留学生之父"。

19世纪末,国际国内风云变幻,遭受甲午战败的清廷宣称要力行以修铁路、开矿山等为主要内容的实政,掀起了一波建造铁路的大潮。思想开放、勇于任事的容闳,于1896年以江苏候补道的身份提出"借力于美(国)修建中国铁路"的主张,建议修建由天津经山东德州至镇江府共1100多公里的铁路(津镇铁路),"以为便于兴利之旨"。在李鸿章等京城官员支持下,总理各国事务衙门于1898年年初将其建议及所附22条办路条陈一并奏报,随即得到清廷批准。

在中国近代史上办成了好几件具有里程碑意义大事的容闳,他这个眼看将成的铁路梦想,却最终没能实现。这是为什么?

首先,容闳的津镇铁路计划同当时清政府洋务实业"操盘手"盛宣怀的利益相对立,遭其猛烈攻击

1896年10月,盛宣怀被任命为清政府铁路总公司督办大臣,统筹修建卢汉铁路。1898年前后,卢汉铁路建设正遇到一系列难题。甲午战败后的清政府国库空虚，建造铁路必须借款，国内借款相当不易，只好向外国借款，按照当时直隶总督王文韶、湖广总督张之洞等封疆大吏的观点，在"中权干路"指导思想下，卢汉铁路不能跟英国、俄国、德国、法国、日本等列强借款，以防止这条贯穿国家腹地的铁路干线被外强控制，于是找了一个欧洲小国比利时借款。1897年5月，清政府与比利时签订了卢汉铁路借款草约，但因德国侵占山东胶州湾的战事而想翻悔。而签订卢汉铁路借款合同的过程也颇费周折，比利时陆续提出了好些新要求，当一一谈妥，签订合同后，比利时的借款款项仍然像挤牙膏一样，难以如约到位，并且频出难题，致使卢汉铁路在建设初期就很难推进，处处碰壁。按照盛宣怀的说法，是因为比利时国小力弱，担心借出的款项，本利收不回，故而迟疑观望，借款附加条件一再加码。可真实情况却不是他说的那么简单。

但是津镇铁路计划却是另一番情形。津镇铁路计划制订者容闳声称，资金极其充足，"现经集股已有一千万两之谱"，建铁路的1000万两银子早已备好，而且"开办之后，其有不敷，再行召集"，一副财大气粗的架势。同时，他还许诺向清廷"报效"200万两银子，分两批，这里一开建铁路，他立即就先上缴100万两。容闳帮造铁路，政府不仅不需花一分钱，还能得到200万两银子的好处费，并且，45年后，铁路路权又完全归政府所有，这让清政府高层颇感兴趣。

卢汉线的进退维谷同津镇线的美好蓝图一比，让作为全国铁路督办的盛宣怀感觉到了各方面的压力，他更加铁了心要阻止建造津镇线。

盛宣怀搅局容闳的津镇线采取多管齐下的方法。他通过自己庞大的官场人脉网络，重点游说张之洞、王文韶、刘坤一等三位地方实力派总督一起抵制津镇线。盛氏声称：如果南北走向的津镇铁路建成的话，将直接影响同样南北贯通的卢汉铁路的运营利润，因为南北运输的总体量是有限的，也就是说"蛋糕"就那么大，多一条铁路线就多分一块

"蛋糕";而且,津镇线所经过地区是经济发达的地带,假如它建造成功,其运营利润肯定远超中部的卢汉线;更重要的是,容闳在津镇铁路计划中提到的千万巨额资金是从美国募集来的,虽说是美国民间资本,但是铁路建成后,很难保证不会被美国政府所控制,涉及主权,不是儿戏。从后来的事态发展看,盛宣怀的这个说辞深为清廷认同。

实际上,盛宣怀在给几位利益同盟的地方实力派官员的密信中直截了当地指出:如果不阻挠容闳建造津镇铁路,他来自美国的建路资金有保障,会很快地建成铁路,而"我们"卢汉线因借款筹款不顺,迟迟难以开工,必定遭到国内谴责、国际笑话,有被朝廷剥夺建路权的风险,还势必会丢掉一系列铁路建设掌控权!

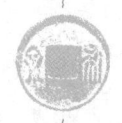

精明强干的盛宣怀不仅将几个地方实力派紧紧地攥在手里,形成攻守同盟,而且还游说朝中重臣翁同龢,请他不要支持容闳的铁路计划。李鸿章出于种种原因而支持容闳,但盛宣怀与他也是多年的上下级关系,还曾被他极其倚赖,于公于私,他都不好过于打击盛宣怀,更重要的是,甲午海战战败后,李鸿章受到朝野谴责,注重韬光养晦,不愿也不敢多言国政。纵然容闳也算是近代史上一位很有能耐的社会活动家,但是跟深谙官场路数、官宦出身的盛宣怀比起来,无论是在气势还是手法上,都差了一大截。在盛宣怀的"攻容组合拳"下,容闳没有招架之力。

其次,容闳津镇铁路计划的资金也非确有把握

他所说的1000万两建造铁路资金,不是毫无根由,但也并非如他汇报清政府的那样,能轻松到款。当时在美国谋生的华人生活艰难,很难有大笔资金投资国内铁路建设,所以,还没见到有华人资金欲投资津镇铁路的文字记载。容闳在美国募集入股资金的对象主要是美国资本集团,如摩根财团等,显然,美国资本家不会像中国人那么好说话。

也有可能是,美国政府曾想间接投资容闳的铁路计划,而19世最后几年，美国正同西班牙开战，政府的注意力和财力正集中在美西战争上，不愿节外生枝地关注对当时中国的投资。并且，美国合兴公司当时已经取得了清政府粤汉铁路的建造权，从当时国际列强平衡角度来考虑，也不得不稍稍敛手观变。容闳为铁路借款的事情去求助美国驻华公使田贝时，就遭到了他的拒绝。

再次，德国趁火打劫，霸占山东境内的铁路建造权。

自19世纪下半叶起，帝国主义势力在华抢占路权之风愈演愈烈。容闳计划的津镇铁路经过山东，而自甲午战争后，德国一步步地将山东掠夺为势力范围，并且强占了胶州湾。德国公使将山东视为德国势力范围，拒绝非德国修建的铁路经过山东。清政府总理衙门只好让容闳将津镇铁路走向改为"绕山东过黄河，经河南以达安徽"，建造一条"曲折之铁路"。

同时，为避免所谓的被外国列强控制，并且给反对容闳铁路计划的国内势力一个交代，清廷要求容闳在6个月内招齐股金，而且只能招中国资本，不准外资入股。这不啻对容闳铁路计划的釜底抽薪，按照容闳在自叙文章中的说法，"当彼时中国资本家，欲其出资任股以兴造铁路，殆难如登天"，容闳深知国内融资事无可为，只好放弃津镇铁路计划。某种程度而言，容闳没能造铁路，不是因为计划不过关，而恰恰"坏"在他的铁路计划太好。

历史的发展轨迹常常让人啼笑皆非。让容闳、盛宣怀没有想到的是：容闳无法实现津镇铁路计划，并不代表津镇铁路不能建造。鹬蚌相争，渔翁得利。1898年9月，英国驻华公使与德国驻华公使分别致函清政府总理衙门，要求按卢汉铁路同样条件承办津镇铁路。1899年5月，清政府派总理衙门大臣许景澄为津镇铁路督办，与英商汇丰银行、德商德华银行草签了《津镇铁路借款草合同》，借款740万英镑，九折实付,年息5厘,期限50年,由德国、英国公司一起修建津镇铁路。其后,因义和团运动,津镇铁路工程搁置了下来。

1902年,德国代理驻华大使照会清政府,要求议定正式合同。清政府与英、德关于津镇铁路借款的谈判遭到了直隶、山东、江苏三省籍京官和地方绅商及留日学生的强烈反对,谈判不得不暂停。五年后,1907年3月,经过清政府的多番论证,认为废约自办必不可行,只有借款自办。所谓"自办",只是名义上的。1908年1月,清政府外务部右侍郎梁敦彦与德国德华银行、英法合资华中铁路公司(1904年由中英银公司和福公司合并而成的公司)签订了《天津浦口铁路借款合同》。该合同首先将"津镇铁路"改为"津浦铁路"。

津浦铁路的建造,以山东峄县为界,分南北两段进行,分设南北两个总局,按照1898年的协定,北段由德商承办,南段由英商承办。1908年8月、1909年1月先后在天津、浦口举行开工典礼。1911年9月,南北分段通车。1912年,济南泺口黄河铁路大桥建成,津浦铁路全线竣工通车,全长1009.5公里。

容闳的津镇铁路计划,在晚清垄断资本势力和帝国主义势力的双重夹击下,虽然被迫放弃,但实际上由他的"津镇铁路条陈"所变通而成的津浦铁路,却以另外一种过程和形式呈现。于历史而言,这是无奈,或许也是一个警示。

1912年11月,当津浦铁路全线通车之时,"中国留学生之父"容闳已在美国哈特福德寓所去世,而对铁路通车一事,他曾经的死对头、有"中国商父"之称的盛宣怀又不知会作何感想。

恶名昭彰的崇文门税关

崇文门,作为清代京城赫赫有名的九门之一,明代称为"文明门",俗称"哈达门""哈德门"。尽管"崇文"寓意高深古雅,但是有清一代乃至民国初期,官民人等对它的印象却很差,甚至称其为"鬼门关"。

明末清初的史玄在《旧京遗事》中记载:"京师九门,皆有课税,而统于崇文一司。"由此来看,至迟从明代开始,北京城九门就都有税关了,并且,京城税关的总管理处设在崇文门。实际上,崇文门税关正式设立于明朝成化年间。清朝沿袭明朝制度,设置"崇文门监督"一职负责京城崇文门税关,对外埠进入京城的各类商货征税,也征收包括崇文门附近的田地、房产契税与其他商税,同时统管监督京城各城门税关事务。

在清代,崇文门一带很热闹,车水马龙,商贩云集,市面相当繁荣。清代进北京城有很多规矩,如东直门走砖车,西直门走水车,朝阳门走粮车,阜成门走煤车等,而运酒的酒车必须由南路先进外城左安门,再到崇文门上税后,才可以进入内城销售。清朝官方严格规定,京城内不许开"烧锅"酿酒,酒都从城外运进来由官方指定的酒商出售。因地制宜,随商就市,官府在崇文门附近指定了十八家商铺,由它们统一收酒、纳税、售酒,俗称"十八家酒店",垄断了京城的酒类市场。

一座皇城，繁花似锦，笙歌不断，宴乐应酬自然都少不了美酒佳酿，所以崇文门仅酒税一项就是一个巨额数字。

并且在明清两代，漕运都是当时京城与南方各省客货运输的主要渠道，流经崇文门东面大通桥下的通惠河与大运河相接，所以，崇文门也就成了南方各省客商进出北京城的重要关口。商人的货物和官民所携带林林总总的行李和物资，使得崇文门税关成为明清乃至民国初期的重要税关。

清朝设立九门税关之初即规定其收入归皇室所有，并以一个颇费思量的"脂粉费"名目进贡皇室。总管九门税关的崇文门监督归有特权的清朝内务府管辖。清皇室每年从崇文门税收中大得好处，所以也格外重视这个"大荷包"，而崇文门的监督也属有清一代的肥差，号称"京师十大优差"之一。

《清史稿》记载，清朝各地常关的官员不是由户部提请简任，即在户部官员中掣签选派，或者由地方官兼任即可，唯独京师崇文门正监督、副监督以及左翼、右翼官各一人，是皇帝亲自选定以"内府大臣及尚书、侍郎兼充"——正二品以上的高官，从这一官职设置上即看出崇文门税关的非同一般。实际上，崇文门负责官员确实是清朝皇室授予权贵宠臣的一个肥缺，如清朝开国文臣之首、大学士范文程第三子，后来官至两江总督、兵部尚书、太子太保衔的名臣范承勋早期就曾担任崇文门税务官。

据《道咸以来朝野杂记》的作者、咸丰朝大学士柏葰的孙子崇彝介绍，当时他任崇文门税关帮办委员一年薪水有四五千两银子，而崇文门监督的年薪则达数万两银子。清代中晚期，官方定的知县年收入，正俸和养廉银加起来最高有两千多两银子，而清朝皇室亲王的俸禄是每年一万两银子，像江苏、广东等省份巡抚的俸禄加养廉银大概在二万两银子上下，一个京城城门税关监督的年薪比亲王俸禄多，堪比经济发达省份的巡抚，甚至还要多，确实令人咋舌！

清朝人震钧在《天咫偶闻》中提到，清初《户部税则》中原有明文规定，行李不在纳税之列。在实际操作中发现"外吏入都，往往有应纳税之物"，于是变通为对携带商货行李的官员人等，"征私钱以为免税之资"。行李与一般货品本就难以严格区分，后来发展为"虽无货亦征之矣"，也就是说，行人只要带了行李进崇文门就要缴税，相沿成习。

重利之下，自然会竭尽搜刮，并且有"普天之下，莫非王土"的皇帝作后台，税吏更加有恃无恐，所以崇文门管控极严，酒税很重，货物行李几乎无所不征，对从外地进京城的商贩乃至于稍带资财的百姓、官员，都课以重税。同时，崇文门关吏为了搜刮钱财，不惜惊商扰民，"四出巡逻，得之指为漏税，加倍罚之"，即便是农民担挑的农产品也得缴税，弄得民怨沸腾，人见人愁，鬼见鬼怕，所以当时人称崇文门税关为"鬼门关"。

1875年，京官邓华熙从老家广东返回京城，携带的衣服、物品及特产，所有行李装了5个大箱子，进崇文门之前，为了少生枝节，顺利过关，他就事先托请时任崇文门监督的好友之父关照。即便这样，邓华熙一家的行李入崇文门，也缴纳了税银12两，另外还给相关税吏20吊钱的额外小费——12两银子，在当时不是一个小数目！当时号称高薪的著名洋务企业江南制造局正式职员的月薪每月才8块银元，折合银两，还不到6两银子。所以，邓华熙郑重地将之记录在日记里。从这个记录中可以看出：一是崇文门税卡的后台很硬，连在任京官找过兼任崇文门监督的内阁大学士打了招呼后也得缴税；二是税率真不低。

著名外交家顾维钧多年以后还念念不忘他在崇文门的一次缴税风波。民国初年，一次他从天津到北京去，随身携带着在天津购买的铜床头几，进崇文门得排队缴税，轮到顾维钧时，他出示了购买铜床头几的收据，税吏告诉他需要缴纳近8元的税。

顾氏做事历来认真严谨，他问税吏这个数字是怎么计算出来的。税吏回答是按照"百分之三加上百分之一的特别附加税"的税率算出来的。顾氏追问一：既然有了百分之三的税率了，为什么还要加个百分之一？你把相关规章给我看一下！税吏回答：这是崇文门的惯例，印好的规章找不到了！顾氏追问二：这是谁核准的税率？你是怎么算出缴税8元的金额的？税吏回答：税率一直都是这样的，你可以按照这个税率自己算缴税额。顾氏果然进行了计算，按照税卡要求，首先把购买物件所付的"元"折成银两的"两"，然后按照"两"收税，这个过程的换算率是"一两银子等于一元三角五分银元"，再按照缴税率，一番测算和换算后，顾氏认为他应缴税7元零3分，而不是税吏说的8块银元。税吏告诉他计算错了，"你再折回银元时，每两银子应按照一元五角银元折算，这是海关的折算率"。

海归青年顾维钧诧异又愤怒，嚷着要找现场负责人，税吏说负责人不在。顾氏坚持要等。等了好长时间，负责人终于出来，首先询问他的身份。顾维钧告知，自己是外交部的秘书，实际上他还兼任总统袁世凯的秘书，当顾氏还坚持要同他辩论税率时，这个负责人直接让他"认为付多少合理就付多少"。

按照顾维钧陈述的意思，那次在崇文门税关他可能也缴纳了一点税。但是当他将这件事告诉外交部的一些同事时，他的同事笑话他，说他们通常都是什么费用都不付就能通过崇文门的。这让才从国外回来跨入民国政界的顾维钧，对民国初年"中国税局的行径大长见识"，对当时混乱的税收局面非常失望，并说崇文门税关"就在北京城门口，竟有如此做法，实在寒心"。

崇文门税关收入颇巨，这是众所周知的，所以，税关的官吏为维持肥差，在不同时令都向皇帝和权贵大臣奉送名贵时鲜，以及额度不等的礼金。民国北洋时代，起初，北京崇文门税收归总统府所有，之后，崇文门税关轮番把持在控制华北的各个军阀手中，据说财政部也不能染指——"当权的军阀不但攫取这份收入，而且还要订出附加税来增加收入"。顾维钧的纳税经历就是崇文门税关的乱象之一斑。

1928年，崇文门税关改名为北平税务监督公署。1930年10月，民国财政部电令，永远废止距口岸50里以外的税关，包括北平税务监督公署在内的全国内地税关，一律同时撤销。崇文门税关的历史就此结束，但是，它苛酷征税、规章混乱的恶名，却流传了下来。

洋人眼中的晚清商人

清代的商人群体相当活跃，且对经济发展起了重要作用。清代后期，因当时世界的商业环境、政治格局等发生了大变化，多种因素下，外国来华人数增多，于是，这些洋人看到了不一样的清朝商人。

鸦片战争爆发前夕，"中国通"英国人戴维斯在《崩溃前的大清帝国》中记述了他对清朝商人的两个深刻印象。首先是广州的行商精明，他们不会让外国商人吃亏，但是这并不表明广州商人舍己为人，而是他们出于对本身利益的精打细算，为了获取更大更长远的利润，并且，"广州的大多数行商在与外国人做生意时都会保持足够的谨慎"。其次，戴维斯认为一些富二代行商不再像其父辈们那么讲诚信肯吃苦了，他在文中写道："两大行商面临的困境，开始暴露出信用体系的不良影响""这样就使得一些相对比较挥霍或者相对不那么诚实的行商……欠下了一大笔巨额债务。"正所谓一颗老鼠屎搞坏一锅粥。他指出，一些不讲诚信的行商，渐渐失去了政府和外商的信任，也损害了其他行商的商誉和利益。

1844年，英国传教士施美夫在游历广州时，对当地商人的印象相当不错，如此叙述："外国顾客踏进店铺，店主会携合伙人或伙计，以形形色色的问候来欢迎，有时会迎上前来握手。"并且，广州商人的品性也得到了洋人的美誉，他说，广州店主"会极其耐心地展示欲售物品,即使外国顾客满足了好奇心,一物不买而离去,店主依然笑脸相送,不露一丝失望"(施美夫《五口通商城市游记》)。由此可见,170多年前的广州商人与外国人做生意打交道已然相当老到,假使这不是个别现象的话。

法国人古伯察在《中华帝国纪行》中对晚清商业的观点独树一帜。他认为,当时民众积极从商,而且无论大小商人都十分重视合作,"所有这一切使它成为世界上最具商业性的国家"。他对清代小商人的观察描述,深刻传神,"中国人置身于柜台后面,和颜悦色,极为耐心地等待顾客,此时此刻,他一有空闲就拨起那个给他增加进账的小算盘"。"他(清代商人)无论从事何种生意,都不敢忽略哪怕是最最微不足道的利润。再小的进账也值得欢迎,他来者不拒,热忱相迎。"这个法国人用细腻流畅的文笔将一百多年前的清代商人刻画得惟妙惟肖,跃然纸上。更有趣的是,他还根据自己在晚清游历生活近50年的观察实践,为晚清商人"勾"了一幅白描:"到了晚上,他(小商人)关上店门,躲到角落里一丝不苟地点钱,并且估算着来日的进账——这是在享受最大的乐趣。"

19世纪70年代,来华七次的德国地质地理学家李希霍芬,分析了当时山西地区因气候和农作物生长特点,百姓依靠本地农业无法自给自足,但是生活却很富足的原因,而且他认为"除了四川的成都府以外,恐怕在中国再也找不到一个地方像山西太原这样,城里和村里密密麻麻地遍布造价不菲的房舍……建房的钱都是主人们做生意赚来的"。经过全面观察分析后,这个精明的德国学者得出了一个结论,"山西人主要靠脑子赚钱"(李希霍芬著,蒂森选编《李希霍芬中国旅行日记》)。在当时商圈里,山西商人是出类拔萃的,而且也比较诚实守信,他们钱庄定的借贷利息,无论在哪里,无论对谁,都一视同仁,"因为他们的信用极好,所以生意才能持续地做下去"。

同时，这位首创"丝绸之路"名称，精于分析、思维敏锐的欧洲人，还将19世纪70年代的清朝商人作了一番比较：江西商人的狡猾和机智，是山西商人所比不上的；但是，蒙古部落的商人比山西商人还要直接和实诚；广州商人胆子大，敢于投机做大买卖，"要价跟欧洲人一样高"；汉口商人商业敏感性强，行动快；他对当时的宁波商人颇有微词，但也认可他们的商业韧性，"自足地做着小买卖，敛取薄利"，对当时的上海城有着惊人的影响力，上海本地商人不如宁波商人厉害；四川的客栈老板善解人意，殷勤好客，"结账时几乎无一例外地不争不吵就结算完了"。

李希霍芬对晚清商人的总体看法是："中国人太精明了。"而且，这个洋人还预言："中国人到欧洲和美国开店做生意的日子也就为期不远了。"历史证明，他还真有远见。

通过到华外国人的眼睛，我们"看"到了一百多年前，晚清商人的热情、坚韧、诚信、精明……甚至狡猾、奸诈等品性，万花筒一般多样，也正因如此，清代商界才有了更多引人注目的地方。

第四章

千年手账

士林

汉朝捐款第一人

汉武帝时期,频繁征战使得汉帝国国库空虚。公元前123年,为了缓解财政压力,朝廷开始实行出售武功爵给老百姓的措施,明令犯罪较轻的囚犯还可以花钱赎罪,但是,帝国财政依然入不敷出。四年后,汉武帝下缗钱令,向民间大举征收财产税。

这时,河南农村有个叫卜式的财主几次汇报政府,说自己要捐献一半家产给国家。汉武帝得知这一奏报后又喜又疑,这个卜式如此明理通情,忠心报国,实在难得,但是他为什么要捐一半家产给国家呢?

于是,汉武帝就派专人去问卜式,他捐款是不是想当官?卜式回答,他从小就在乡下耕田放牧,没学过做官的那一套章法格式,不想当官。使者又问,他家里是否有冤情,想申诉?卜式说,他与邻里和睦相处,别人需要帮助的地方他就尽力相助,从无纷争,哪里有什么冤情!他没有要朝廷特别照顾的地方。使者很纳闷,按照当时的社会风气,有钱人都舍不得无缘无故地把钱拿出来捐献给国家,所以,皇帝才要强行征收财产税,这个卜式为啥几次三番地要捐一半家产给国家?真怪!

最后,还是卜式诚恳地自掏心窝说,现在朝廷对外用兵,讨伐匈奴,保疆安民,经济上有难处,有才能有志气的人应该为国家的边疆安定慷慨赴义,有钱人也应该自觉地捐钱给国家用于保卫边疆的战事,有力出力,有钱出钱,匈奴肯定会被大汉朝打败的!

专使回朝后把卜式的话如实地做了汇报，汉武帝十分赞赏卜式的爱国忠心和个人觉悟，立即决定把他树为榜样以教育官员百姓。尽管卜式不愿意当官，但汉武帝还是请他来京师当了中郎官，赏赐他良田十顷，把他捐款的事迹在全国大加宣扬。

据说，这个卜式把皇帝赏赐给他的钱财田亩又捐献给了国家，用于安排投降匈奴人的衣食（《汉书》卷五十八）。而且，在官拜中郎后，他不是坐在环境优美的办公室里看书写字听汇报，也不是到处旅游赶饭局，而是依然穿着草鞋在上林苑里干他的老本行——放牧羊群。他把羊养得肥肥壮壮的。他的举动传到了汉武帝耳朵里。皇帝想卜式放羊这么有办法，治民就像放牧羊群啊，既然卜式能管好上林苑的羊群，那他就一定能管好老百姓！于是，皇帝让卜式当齐国太傅，辅佐调教齐王刘闳管理齐国。

公元前112年春天，作为汉朝属国的南越反叛了。秋天，汉帝国发兵讨伐南越，但是，国内应征当兵不积极，这令汉武帝很伤脑筋。这时，又是卜式出场救急！这次他不是捐献钱财，而是要捐"躯"。

"齐相卜式上书，请父子与齐（国）习船者往死南越。"（《资治通鉴》）就是说，卜式请求带儿子与深谙水性的齐国子弟们响应中央号召上南方战场！皇帝特别高兴，老卜这么一大把年纪还如此忠心爱国，咱也不能亏待他，赏黄金四十斤，田十顷，赐爵关内侯，全国通报表扬！——遗憾的是，响应参军的人依然寥寥。

疾风知劲草，板荡识诚臣。罚过，也奖功。在国家有难的关口，卜式甘愿捐款献身的表现让汉武帝十分满意，第二年，又提拔卜式当了御史大夫，这个官职在当时仅次于丞相——如此，乡下财主卜式可说是两汉的"捐款第一人"了！

古代官场的自费项目

我国古代,通常来说,朝廷按级别高低发给官员俸禄,乃至其他赏赐。但历史上也有那么一些阶段,在某些方面,朝廷对官员还是相当抠门的,很多开销得官员"自费"。

委任状得官员自己花钱买

《资治通鉴》卷二百七十五记载:"旧制,吏部给告身,先责其人输朱胶绫轴钱。"告身,说白了就是任命状,是沿袭南北朝时的遗制。唐朝任命官员的程序一般是:先经考察合格,尚书仆射同意,报告门下省,由给事中读其考察情况,再由黄门侍郎检视,侍中审查后上报皇帝,最后由主管部门执行任命。凡被授官的人,各种出身者以至公卿高官都给以凭信,加盖文为"尚书吏部告身之印"的印信,这称为"告身"。唐朝直至五代都是这样。唐末,皇帝封建诸王,以及任命高官,委任状都是用素绫纸裱轴的,被委任的官员为了得到这样的委任状,就约定俗成地"送纳朱胶绫纸价钱,各请出给",然后才好去上任。到了五代后唐时期,社会经济相对凋敝,大家赚点钱都不容易啊,这一交钱买"委任状"的陋规才在敢于直言的官员们的一再建议声中被废除了。

官员参加宫廷宴会要自掏腰包"买饭"

叶梦得在《石林燕语·卷四》中记载:"《唐书》言大臣初拜官,献食天子,名曰'烧尾'。苏环为相,以食贵,百姓不足,独不进。"尤其是在唐末、五代时期,各地封疆大吏到朝廷来觐见皇帝,为了表达谢意、联络感情,都要自己掏腰包花钱在皇宫里大办酒席,邀请皇帝与高官们宴饮,俗称"买宴"。而且,"五代之时,不特方镇入朝买宴,唐明宗天成二年(927年)三月,幸会节园,群臣买宴,则在朝之臣亦买宴矣"(《资治通鉴》)。就是说,大臣们在皇宫里偶尔叨圣恩陪皇帝吃了顿饭,那都得自己掏腰包买单!这是古代宫廷剧里所不常见的吧,而这恰恰在古代历史上存在了很长一段时期。直到公元952年,后周太祖郭威才拒绝了一位叫侯章的官员的"买宴钱",还说了句冠冕堂皇的话:"诸侯入觐,天子宜有宴犒,岂待买邪!自今如此比者,皆不受。"(《资治通鉴》)这真是为官员们实实在在地"减负"了。

清代候补官员们的"自费生活"

清代北京城里,候补官员多如牛毛,而且,当时规定不得实缺就没有固定俸禄,所有的开销完全自费。候补官员们如果本来家境富裕的话,日子还能勉强凑合,而家境一般的候补官员为了能在高消费的北京城过生活、等差事、充门面、打点人情、"漂"着寻找机会,只能到处借钱维持,自费"做官"。这个群体虽是"官"了,但是日子过得实在艰难,很多"官员"居然临死也没得到个实差事,一直就是"自费"着。甚至有的"自费"候补官员还被折磨得发病发疯。当时的《点石斋画报》记载:林某不知何许人,捐有候选通判,侨寓京师宣武门外铁厂内,在部投供有年,选期尚杳,欲加捐海防新班,又以阮囊羞涩,有愿难偿。自是朝思暮想,陡患疯狂。——因为没钱维持"仕途"生涯,林某人就这么急疯了。

唐朝官员的"官家饭"

人活着不是为了吃饭,但是作为人都还是免不了要吃饭。在号称中国历史上鼎盛时期之一的唐代,为激发一些官员的工作动力并体现皇恩,朝廷曾免费提供各类伙食,也就是我们常说的"官家饭"(公餐)。

唐朝官员的那些"工作餐"

工作餐,顾名思义与工作密切相关。唐玄宗李隆基在位前期重用贤臣,励精图治,使唐朝进入全盛时期,史称"开元盛世"。《大唐新语》卷六记载,为了优待重臣,"(唐玄宗)上曰:'苏颋可除中书侍郎,仍令移入政事院,便供政事食。'……有政事食,自颋始也"。唐玄宗重用苏颋,为他开了免费"工作餐"的先例。此后,宰相们每天办完公事后在政事堂吃"工作餐"成为唐朝惯例。

"安史之乱"后,拨乱反正,百废待兴,《资治通鉴》卷二百二十五记载,唐代宗倚重宰相元载、王缙治理政务,每天都安排皇家御膳房送"工作餐"给他们享用。那"工作餐"极其丰盛,量特别大,"可食十人",这是当时宰相"工作餐"标准。到唐代宗后期,国库吃紧,有大臣提意见说宰相"工作餐"开销太大,请停止供应,顺水推舟,皇帝立即批准取消"工作餐"。

据叶梦得的《石林燕语》记载,唐朝御史台也有"公堂会食"这一惯例，而且在单位吃"工作餐"时，每个官员都有自己固定的席位，文中写道："公堂会食，侍御史设榻于南，而主簿在北，两院分为东西，故俗号侍御史为'南榻'。"由官员在单位食堂吃"工作餐"的座位衍生出官号别称，实在也是一种风雅。

唐朝创纪录的"饯行宴"和"庆功宴"

唐朝的"饯行宴"和"庆功宴"曾创下过历史纪录。

《资治通鉴》卷二百十二记载，唐玄宗开元十三年（725年），玄宗为加强地方吏治，从中央各衙门选拔了一批有能力声望的官员，如"大理卿源广裕、尚书左丞杨承令、兵部侍郎寇泚等十一人"去担任地方官，因为这些官员是最高领导亲自选派的，且带有特殊使命，所以在他们去上任时，朝廷特地在洛水岸边安排了一次"饯行宴"为他们送行。史书记载了这次"饯行宴"。有哪些人参加呢？除了那11个上任官员外，参加宴会的人员都是"宰相、诸王及诸司长官"等。吃的是什么？皇帝"赐以御膳"，盛唐皇家的大餐美味，你尽可以放开想去。而且，在吃"饯行宴"时一边有皇家乐队演奏助兴，一边有宫廷歌姬载歌载舞，笙歌燕舞，场面壮观。用餐过程中，还现场朗诵了多才多艺皇帝李隆基给上任官员们写的十韵诗，将气氛推向了高潮。如此荣宠如此规格，这次洛水之滨的"饯行宴"几乎就是国宴，名留史册。

《资治通鉴》卷二百二十四记载，唐代宗大历二年（767年）二月，中兴功臣郭子仪入朝觐见，为表示对平定叛乱勋臣的礼遇，唐代宗从国库拨钱"命元载、王缙、鱼朝恩等互置酒于其第"轮流为郭子仪庆功，据说这个"庆功宴"招待费用"一会之费至十万缗"，如果记载确实的话，一顿"庆功宴"要花1亿钱，那应该算是历史上最贵的"庆功宴"了，实在惊人。

唐朝"官家饭"与官员命运

唐玄宗时期的宰相张说拜集贤殿学士后,同僚们在单位办了一个"升迁宴"为他祝贺,按照唐朝酒桌礼仪,尊贵者先饮酒,但是张说不肯先喝,很谦逊地对学士同僚们说:"学士之礼,以道义相高,不以官班为前后。"意思是,在集贤殿这个讲论学问道义的地方为学士,是以道德仁义为标榜,不应该以个人的官品来分上下等级,大家都是平等的。张说贵为宰相却不肯独居老大地端杯先饮酒,最后"遂命数杯一时同饮"——学士同僚们同时举杯喝酒——当时舆论称赞他为人处世低调,有能力有水平是个好干部。

唐朝惯例,宰相们在政事堂一起吃"工作餐",边吃边聊,是个沟通机会。唐德宗年间的宰相杨炎心胸狭隘,因为嫌弃另一个宰相卢杞不仅长得丑而且没有文化,就经常推说身体不舒服,不参加有卢杞在席的政事宴,也不与他讨论工作。卢杞对此忌恨,正得皇帝宠信的他当然不会放过侮辱自己的人。不愿与同僚一起吃"工作餐",贵为宰相的杨炎付出了惨重的代价,最终在官场博弈中被卢杞布局害死。然而,因"工作餐"而招祸的例子绝不止这一个。

关于"官家饭"最悲催的例子发生在唐高祖武德二年(619年),一席酒吃着吃着,竟把自己也给吃掉了。《资治通鉴》卷一百八十七记载,隋末唐初有个土匪叫朱粲,势力越积越大,后来有二十多万部众,四处劫掠,朝廷想招安他,派官员段确带着赏赐去慰问朱粲。在接待宴上,嗜酒的段确大人喝高了,趁着酒劲戏侮土匪头子:"听说老朱你喜欢吃人肉,人肉是什么味道啊?"朱粲回答:"吃醉酒之人的肉同吃酒糟泡制的猪肉是一样的味道。"段大人听出大土匪是在威胁嘲弄自己,借酒使性子,破口大骂:"你这土匪不要太狂妄了,一到了京城,你不就是一个小奴才头目吗?"朱粲气得将段确及其随从几十个人"悉烹之",分给自己部下吃进肚子里去了——段大人一行人这顿"官家饭"吃得可真够惨的!

唐朝官员在"官家饭"桌上的心情遭遇各不相同,冷暖自知,别如霄壤,这也跟当时政坛密切相关。看来,历史上的"官家饭"不尽是那么好吃的。

宋朝官员与房产

宋代商品经济发达，城镇发展达到了一定规模，随着城镇尤其是大城市人口的增多、经济繁荣，房价也大幅度增高。在城市中，得势权贵和豪门富户广置房产用于自住或出租，而普通百姓乃至清廉自守的官员却买不起像样的房子，尽管宋代官员的俸禄在历史上绝不算低。

宋朝初期，政府不向官员提供官邸，如南宋大学者朱熹所说："且如祖宗朝，百官都无屋住，虽宰执亦是赁屋。"到宋神宗即位后，宰相级别的官员才有了官方府邸，而大宋朝众多官员们只能自己解决住房。好在宋代自京城到各地州府都有官房可租，并由一个叫"店宅务"的机构管理，官员没有住房的，可以向"店宅务"申请租房。

北宋官员王禹偁曾指出当时大城市的房价："重城之中，双阙之下，尺地寸土，与金同价，非勋戚世家，居无隙地。"可见，京城房价极高，寸土寸金，绝不是一般人所能问津的。

当时一些有实力的朝廷高官也成了购房主力，他们购房除了自住外，多数用于出租。宋徽宗朝的宰相何执中，"广殖赀产，邸店之多，甲于京师"，多数房产用于出租，"日掠百二十贯房钱"，每日租金收入 120 贯钱，折算一下，每月房租收入大概 3600 贯钱，是他宰相俸禄的 8 倍。

而被称为北宋"六贼"之一的朱勔，深得宋徽宗宠信，巧取豪夺，广蓄私产,"田园第宅富拟王室,房缗日掠数百贯",绝对是官员中的房地产大户,他不择手段获取巨额财富,民愤极大,方腊起义即以诛杀朱勔为号召,宋钦宗即位后,先将他削官放归田里,后将其处死。

南宋初年号称"中兴四将"之一的张俊,不仅在临安有朝廷分给他的一幢别墅,还在苏州、镇江、绍兴、嘉兴、建康等五地分别购买和兴建豪宅用于出租。有名的奸臣秦桧的房产更多,据说他死后,光他的孙子秦埙名下就有六千亩地和十三处房产,其家族房产总量更是可想而知。

要论为张罗房产费尽心机的,宋真宗朝宰相丁谓算是一个。魏泰的《东轩笔录》记载:"丁谓为宰相,将治第于水柜街,患其卑下,既而于集禧观凿池,取弃土以实其基,遂高爽;又奏开保康门为通衢,而宅据要会矣。"他投资房产的第一步,是在汴京水柜街购置了一块地皮,因水柜街地势低洼,经常积水,所以地皮价格便宜。地势低洼难不倒聪明的丁大人,第二步,他下令在集禧观里挖了一个大水池,将挖出来的土用来垫高水柜街的地基,这样丁家的房子就建得又高又敞亮,也就意味着房产升值了。第三步,经过一番"科学论证",丁宰相又向朝廷奏请开辟水柜街附近的保康门为交通干道,爱卿提的要求,皇帝准奏,于是,水柜街一下子就成了帝都汴京城的繁华地段,地价与房价呼呼上涨,而丁宰相的房子很"巧合"地处于商圈重要位置,"据要会矣"。原来一块"丑小鸭"地皮,被聪明的丁宰相运用技术手段和权力之便,炒成了高贵的"白天鹅",实在让人惊叹!但是,丁谓的行为当时就被很多士大夫嗤之以鼻。

宋朝还有一个因官员过度留恋别墅生活而误国的例子。南宋末年的权相贾似道,在其权势熏天时,皇帝将西湖葛岭的一座豪华府邸赐给了他,他醉心于西湖的别墅生活,"五日一乘车船入朝",实际上根本不尽心国事,"军国重事(贾)似道于湖上闲居遥制",致使朝政混乱,国事日衰,被人嘲讽"朝中无宰相,湖上有平章"(刘一清《钱塘遗事校笺考原》)。最后,贾似道因误国被贬被杀。

再看看两宋时期清廉官员的住房状况

如前文所述原因,宋代大多数官员尤其是清廉的京官们只能租房居住,"自来政府臣僚,在京僦官私舍宇居者,比比皆是"。

《宋史·杨砺传》记载,宋朝第一个状元杨砺官居枢密副使(相当于副宰相),居官清廉,在京城买不起像样的房子,不得不租宅店务的房子住。他去世后,宋真宗登门悼念,发现杨家"僦舍委巷中,乘舆不能进"——高官杨砺租住的房子位于狭窄巷子深处,连马车都进不去。

宋真宗朝的宰相寇准一生清廉自守,尽瘁国事。《丁晋公谈录》中记载:"寇准出入宰相三十年,不营私第。"为此获得朝野赞誉,当时有名的处士魏野赠诗给他:"有官居鼎鼐,无地起楼台。"以诙谐的笔调,赞扬他为官不谋私利的高尚品质。美名传千里。寇准的清廉之名传送外邦,一次,辽国使者访问大宋朝,在国宴上直接就问:"谁是'无地起楼台'宰相?"尴尬的是,这时的寇准已经被朝廷贬谪了。

再来看北宋著名文学家欧阳修考中进士,工作了好多年后,在给朋友的信中说:"嗟我来京师,庇身无弊庐。闲坊僦古屋,卑陋杂里闾。"意思是说,在京城工作这些年,一直就在小胡同里租房子住。

其实,宋朝很多官员也尝试依靠正当积蓄购置房产。

魏泰在《东轩笔录》中记载,熙宁九年(1076年)十月,王安石第二次罢相后退隐江宁府(今南京),在江宁府城东门和钟山的正中间购置了一块地皮,"筑第于南门外七里,去蒋山亦七里",他将建造的这座宅子称为"半山园",但是"所居之地,四无人家,其宅但避风雨,又不设墙垣,望之若逆旅之舍",连个围墙都没有,实在与他曾经的宰相身份大不相称。

元丰七年(1084年)春季,王安石生了一场重病后,就把这座"半山园"和附近的几百亩田产捐给了报宁禅寺。而后,王安石全家在江宁城内秦淮河边上租了个很小的院子居住,再也没有建造宅第。租的这座小院子实在不怎么样,王安石在诗中描述:"火腾为虐不可摧,屋窄无所逃吾骸。"素有"火炉"之称的金陵城,夏天热是极其有名的,但是900多年前这位老宰相竟然也为防暑而焦虑,实在让人为之心酸。他不是没有条件过惬意的养老生活,而是自己放弃了。

群众的眼睛是雪亮的。后来,南宋一位宰相李壁在王安石这首诗下批注:"元丰末,公以前宰相奉祠,居处之陋乃至此,今之崇饰第宅者,视此得无愧乎!"

南宋著名爱国诗人陆游的祖父陆佃为官四十多年,官至副宰相,从不给自己谋私利,"楚公仕宦四十年,意无屋庐"(陆游《家世旧闻》),元祐年间,他回老家守制,没地方居住,就借住在寺庙里。后来,终于在老家卧龙山下买得一块地皮,想盖座像样的院落,却限于财力一直没能如愿。

宋神宗朝的名儒邵尧夫,居住洛阳时,一帮官员朋友和学生一起凑钱为他买地盖房,而且也都随着他在洛阳购置田宅,其中有曾任宰相的好友富弼,"富韩公命其客孟约买对宅一园,皆有水竹花木之胜"(邵伯温《邵氏闻见录》),为的是可以经常往来交流学问,"自此可时相招矣"。熙宁三年(1070年),司马光也在洛阳"买园于尊贵坊",盖了座庄园起名"独药园",经常与邵尧夫来往。

再看宋哲宗时的苏辙,一直租房,有朋友建造了新居,苏辙写诗祝贺:"我年七十无住宅,斤斧登登乱朝夕。儿孙期我八十年,宅成可作十年客。人寿八十知已难,从今未死且磐桓。不如君家得众力,咄嗟便了三十间。"既是祝贺,也是满肚子心酸!崇宁二年(1103年),退休的苏辙终于在小城市许州盖了新房,欣喜之下,写诗抒怀:"平生未有三间屋,今岁初成百步廊。欲趁闲年就新宅,不辞暑月卧斜阳。"

关于房产，苏辙的哥哥，大名鼎鼎的苏轼也好不到哪里去。元丰七年（1084年），苏轼路过江宁府时，曾经是政敌的王安石把他当成知心朋友加以接待，"尽论古昔文字"（蔡绦《西清诗话》），惺惺相惜，王安石还劝苏轼在金陵城购地建房养老，苏轼也有这个想法，但是最终没能办成，苏轼写信给王安石："（苏）轼始欲置田（宅）金陵……老于钟山之下，既已不遂。"（《苏轼集》）可见，当时金陵城的地皮价格就非一般人所能承受得起。

俸禄颇高的大宋官员尚且如此，普通百姓住房之紧张就更不必说了。在两宋的京城里，一家三代挤一座小房子的事情，很常见。看来，城镇化加速造成住房紧张的状况早在宋代就充分显现出来。

康熙皇帝为何容忍江宁织造的巨额亏空

清朝康熙年间,深得皇帝器重的江宁织造官曹寅于康熙五十一年(1712年)七月二十三日病逝,他身后留下了巨额亏欠,一是他负责的江宁织造衙门亏空9万余两白银,同时兼任两淮巡盐御史任上亏空23万多两白银,合计白银32万余两。据他的内兄苏州织造李煦汇报康熙帝,曹寅临死前跟他交代:"无资可赔,无产可变,身虽死而目未瞑。"哀痛异常,"伏枕哀鸣"。

清朝初期的银子购买力高。经查史料,康熙五十一年(1712年)江南地区物价低廉,最好的米每石只要8钱银子,当时曹寅所说的亏欠钱款可以购买40多万石上好大米,按照当时一石为现在180斤再来换算的话,即为7200万斤上好大米,如按现在市场上优质大米一斤3元人民币折算的话,也就是说,曹寅离任(病逝)亏欠了2.16亿元人民币。

曹寅任上有如此巨额亏欠,康熙皇帝是怎么处理的呢?

一是康熙帝同意曹寅的内兄李煦的请求,记李煦替其妹夫曹寅(已故)担任下一任两淮巡盐御史,干满一年,将代理盐政任上的经营利润除了缴纳国库外,多余部分用来为曹寅补缴亏欠。康熙皇帝在奏折上批示同意李煦的提议,同时告诫他要说话算话,"惟恐日久尔若变了,只为自己，即犬马不如矣！"（李煦《李煦奏折》）。

二是对于曹寅不治罪，反而赞赏。如曹寅儿子曹颙所说"故父（曹寅）名节得荷矜全"。康熙帝一锤定音，给曹寅一个盖棺论定的评价："曹寅在织造任上，该地之人都说他名声好，且自督抚以至百姓，也都奏请以其子补缺。"不仅充分肯定曹寅的业绩，而且让他的儿子曹颙继续担任江宁织造官。

康熙皇帝亲切接见了曹颙，让他回去重新将康熙帝南巡期间驻跸江宁织造府时，曹寅为迎驾所费工程款再细细核算一遍，看还有什么遗漏未报的，再补充报销。与此同时，康熙皇帝还给了曹颙一个"大皮夹子"——3万两白银，让他将曹家向私人所借的一些款项归还了，所欠公款无须曹家费心补还，由两淮盐务账上拨还。

再问，康熙皇帝对亏欠了巨额公款的曹家为何如此容忍呢？

其一是因为康熙帝与曹家关系极其密切。密切到什么程度？曹寅的父亲曹玺作为内务府包衣在康熙帝爱新觉罗·玄烨出生之前就是皇宫侍卫，深得皇室信任。康熙帝出生后，曹寅的母亲孙氏被选为康熙皇帝的保姆，这使得曹家与康熙帝的关系非同一般。曹寅比康熙帝小4岁，16岁时就在康熙帝身边伴读当差。有了这些原因，康熙帝即位后一直对曹家格外厚爱，实际上，从康熙二年（1663年）起，曹家三代四人曹玺、曹寅及其儿子曹颙、曹頫先后担任内务府的江宁织造官。并且，曹寅还与其大舅哥李煦从康熙四十二年（1703年）开始轮管国家重点税收之一的两淮盐务，他十年之中四任巡盐御史。康熙皇帝六次巡视江南，曹寅五次承办接驾大典（四次在江宁接驾，一次在扬州接驾），所受到的信任与器重远远超过地方督抚。

据徐珂《清稗类钞》记载，康熙三十八年（1699年）第三次南巡时，康熙帝从杭州回程江宁，驻跸曹家，年将五十的康熙皇帝见到曹寅的母亲——那位从小抱他、照顾他的"嬷嬷"——感慨万端地说："此吾家老人也！"还亲自写了"萱瑞堂"匾额赠送给"嬷嬷"。

所以，康熙帝同曹寅，虽然最主要的是君臣、主仆关系，但其中也有类似亲人的"家人感情"。

其二，曹寅为康熙帝做了很多额外的"秘密工作"。曹寅无论是在苏州织造、江宁织造，还是两淮巡盐御史位置上，都曾肩负着康熙帝交办的很多与本职毫不相干的任务。江宁织造说来是内务府的一个外派机构，负责织办皇宫和官用的绸缎布匹，实际上，它更多地承担了皇帝临时交给的差使，以及充任皇帝在江南地区的耳目，随时随地将南方的各类信息以密奏的形式报告皇帝。当时清王朝正处蓬勃向上发展时期，但也暴露出很多矛盾，作为历史上颇有作为的君主，康熙帝更是极其关注经济、文化都很发达而被较迟占领的江南地区，他必须有一个非常信得过的人安插在这里。一个从小就跟他关系密切，而且经过忠诚考验，能力也很强的曹氏家人，理所当然地承担了这个角色。曹氏三代人尤其是曹寅，不仅与康熙皇帝是同龄人，甚至是叼一个奶头长大，在一起读书，他文武兼备，青年时期就深得康熙帝信赖和赏识，兼之曹寅文化造诣很深，喜好文艺，爱好藏书，又精通诗词、戏曲和书法，与多才多艺的康熙皇帝有共同语言，如此一来，曹寅的角色就不只是"眼线"了，甚至可以说，他成了康熙帝处理江南事务的一个"助手"。史料也充分证明了，曹寅在世时对江南地区文化、经济乃至政治的重要影响。

此外，曹寅亏欠的巨款，有相当大一部分并非他贪为己有了

无论是五次承办南巡迎驾大典，还是做在江南广大地区的"耳目"，或者完成一些皇帝、皇室成员及朝中权贵们交办的额外差事，明的暗的，都需要花费大笔银子。经请示康熙帝，曹寅曾在江宁织造府修整西花园，工程颇大，耗资不少，故宫博物院一件明清档案

显示:"曹寅在西花园修建房屋、挖河、堆泊岸等项工程,共用银十一万六千五百九十七两九钱七厘……依照修建工程核算,实际用银多出八百六十六两余。再,修建房屋、亭子、船只、雨搭、帘子等项,又用银七万七千八百八十五两余。"光一个西花园的工程就花费了19万5千多两银子,由此类推,五次承办迎驾大典的开销应该是个天文数字!

对于这些,精明过人的康熙帝当然一目了然,所以他让曹寅和李煦轮任两淮巡盐御史这个肥缺,希望他们能慢慢堵上亏欠"漏洞",不要弄得满城风雨。谁不知道,这个位置就是白花花的银子,闭着眼睛都能想得出来。据李煦自己汇报皇帝所言,两淮盐务扣除应缴国家税收外一年的纯收入通常为55万至56万两银子。康熙五十二年(1713年)两淮盐务的实际纯收入为58.6万多两。其实,两淮盐务的实际年纯收入还有不小的空间。

有个历史细节不容忽视。康熙五十三年(1714年)八月,康熙帝曾对心腹大臣说:"两淮盐课原疏内,止令曹寅、李煦管理十年,今十年已满,曹寅、李煦逐年亏欠钱粮,共至一百八十余万两。"这是康熙帝的心中实数。然而,耐人寻味的是,之前两江总督噶礼曾经密奏康熙帝,"欲参曹寅、李煦亏欠两淮盐课银三百万两"。噶礼既然敢在奏折中向皇帝说出这个亏欠数字,绝对不是毫无根据的。但是,康熙帝不许他公开参劾曹寅、李煦,于是两人亏欠300万两银子的说法不了了之。如上所述,曹寅去世后,康熙帝认定曹寅与李煦管理两淮盐务的十年间的亏空为180万两,皇帝金口玉言,再说皇权家天下,皇帝说多少就一定是多少,"其缺一百八十万两是真",这是后话。

康熙帝是个极其睿智的"明君",他将曹寅、李煦的十年盐务亏欠照噶礼密奏亏欠数额减去了120万两银子,也不是无缘无故的,因为他最清楚,曹寅、李煦为皇帝、皇家花去的巨额银子无法列出完整账目,有些即便有个粗账，但也无法报销，如康熙五十一年（1712年）十一月内务府在盘点旧账时自己查出来：曹寅为迎驾修整西花园的195349两银子没有给他报销！如果再细查的话，这样的账目肯定还有，但是内务府的账目实在是一笔糊涂账，这一点，康熙帝自然心知肚明。所以，仅就曹家而言，即便亏空这么大，康熙帝也没有将曹寅和曹家治罪。

曹寅亏欠了巨款虽然在康熙朝安然无恙，但是到了雍正六年（1728年），曹寅嗣子曹頫终因经济亏空、骚扰驿站、转移财产等罪被清廷革职抄家。此后，曹家迅速败落，子孙流散。

两江总督——清朝官员眼中的"香饽饽"

明代以后,江南地区不仅人文荟萃,而且是全国最重要的税赋之地,到了清代,管辖着狭义的江南相当大一部分地区的两江总督,就成了众所周知的"香饽饽"。清朝官场通常认为,封疆大吏职位中,最尊贵者为直隶总督,腰包最鼓的是两江总督。

清代初期沿袭明制,全国设15个行省,康熙朝以后很长一段时间分设18行省(称为"关内18省",不包括边疆驻防将军、办事大臣辖区及理藩院直属区域),及至光绪三十三年(1907年),拆分调整为23个行省(不包括个别驻防将军、办事大臣辖区及理藩院直属区域)。清朝实行的是督抚制。每个省设一名巡抚,为主管一省民政的最高长官,从二品。一般来说,总督权力比巡抚大,从一品,可以管数省,但与巡抚之间没有直接的隶属关系。总督职掌"厘治军民,综制文武,察举官吏,修饬封疆",实际工作更侧重于军事,常常也兼及民政、漕运、河道等。从制度设计而言,总督的主要作用是通过统一事权,防止地方各省和军队各镇互不相属、互相推诿,以文臣"总督"钳制武臣来达到协调各省和各镇的关系,体现了中央政权对地方军事控制权的加强。

两江总督的官衔全称为"总督两江等处地方提督军务、粮饷、操江、统辖南河事务",是清朝九位最高级的封疆大臣之一。清朝初期,江苏和安徽两地并属江南省,管辖着江南省和江西省的长官,通常称为

"两江总督",即总管江苏(包括今上海市)、安徽和江西三省的军民政务等,以及监督辖区官员吏治的长官。

但是,两江总督的官职在清朝历史上经历过一番波折,前身为顺治四年(1647年)所设置的江南江西河南三省总督,总督府驻江宁(今南京)。此后,曾一度迁往南昌,改名江西总督,后又迁回江宁,而且顺治十八年(1661年)、康熙十三年(1674年)江南省和江西省还曾两次分置总督,分而又合,到了康熙二十一年(1682年)其辖区才基本稳定下来,正式定名为两江总督,驻节江宁。

雍正元年(1723年),朝廷正式授予两江总督一职以"兵部尚书兼都察院右都御史"的官衔,这就视同于给两江总督以中央官员的身份。道光十一年(1831年)起,两江总督兼管两淮盐政——当时国家重要经济命脉。咸丰时期,太平天国占领江宁,两江总督先后在扬州、常州、上海、苏州、安庆等地驻节。太平天国运动失败后,两江总督府重新搬回江宁。自同治五年(1866年)起,两江总督又兼管五口通商事务,授为南洋通商大臣,到此为止,两江总督集中了江南三个重要省份再加一个上海的军权、财权和通商、办理洋务的大权,可谓位隆权重、财大气粗,两江总督的权力走向巅峰。太平天国运动之前,两江总督多数由满人担任,之后,汉人渐多。从顺治四年(1647年)设置驻江宁的江南、江西、河南三省总督到宣统三年(1911年),264年间,有一定影响的两江总督达101人,其中正任总督69人,署理总督28人,暂时护理总督3人,兼管总督1人,这还不包括一些临时代理官员,如道光朝江苏巡抚梁章矩就是一例。

而且,担任过两江总督的官员中产生过清朝最高职位的内阁大学士(正一品)超过22人,笼统来看,这个比例达两江总督官员数的20%以上,接近正任总督人数的32%,比例相当之高,可见清廷对两江总督高度重视,其不仅政治地位高,而且上升通道很畅通。

这样一个重要的职位，收入如何？清人随笔《水窗春呓》一书中有关清代中期各地高级官员薪水待遇的记载，里面说："（总）督以两江为最，一年三十万。"这三十万两白银是合法公开的收入，不算陋规，不怕财产公布，"皆用印文解送，不以为私"。另外两个财赋重地的总督——两广总督和四川总督的薪水则再稍减。两江总督堪称当时封疆第一肥缺。

1860年，曾国藩费了好大一番功夫终于担任了两江总督，此后虽然短暂离职，但又于1866年、1870年分别再任该职，一生三任两江总督，这个晚清的中兴名臣、一等毅勇侯最终也去世在两江总督任上。

实际上，清朝历代两江总督如马国柱、郎廷佐、于成龙、张鹏翮、尹继善、陶澍、林则徐、曾国藩、左宗棠、李鸿章、张之洞等皆为清代朝野瞩目的重臣，深受清廷倚重并对清代历史产生过重大影响。晚清同治、光绪年间，相当长一个阶段，两江总督一职都由湘系将领担任，引来官场颇多议论。光绪二十八年（1902年）十一月，魏光焘调补两江总督兼南洋大臣，当他从署理两江总督张之洞手上接过权力时，张之洞同其幕僚相当不爽，认为当时清廷依然偏心湘系将领，魏光焘的任命跟其湘军出身大有关联，因为魏光焘是左宗棠的得力部属。

据《张佩纶日记》记载，1880年，丁日昌曾写信给李鸿章表示想请李推荐其为两江总督，可是这个能干有名的洋务派官员没能如愿。

在清人《异辞录》中，"瞿鸿禨与张百熙"条目记载了一件"觊觎两江总督职位"的趣事。晚清的瞿鸿禨与张百熙是老乡兼同学，两人中进士后在北京当京官时，关系尤其密切。1900年八国联军进占北京，慈禧与光绪帝逃到西安，召集所器重的大臣从各地会集西安。瞿鸿禨与张百熙先后被召赴西安，在距西安城有一日路程的城外客店里，两人相遇。动乱之际，他乡遇故知，又是久别重逢，欣喜之状，自不必分说。老张感慨地对老瞿说，"我们两人从小到大，一直都是极好的朋友，今天又聚会在这里，真是缘分啊！现在是国家多难之秋，听说朝廷正要选拔我们这些被召见的官员进入军机处担当重任，明天觐见两宫，假如我被选进军机处掌了大权的话，我就推荐你当两江总督。如果是你老瞿进入军机处，你怎么提携我呢？"瞿鸿禨立即回答："假如我有幸进入决策圈的话，你放心，两江总督的位置非你老兄莫属！"此后，瞿鸿禨成为军机处大臣，手握大权，但是他依然没有能力实现当初的承诺——帮助老朋友当上两江总督。尽管张百熙后来也成为高官，但他为没能当上两江总督而抱怨了瞿一辈子。其实也不能怪老瞿不帮忙，两江总督的位置实在是位高权重，炙手可热，当时非慈禧太后的亲信都无缘此差。

梦想能当两江总督，一尝"香饽饽"滋味的清朝官员很多，但真能如愿的很少，即便是名臣之后也是垂涎三尺而不可得。曾国藩的儿子曾纪泽熟谙外交事务，在晚清外交史上是扛鼎人物之一，先后任兵部、户部、刑部、吏部侍郎等中央高官，但是他这个"一等毅勇侯"却没有他父亲和叔叔那样的好运气——他以未担任过两江总督为一生憾事。

不过，也有一个人放着热腾腾的"香饽饽"而不愿张口。满洲正白旗人端方深受慈禧的眷宠，1906年给了他一个外放的肥缺，这个缺就是两江总督。但是，当时的端方刚从国外考察宪政回来，正在大谈改革的兴头上，想留在中央坐外务部尚书的位子，因清末官制改革后，外务部为第一部，而且几乎天天都能见到最高领导，风光无限。所以他磨磨唧唧的，不想去两江总督任上，直到被御史们弹劾警告，他才怅然赴任。这是清代历史上罕见的特例。

清朝士大夫之间的人情经济往来

人生在世，总有人情账。作为读书人的清朝士大夫群体，即便满腹学问，游历宦海，也难免彼此之间点缀人情，或多或少有着经济上的往来。

贫寒的士大夫借钱赶考、赴任

清代读书人参加考试、官员赴任，交通不方便，甚至有路上要花几个月时间的，旅程花费不少，很多士大夫尤其是出身贫寒或家境一般之人都是借钱启程的。

《曾国藩年谱》记载，道光十七年（1837年）"十二月，公（曾国藩）谋入都会试，无以为资，称贷于族戚家，携钱三十二缗以行，抵都中，余三缗耳"。这位晚清"中兴名臣"当年是借钱去北京参加会试的。

曾国藩考中进士，回家复习后再进京参加散馆考试，其路费也是四处筹措的，有亲朋赠送的礼金，但更多的是靠借贷。他在道光十九年（1839年）四月十六日的日记中写道："向（曾）大启借钱为进京路费，大启已诺。"同年六月，又写信向耒阳的同族曾忍斋、曾谦六借钱，没收到回信。八月，曾父当面又向曾谦六提出借钱，曾谦六同意借银200两。可是到十月份，银子还没送来，曾国藩只好硬着头皮，再写信催借银两，并且还写了对联条幅送给曾谦六，以示结好。

而衡阳县令等地方官员得知曾国藩将去京城参加散馆考试,都送了礼金给他作为旅费。新进士的寒碜,出身寒门的士大夫官员们其实都有体会。

晚清名臣王文韶在同治六年(1867年)湖北道台任上时,一位叫徐子静的朋友被派往云南任职,手头拮据,他慷慨解囊:"徐子静辞行,拟即由川(四川)赴滇(云南),长途薄宦……可矜亦可虑也,赠三十金。"赠送30两白银,对于赴任长途,聊作一补。

同治七年(1868年)三月二十一日,有朋友恭养泉回京城任职,路费紧张,王文韶又"赠(恭)养泉百金,聊以送别"。其实,翻看清代士大夫们的文字,你会发现很多凑钱集款去赴任的例子。

经济宽裕后的士大夫接济手头拮据的朋友、同窗

咸丰八年(1858年)九月,得知以前在京同为翰林、已亡故的黄麒祥的妻儿避乱乡间,生活困难,此时已是朝廷重臣的曾国藩请人代送30两银子慰问。当时,好友兼文友的吴子序回老家,曾国藩也"赠银二百两以为乱后葺屋补缀之费"。

同治七年(1868年)三月十七日,王文韶的朋友欧阳吉人去北京,缺少旅费,他"赠卅金并移百金"——明确说好,30两银子是赠送的,100两银子到京再归还。

作为同年参加乡试的"同学",士大夫之间也有互帮互助的情分。同治三年(1864年)三月十四日,晚清名臣翁同龢的侄儿、过继儿子翁曾翰在日记中记述:"同年高文煜故,家贫,同人欹助,余送二十千(钱)。"再有同治十一年(1872年)五月二十八日,"知同人为覃溪先生后人集养赡资,得三百金,商俟收齐时交乐映川设法生息"——"幼吾幼以及人之幼",有善心的士大夫们伸手互助,被认为是道义所在。

"雪中送炭"出钱帮乡亲渡经济难关

清朝学者兼名幕僚钱泳在《履园丛话》中记录了嘉庆年间一件真事:华亭县穷秀才周芳容去寻找于乾隆五十八年(1793年)病死在归州的父亲,辗转颠沛,历尽困苦险恶,在急公好义的士大夫们的指点、资助之下,用了一年多时间终于将父亲的骸骨背回了故乡安葬。作者在总结这件事情时说:"是役也,(周)芳容在京城时几冻恶死,正阳关几病死……非史君济以资斧不能至汉口……非刘州牧与张将军倡赙赠舟,不能浮江归里。"没有士大夫们雪中送炭的经济资助,孝顺的穷秀才绝对难以完成一件轰动当时的孝举。

再看,道光二十三年(1843年)三月二十三日,曾国藩升官为翰林院侍讲,尽管自己的负担也很重,但是他依然从自己薪俸中挤出10两银子寄回湘乡,接济生活困难的曾氏族人。曾国藩官至封疆大吏后,更是常常接济亲朋故交。

士大夫之间常常赠送礼金表达问候之意

王文韶为地方官员时,常会顺托送奏折进京的差役们带送一些银两给在京的座师、朋友们,并致问候。其日记中所记不少,如同治六年(1867年)六月二十九日的日记:"折差赴京……托送太属元券公分八十两,另送书师元券十二两。"

同治七年(1868年),当钱塘籍官员吴振棫致仕归乡,路过湖北武昌时,身为布政使的王文韶特地出城拜见同乡前辈,尊崇备至。当吴振棫辞行时,王文韶赠送100两银子,并亲自出城为其送行。

在经济上帮衬同乡士大夫是条件好的在京显宦之家乐做的事情。翁曾翰按照长辈的要求常接济在京的同乡官员,如光绪二年(1876年)二月二十七日,翁曾翰代表翁家"送同邑(京官)元券廿一份"——每份4两银子,共送出了21份,又"送陈屺瞻元券四两"。

清代士大夫们过年过节都给老师送"节敬",座师家中有大事更要出钱尽力。如同治二年(1863年)四月,"同年出知单,以愣香师须刻书三种",学生们集资,翁曾翰出份子钱四两白银赞助;同治六年(1867年)八月,其座师何受山在家守制,缺少用度,要学生们帮衬,"马焕卿同年偕云生来,传何师意欲同房八人集二百金以应目前之急"。对此,翁曾翰也颇有微词,在日记中抱怨:"想同人罗掘,未必能如数也。"后来,这位老师的夫人又让学生们集资为老师买房子,学生们只好勉力为之。

在京城的士大夫们会有些额外收入

清朝士大夫们,尤其是职位较低的京官,薪俸不高,家用开销却不小,所以也会有一些额外的合法收入。《邓华熙日记》记述,咸丰年间广东举人邓华熙报捐员外郎后,在刑部任职时,能收到家乡州县派分给他的"公车费",作为一种对考中举人以上功名的知识分子的"补贴",他领取的数额为白银三两六钱左右。作为京官,为本籍同乡出具考试、旌表印结一类的文字证明,也会有馈赠银两,多少不等,这是小京官们的一项重要额外收入,曾国藩、邓华熙等人在日记中都明确记录了代办印结获得"馈赠"之事。

同时,清朝地方官员在夏冬之际,会向本籍的士大夫们奉上多少不一的冰敬、炭敬,甚至还有年敬——这些"敬"其实就是打点人情的银两。此外,"留别银"一类的馈赠,也是当时士大夫之间通常所行的。官员们离开京城,如果条件好的话,会赠送亲朋好友们一些银两,称为"留别银",这在士大夫之间很流行。来看同治十一年(1872年)十月份:初六,官员英朴奉送翁曾翰留别银八两;二十五日,来京城办事的地方大吏严渭春,是翁曾翰父亲的好友,离开京城时,送给翁曾翰一笔留别银，数额十六两。这个月，翁曾翰收到了两份"留别银"，这是最普通的月份，其他时间，可想而知。同治十三年（1874年）三月初一，李鸿章离开京城时，给翁曾翰的"留别银"也是十六两。这样的留别赠银，从翁曾翰日记中来看，数量颇多，与炭敬、冰敬之类的经济赠予同时并行。

实际上，几乎所有外放地方官的士大夫，都曾寄赠过银两给朋友、同僚以及座师。据曾国藩记录，1840年，他初到北京落脚，全年开销为800两银子，其中还账300两，实际开销500两左右，其时，曾氏的仕途才起步，所得与所施，都很有限。常熟翁家作为当时的显宦，光绪元年（1875年）年底，翁曾翰盘点在京家用账目，全年光应酬用银就为3900余两，数目颇大。其时，一品大学士的年薪也不过180两银子和180斛禄米。

总之，清朝士大夫之间的人情往来，正常情况下，既有谋生发展的需要在内，某种程度上也体现了儒家文化中互帮互助以及表敬行善的道义成分。

"京漂"曾国藩的租房经历

号称晚清"中兴名臣"的曾国藩,声名赫赫,曾经权势极大,对中国近代史影响很大,然而,在他发迹、头顶耀眼光环之前,在北京城里曾经有一段被人所知不多的困苦岁月——频频地为租房子发愁闹囧。

道光十八年(1838年),曾国藩中进士后,被选为翰林院庶吉士,此后回乡住了一年多时间写散馆卷,再于道光二十年(1840年)正月二十八日到北京城参加集中复习,迎接散馆考试,这是清朝进士走向仕途的必经环节。

才进北京城,曾国藩先是在椿树胡同的长沙会馆暂住,几天后,"二月初一日,赁南横街千佛庵内房四间,每月大钱四千文"。为了方便同朋友们切磋学问、参加考试,其间曾搬到圆明园挂甲屯的吉升堂客店,与梅霖生、陈岱云、梁俪裳等几个好友合租。考试结束后,他再回到南横街千佛庵。曾国藩所租住的千佛庵内房条件到底如何?且看他自己的表述:"房内太热,难坐,因在外间息""是日因坐房太热,移过南房。家中无处可坐,因走小岑处。"(曾国藩《曾国藩日记》)此时正是农历六月,北京城的夏日暑气让曾国藩在狭小简陋的租房里难以安身,甚至不得不"逃"到友人家里避暑。

居住条件如此恶劣,曾国藩生病了。在朋友的帮助下,七月初一,他赶忙将行李铺搬到了果子巷万顺客店,与好友欧阳兆熊同住,既为病

中好有个熟人照料,同时也为了省钱,当然,后者是主要的原因。

三个月后,当欧阳兆熊搬到湘潭会馆后,曾国藩身体也痊愈了,从万顺客店搬了出来,"挪至达子营关帝庙,与钱仓仙同年同居"。为什么"同居"?还不是为了省钱。这段时期,曾国藩的经济相当拮据,在北京城里办事访友,为了省钱,他几乎都是步行,因他此次从湖南乡下单身来京的盘川以及生活费用多数是借贷来的,而且数量有限。所以,这个时期的曾国藩在居住上是能凑合就凑合,毫无讲究,也没有办法讲究。

直到十一月下旬,曾国藩才不得不把租个像样房子之事提上正式日程,因为他的家眷要来京城与他团聚。棉花胡同、椿树胡同、醋张胡同等处,曾国藩看了不少房子,条件好的价格高,看上去价格能承受的,又没办法安排老老小小一家子人居住。找了二十多天,终于在粉房琉璃街遇到了一处房间多、庭院宽敞,而又价格便宜的四合院,曾国藩颇为动心,连看了三次,还带着好友一同去参谋,但最后他却放弃了。为什么?因为曾国藩从邻居处打听到,这所房子曾经的房主夫人,是在房子里悬梁殉节而死的。曾国藩恍然,但作为饱读诗书的词臣又不能公开提出,说当时被主流意识圈鼓吹提倡的"殉节"不吉利,于是他向房屋中介人提出:自己家里人不多,房间太多了浪费太大。以此为借口,决然不租这个房子。但是,他在自己的日记里,婉转地道出了放弃租这个宅子的真实原因:"京城住房者多求吉利,恭人(女主人)殉节,族间不得谓之非命,此房亦不得谓之不祥。然'忠、节'二字,事后仰慕芳徽,当时究非门庭之幸。"说白了,曾国藩是心有忌讳。

为迎接家眷的到来,曾国藩最终定下了棉花六条胡同的房子,每月房租八千文,当时他这个七品衔官员的正薪几乎就都搭进去了。

与此同时,买木器、购置一些家中用品,曾国藩不厌其烦地在北京城里转悠。十二月十七日,一个晴好天气,曾国藩高高兴兴地搬进了棉花六条胡同路北的房子，请裱糊匠糊窗户，还雇请了佣人打扫房屋，迎接父亲、妻儿以及兄弟到来，团聚过年。

道光二十一年（1841年），曾国藩一家租住在棉花六条胡同，住到第四个月后，他的妻子、弟弟、小儿子，包括他本人，都先后生病，一个据说懂风水的朋友跟他说，棉花六条胡同的房子再住下去，不吉利，在当时情况下，曾国藩不能不相信朋友的话，于是，七八月间，他拉着这个朋友陪他寻租合适的房子，找了一圈下来，"找房屋甚急，而讫无当意者，心则行坐不定"。租不到满意的房子，30岁的曾国藩很焦虑。这一年，整个大清帝国都很焦虑，英国军舰一直在沿海用坚船利炮骚扰威逼着赔款和割地。

从曾氏的文字来看，那段时间，为了找房，他心烦意乱，是其一生中所不多见的情形，甚至还影响了学业，"自廿四日起，以房子故，心不定，不能用功"。

那个阶段，曾国藩只要一有空，只要听说有不错的房子，就拉着朋友陪他去看，他在七月廿八日的日记中写道："饭后，（雷）西垣来，言下斜街有房甚贱，且甚好，因同往看，久坐。"廿九日的日记写道："饭后，走钱仑仙处，邀渠同看昨日两所房子。"两天后，八月初一，曾国藩看过绳匠胡同的一所房子，比较满意，于是第二天上午立即就跑去定房子，写租房合同，下午，再带着好朋友去看这所房子。即便到了这个时候，他心里有块石头还没有放下。

第三天，曾国藩起了个大早，拉着那个懂风水的朋友王翰城到绳匠胡同一同琢磨了整整一个上午。直到朋友领首，他的心里才踏实。

而后，曾国藩交了房租，雇泥水匠、裱糊匠修补粉刷新租的房子，打扫整理房屋，一直忙乎了十来天，才最终完工。其中，一个细节颇有意味：租住、购买新房，一般来说，要等装修粉刷一切停当后，才搬家入住，而曾国藩一家于工程的第三天就急急地从旧房搬出，迁入粉尘飞扬、嘈杂凌乱的绳匠胡同房子。曾国藩心明如镜，却又身心疲惫，"新房又有诸匠人正兴工之时，仅觉浩繁""是日匠工尚未完，犹处处经理，心殊不安恬"。从中可以看出，曾国藩是很在意所谓的风水之说的。

这次从找房到安心住进绳匠胡同，前后费时20多天。从曾氏当时每天必记的日记来看，此后，曾国藩一家在北京城的生活才算稳定有序，步入正轨。这个将来对大清帝国的命运起关键作用，而现在只是一个普通词臣的人才真正定下心来，安居乐业，按照他制定的系统严整计划，研习学问，会客访友。

其后，曾国藩鸿运当头，步步高升，尽管相当长一段时间里，曾氏一家在北京城里还是租房，但是房子越住越大，条件越来越好，不过，他没有忘记初到京城时为租房子犯愁的那段时光——他在北京城里辗转住过六个地方。

清朝官场的"小金库"

"小金库"在清朝官场几乎是公开的秘密。清朝地方政府乃至于皇宫大内几乎都有"小金库"。

首先，清朝地方政府的"小金库"很公开

清朝地方官的薪水包括正俸和养廉银。官员的"小金库"多寡则视官员权限、搜刮能力等因素而不同，但至少数千两，如知县一级。

有史料记载："有曾任直隶之涞水令者，言涞水每年收牛羊税，计共六百两，报销仅十三两，而藩司署费二十四两，道署二十两，州署十四两，余皆官所自得。"（徐珂《清稗类钞》）从这里看出，光"牛羊税"一项，扣除上缴部分，涞水知县便有529两银子纳入本县"小金库"。"又月领驿站费三百两，其由县给发，不过五十两，则每年获数千矣。"靠这项"驿站费"，知县又可得到3000两左右银子。同时，县里还有税契每年也进账几千两银子。如此算来，一个经济并不算富裕的小县城的"小金库"一年最少能有大几千两银子。

徐珂在《清稗类钞》中又记载："直隶州县，多恃骡马税……计南宫一县，外收至三四万，而交官不及半，至报部不过数百金而已。"这么一算，南宫县的"小金库"每年当在万两银子以上。

在清代，地方藩司、粮道都有税收大权，他们的"小金库"就更可

观了。道光二十五年（1845年），张集馨担任了当时有名的"肥缺"陕西督粮道。他一上任就发现前任粮道方用仪在交卸之前，其家人提取、倒卖了粮库里的四千石麦子。但他毫无办法，只得贴上亏空了的四千石麦子。不过，他是借债做盘缠从北京来陕西上任的，自己没有钱补空，这补前任亏空的钱理所当然便是从其陕西督粮道的"小金库"里支取。据张集馨记述，当时陕西督粮道的"小金库"一年是三四十万两银子。除了请客、送礼、打点官场之外，其他的都落入陕西督粮道本人腰包，这已是"公开的秘密"。

作为清朝地方最高军政长官——总督，其"小金库"数额一般来说都在十万两以上。两江总督堪称当时"封疆第一肥缺"，这"肥"就肥在它的"小金库"上。清人笔记《水窗春呓》中有关于清代中期各地高官"油水"多寡的记载："督以两江为最，一年三十万。"这三十万两白银便是两江总督可以支配的"小金库"收入。

清朝地方总督、巡抚都有关税、盐务津贴，也就是"浮收"的关税、盐税，那也是"小金库"的重要来源。曾国藩在两江总督任上，虽然不许下属给他送贵重礼物，但是盐运司送的"缉私经费"、几个海关送的"公费"，按照当时官场规矩，不认为是贪污，他还是照收不误的。

正如张集馨所说："监司大员行同市井……余居是官，心每不安，虽非勒折，确是浮收。"所以，清朝地方官场有"小金库"的原因是多方面的，如清朝俸禄的微薄、吏治的腐败、官员的贪婪、京官的索贿，等等。

其次，晚清淮军、北洋新军的"小金库"很有名

晚清的军队也有"小金库"。"淮军自始至终，每年皆发饷七关有半……先以解款不到而致欠饷，既到，不以发饷，遂积成巨款。"这笔巨款就成了典型的淮军"小金库"（刘体智《异辞录》）。

这个"小金库"一直供直隶总督李鸿章提用。经过李鸿章、王庆云、荣禄等官员的经营，淮军"小金库"里存有五百余万两银子。这都是淮军士兵的卖命钱，这笔钱最后被"项城（袁世凯）用以扩充新军，至六镇之多"。

其实，在晚清军队中，各营军官几乎都不同程度地克扣士兵饷银入"小金库"。这也是当时清军缺乏战斗力的重要因素之一。

刘体智在《异辞录》中记载，庆亲王奕劻掌权时，每年王府开销要三十余万两银子，亲王俸禄远远不够，怎么办？"邸（庆王府）中用度不足，咸知取诸北洋，然究于何项开支，何人过付，无人能测也。"其实这笔钱就来自北洋新军的"小金库"。北洋新军继承了淮军"传统"，"（新军）六镇每月皆有截旷之饷不下三四万"，皆进了北洋新军的"小金库"。而且袁世凯还用活了这个"小金库"，每年都不动声色地进献给庆亲王三四十万两银子！说到这，您或许豁然开朗，明白为什么庆亲王那么重用、提拔袁世凯了。

当袁世凯被迫交出四镇新军的管辖权给陆军部铁良掌管时，铁良也弄了"小金库"，并且也从"小金库"里提取巨款进贡给大权在握的庆亲王。于是，铁良的地位也迅速得以提高巩固。这或许就是晚清很多官吏都爱"小金库"的一个重要原因吧。

袁世凯1903年至1908年期间控制着大清招商局，按照他拟定的《整顿局务九条》，规定北洋大臣对招商局的外事、财务等各项事务有直接的、绝对的控制权，尤其财务他更是一把抓，明文规定"动支款项在一万元以上者，须禀请本大臣核准方可开支"。实际上，他是把招商局也变成了北洋新军集团的"小金库"。据盛宣怀记述，在袁世凯控制招商局期间"北洋提去用款每年数十万"（张后铨主编《招商局史》），钱款数目或稍有上下，但肯定确有其事。

再者,晚清皇宫的"小金库"很崇洋

中国封建时代一直有皇室财政和政府财政两大平行的财政收支系统。其实,皇室财政就是广义上的皇帝的"小金库"。

同治年间,清朝政府规定每年由户部拨给内务府30万两银子进皇家"小金库",但是不够用。到了光绪十九年(1893年),已增至每年110万两银子,却依然不够花,于是"户部岁奉孝钦后(慈禧太后)十八万,德宗(光绪)二十万,名曰交进银",这"交进银"更是"小金库"之外的又一"小金库"。

据徐珂《清稗类钞》记载,清末皇家"小金库"——大内银库,还有"存(银)一千六百万两"。及至清末,慈禧的"小金库"中"尚有黄金三万两",这里没提到白银。另一笔记《异辞录》的作者刘体智认为,"太后(慈禧)有私蓄三千万",就是说,慈禧太后的"小金库"的数额达到了三千万两银子,"半在南苑,半在大内,皆用红绳束之"。八国联军入侵北京,慈禧太后仓皇出逃,保命要紧,哪里还顾得上"小金库"!但是,留守大臣世续知道太后"小金库"的所在地,雇了日本使馆的士兵严密看守。于是,在签订了《辛丑条约》、慈禧带着光绪皇帝回北京后,"慈颜大悦",立即重用世续,"赏黄马褂,转吏部兼都统"。

许指严的《十叶野闻》更形容慈禧的"小金库"是"天文数字"。他说:"而慈禧所自积之镪,始终未悉其确数,或言计共二百兆两",意思是慈禧的"小金库"有2亿两白银。这些钱最终都去了哪儿?有人说被日本人偷走了,有人说是被李莲英等太监给盗取、贪污掉了,等等,莫衷一是。

光绪帝、慈禧太后相继驾崩后,隆裕太后掌管宫中,也学慈禧太后的样儿建立自己的"小金库"。但与慈禧太后的2亿两白银相比,她的

"小金库"真是小巫见大巫,据说大概数字为九千六百万两银子。不过她有理财头脑,把钱存进了外国银行赚取利息,据说以她妹夫载泽器重的盛宣怀为经理人。在清朝覆灭后,曾"闻洋行有倒账之说"。但隆裕太后毕竟是个深居宫中的妇人,亡国之际,丧魂失魄,哪还顾得上再追究她的"小金库"啊!更有人怀疑,"盛(宣怀)本狡狯",那笔巨款可能早被盛宣怀私吞掉了。

总之,清朝那些无所不在的"小金库"给部分特权人士联络办事、挥霍奢靡提供了方便,满足了私欲,却导致了国家财产的流失,滋生了众多腐败,加重了百姓的负担。

清朝明目张胆卖官

清代有一种"制度性"的卖官形式,叫"捐纳",其流弊甚多,当时诸多社会改革的失败和世风日下,与之不无关联。

"秦得天下,始令民纳粟,赐以爵",说的是秦朝将爵位卖给百姓,它卖的不是官职。中国历史上的"卖官",实际上是从汉武帝开始的,其时,边疆多事,国库吃紧,为鼓励百姓捐纳,在出卖爵位的基础上,再出卖官职以支付庞大的军费开支。

此后,古代中国断断续续地"卖官鬻爵",唐、宋、元、明都有,有清一代则更是登峰造极,并形成了一套极其系统复杂的体系。史料记载,最多的时候,清代接近60%的官员都出自捐纳。

在清代,一部分人通过科举考试做官,一部分人通过军功获提拔。那些科举考不上,打仗也不行,又极想当官的人怎么办?只要有钱有想法,他们就可以通过捐纳做官。

比如晚清在边疆学和外交学上都有建树的姚文栋,15岁中秀才,应该说天资也不错,但应乡试考举人就是考不上,无奈之下,就纳资捐官。通过这一途径,他迅速得到了官职,两次以外交官随员身份出使外国,官至二品衔直隶候补道,在晚清声名卓著,著有《东北边防论》《东槎杂著》和《云南勘界筹边记》等书。

但绝大多数的捐纳官在历史上都没有什么业绩声望,被"正途"

出身的官员所看轻。如大太监李莲英的过继儿子李德福，就捐了个员外郎，在兵部当差，但什么活都不会干，只会喝酒听戏，花天酒地。

捐纳制度对买官者虽无明文限制，但如说清代什么人都可以买官做，也有些失之偏颇。《点石斋画报》曾报道："兹闻道士某乙已经还俗，并纳粟入官，终日晶顶袍褂酬应士大夫之间，而董子祠香火遂致缺如。事为地方绅士所闻，禀请运宪办理。兹闻江蓉舫都转已札，委毛盐尹传验该道是何装束，如果属实，即令逐出，另行招选。"扬州城北柳巷董子祠原看守香火的道士，因为眼热官场，捐了个官衔大摇大摆地交际起来。扬州百姓尤其是士人们的意见很大，坊间也炒得沸沸扬扬，所以官府不得不派人查实处理。可见，在清代，道士是不允许捐纳买官的。

捐纳制度之下，众相纷呈，在清代不仅有道士买官，还有和尚买官的。《清史稿》载，嘉庆二十年（1815年）"五月丁亥，刑部疏，审明知府王树勋即僧明心，蒙混捐保职官。得旨：枷号两个月，遣戍黑龙江"。这是史料记载的清朝政府处治和尚买官的经典案例。和尚明心花钱买官成了一个知府，这让嘉庆很恼火，遂将和尚发配到边疆。但这也滑稽啊，朝廷既然明码标价卖官了，和尚道士的钱就不是真银子？他们就不能买官？

清廷以卖官方式换取民间财富，当然也希望捐纳者能够胜任。恽毓鼎所著曾爆料清末朝廷诸多内幕的《崇陵传信录》载，北京城一个木材商人玉坤崑，"以入资助园工，得道员，忽授四川盐茶道"。

在清代，四川盐茶道可是个重要的位置，更是肥缺，上任前光绪皇帝例行要召见。见到商人玉崑的言行举止十分粗鄙，光绪问他读过什么书，他说读过《大学》与《百家姓》，光绪看着起疑，叫他写几个字瞧瞧。磨叽了好长时间，玉崑只写出了歪歪斜斜的两个字"玉崑"，其他什么都不会写了。光绪一火，"怒斥出，即日罢之"，把一个行将上任的文盲捐纳道员给撤了。

清代卖官的规模触目惊心,捐纳名目繁多:赈捐、军火捐、海防捐、工捐、米捐、茶捐等。康熙时期征讨准噶尔费用不足,下诏鼓励富户捐纳,仅山西一省,捐县丞的就有12000人。乾隆时,还出现过白米20石可捐一个县丞的记载,可想而知,卖官达到了什么程度。

清代早期,科举进士出身的"正途"官员,是不肯与纳捐的"异途"官员一起排班站立的。但是到了后期,买官的人太多了,衙门充斥的捐纳官吏,倒是"客大欺主","正途"官员假如不愿与捐纳官员挤着站的话,就没地方站了。弄不好的话,就"劣币驱逐良币"了。

有清一代,特别是晚清,国家公开开价卖官,流弊甚多,积重难返。所以,即便清朝末年汲汲谋求强国之路,试图改革吏治,而最终却毫无进展,这与捐纳之风的猖獗也是不无关联的。

正如清末名人文廷式在《罗霄山人醉语》中所言:"若今之富人,入资得以临民莅政,是真以富制贫……于此而尚言澄清吏治,天下果可欺乎?"

沈葆桢一道奏折节省白银三百万两

说起沈葆桢,就让人联想到他是清朝名臣林则徐的女婿。其实,沈葆桢本人也十分有才干,而且有血性,很多事迹可圈可点,作为一个文臣,他还在晚清军事征讨史上留下过灿烂的印记,得到中兴名臣曾国藩的格外赏识,官位步步高升,在很多方面都发挥了不可小觑的作用。比如在晚清重臣左宗棠平定西部的过程中,沈葆桢曾经上了一道奏折,为政府避免了三百万两白银的流失。

十九世纪六七十年代,我国西部边陲很不平静,令清政府大伤脑筋,及至1874年,清政府终于下定决心要整顿军队、巩固边陲,于是任命有丰富戡乱经验的左宗棠为钦差大臣,督办新疆军务,征讨阿古柏,其时左宗棠64岁,这在古代已算高龄,但是为了国家安全,左宗棠不得不带兵打仗。1875年4月,左宗棠坐镇甘肃酒泉,战役打响。

光绪二年(1876年),左宗棠的军队在西征过程中碰到了一个大麻烦——没钱发军饷买军粮!《清史稿》记载:"筹西事,尤以节兵裕饷为本谋。"因为,在清代道光以前,国家财政是由中央统一掌管的,但是自从太平天国起事后,清政府为了最大限度地消灭太平军,或者说因没有强大的财政支持能力,允许各省根据各地区情况筹措各个省份征讨军队的军饷开支,只要定时地向中央政府造个清单销账就行了。所以,在清政府对太平军的军事征讨期间,为了筹措大笔军饷,负责征讨任务的官员如曾国藩、胡林翼、左宗棠、李鸿章等，既是方面军的统帅也是地方政府大员，有相当大的财政自主权，在财税相对富裕、商业较为发达的地方设置了很多厘卡抽税，从中分出一部分作为军费开支，另一部分归地方官员自行安排。由于正是戡乱用人之时，中央政权也是睁一只眼闭一只眼，任地方大吏便宜行事。此后，这约定俗成地成为晚清政局的一大"特色"。

然而，左宗棠西征时期所任官职的省份是陕、甘和新疆地区，这些地区的经济相对薄弱，地方收入难敷军用，清政府了然于胸，于是不得不安排外省协饷。外省协饷属于仰他人鼻息之事，数目肯定难足，而且时效上也是大打折扣。一时之间，左宗棠西征军陷入了军饷困局。

其时，左宗棠的军队已经取得了一系列胜利，士气高涨，战斗力很强。清军深入西陲边界作战，粮饷的供给运输是个大难题，只好就边界之近向俄国商人购买粮食，然而，俄商要现钱才肯供粮。前线作战部队，兵没有粮吃，马没有草喂，这可不是个小事。但是，这难不倒精干机敏的左宗棠。为了能及时稳定边疆，左宗棠想到向外国银行募借军饷，借多少呢？白银1000万两。这可不是个小数字啊！他找了一个人商量这个方案是否可行。这个人就是沈葆桢。沈葆桢曾是左宗棠"疏言非（沈）葆桢莫能任"而极力推荐的福州马尾船政局的继任主政者，在船政上取得了相当大成绩，清史说他"先后造成兵舰二十艘，分布各海口"，而且逐步实现了"不用洋员监督"的自造兵舰工艺流程。

实际上，在这之前，左宗棠已经有过借钱打仗的经历，作为晚清历史上狂傲、挑剔有名的左大帅，为什么会屈尊专门征求资历浅于自己、年龄小自己8岁的沈葆桢的意见呢？除了他看重沈葆桢的见识能力之外，还有一个更重要的原因就是——同治十三年（1874年），沈葆桢作为钦差大臣赴台办理海防、经营台湾事务时，就曾经向外国洋行以八厘的利息，借过600万两白银（后来实际借了200万两）。此时乃光绪二年（1876

年），那些经办台湾借款事务的人员都还在职，所以左宗棠就想先同沈葆桢商量，然后通过沈的关系渠道"以同条件再借"。

出乎左宗棠的意料，这次，沈葆桢不赞成他向外国银行借钱，并且，还不顾老左的情面向皇帝上了道奏折。其大概意思是：募借外债的原因有很多不同之处，如"开矿、造路、挖河，以轻利博重利，故英美等国，有国债而不失为富贵"，因为这是一种投资营利性的借债，借来本钱可以赚来源源不断的利润；如果是国家一时用度不足而向外国借债，那么以后每年的国家财政收入全花在了支付高额的债务利息上，甚至入不敷出，那就是另外一回事了——言下之意，西征借款正是此类。再则，政府向外国借债与跟本国商人借债也不一样，向本国商人借债，即使支付了相当的利息，但是"国虽病而富藏于民，有急尚可同患"，毕竟是自家人啊，有话好说；但假如政府借的是外债，那么所支付的利息也就杳如黄鹤"一去不返"了。前年，他奉命经营台湾海防事务，因为台湾"本省罗掘一空，外省无丝毫协济"，在万般无奈的情况之下才借外债，后来只借了200万两，"倭事已定"，就立即停止借款了，否则，那笔利息也是十分可观的。这次左宗棠的西征情况与他经营台湾借外债有很多不同之处，西征的战线很长，情况十分复杂，战争一定会拖延很长时间，战后的建设也不是一时半会儿的事情，假如真向外国借债1000万两，十年还清的话，计息约600万两，如此一算，西征得到的实饷也就是400万两。就是说，对像西征这样的没有额外的收益补偿、时间又长、利息也不低的对外借款，要格外谨慎，否则，仅仅依靠海关收入来归还包括以前还没有偿还结束的各项借款的本息，那么财政更将捉襟见肘，后患无穷。

沈葆桢很尖锐地指出了借洋款的弊端，但是，他并不是驳斥了借洋款的极大不利后，就把问题撂在那里不管不问了。笔锋一转，他说："然谓西征可停，则又断断不可。我退而敌进，关、陇因而不靖"。由此可见，沈葆桢对于国家命运是有担当情怀和远见卓识的。《清史稿》评价沈葆桢："精核吏事，治尚严肃。"接着，他提出了解决西征大军军饷粮饷的三条建议：一是建议左宗棠在关外寻找战略优势方位"坚壁清野，开水利，广屯田，考畜牧"，自己动手，丰衣足食，最大限度地自己解决粮食问题；二是请求清朝皇家"发旷代之德音，以内库为之倡"，意即希望朝廷能格外开恩从皇家内库里拨一些银子出来周济西征军饷——这可是在老虎口里拔牙！三是请朝廷下令让各省份积极支持西征大业，有力出力，有钱出钱，并且及时落实到位，"将有着之款，移稍缓者于最急之区"，当时的最急之区无疑就是左宗棠所在的西部。

综观这三条建议，最为棘手的一看就知道是第二条。第一条"屯田"，左宗棠也是早有考虑的，执行起来是必须的也是必然的。第三条，叫中央政府下命令督促地方省份更多更及时地赞助支持西征军，也不是难事，清廷的一张圣旨而已。说来说去，就是第二条最为关键。

为什么沈葆桢一下子就会想到"请"皇室"发旷代之德音"呢？

沈葆桢知道国库里有这么额外的一笔资金在那里。这笔资金是什么钱呢？这笔资金可谓为"专项资金"，是专门用于海防建设的。光绪元年（1875年）六月，总理衙门会同户部奏定，每年由粤海、潮州、闽海、浙海、山海五关，并沪尾（今台湾省淡水港）、打狗（今台湾省高雄港）二口各提四成洋税以及其他一些地方的厘金，每年额定为400万两白银，交给南洋和北洋大臣作为海防专项资金，俗称"四成洋税"。当时的沈葆桢作为两江总督兼南洋大臣，负责与直隶总督兼北洋大臣李鸿章共同督办南北洋海防，他对于这笔资金当然再清楚不过了。所以，他这第二条建议属于"有的放矢"。

沈葆桢的这道奏折分明是"逼"皇室出钱作军饷，引得朝廷议论纷纷，幸而受到相当一部分大臣的支持，"以为借债之额，愈少愈好"，而且不少朝臣也知道有"四成洋税",都赞成把当时放在国库里备用的"四成洋税"借给西征军应急,反正事后就会归还,何必把高额的利息白白地丢给外国人呢?

当时正是多事之秋用人之际,清廷为了巩固版图,左右衡量,也就咬咬牙,"于部库拨借四成洋税二百万",再命令各省从额定解往西征军的协饷中提前拨解300万,这一来,就解决了500万两白银的款项,另外,向外国洋行"准借五百万",凑齐1000万两白银的军需款。虽然,沈葆桢的奏折相当于只从国库里"掏"出了200万两白银,但有300万两协饷银子由朝廷发专旨叫各省立即输送到位,各省不敢怠慢。如此,可能并没有完全达到沈葆桢等大臣的筹饷计划,实现不向外国借债的目的,但是少借外债白银500万两,也就节约了利息至少300万两白银!有了军饷,左宗棠带领他的西征军顺利地为国家完成了捍卫边疆、平定西北的历史使命,成就了千古伟业。

《清史稿》卷四百十二中有这样的评论:"出塞凡二十月,而新疆南北城尽复者,馈运饶给之力也。"由此可见,筹措军饷粮草对于当年西征军的军事行动所起的作用之大!

沈葆桢上奏折阻止向外国借债一事,虽仅为晚清重大史事中的一个插曲,但是沈葆桢那种对国事拳拳忠贞、敢于直言、能于谋事的形象与品质让人钦佩不已。著名史学家孟森先生赞扬沈葆桢为"当时士大夫谋国之忠"。

历史上的沈葆桢是个为国为民的有识之士、爱国官员,他眼光敏锐、作风果敢,也为中国近代海防建设做出过不懈努力。他极力主张建立以铁甲舰为核心的外海水师,因为种种原因,至其逝世仍未能筹建,为此,他在遗疏中痛呼"事关呼吸,迟则噬脐",而其后的晚清发展足以验证他这一远见卓识。

晚清乡试主考官能得多少津贴

清朝科举考试体系中，乡试是在省一级举行，其意义相当于如今的高考。每届乡试的主考官，都是由皇帝亲自从在京官员中挑选向各省派遣。对于由科举正途出身的官员们来说，当乡试的主考官，不仅能以成功人士的身份重睹乡试盛况，"要令奇士出菰庐"（文廷式语），为国家选士，而且在物质上还大有收获，可谓名利双收。

那些在翰林院之类衙门里供职的文臣，尤其对各省乡试主考一职垂涎不已。以当时官居从五品的翰林院侍讲为例，俸禄一年为八十两银子，支米八十斛，加上每年五百两银子的养廉费，一年的常规收入总共不过六百两银子而已。而一旦被选任为某省乡试主考官的话，首先就可以从朝廷户部领取"程仪"，也就是一路上的路费银，相当于差旅费，晚清采取的是差旅费包干制。清朝前期给去各省的主考官的路费银比较少，根据路程远近来区分，最多的是去云南做主考官，路费银为800两银子，最少的是在直隶地区做主考官，路费银200两。后来，给乡试主考官的路费银逐渐增多。道光年间乡试正主考的路费银基本定为2000两银子，副主考为1000两银子，实际的路途花费虽因路途远近不同有所区别，但一路上官府的驿站会为乡试官员提供免费服务，所以乡试官员的路上开销大概只要几百两银子即可。

除了这笔官定"程仪"收入外，在乡试顺利结束时，所主考省份的地方政府照例还会赠送一份类似"辛苦费"的银子，数额与户部发放的"程仪"差不多。就是说担任一个乡试正主考，该官员合法收入就大概为白银四千两左右，放宽些计算，减去路上来去路费一千多两银子，则能心安理得地净入近三千两银子。副主考则有一千两银子左右。如上文所举之例，一个翰林院从五品京官，每年不到六百两银子的收入，他得不吃不喝2至5年，才能积攒下这笔钱！

晚清一个小有名气的官员叫张集馨，家境贫寒，在京苦读了九年，于落第两次后，终于考上进士步入仕途，入了翰林院，"僦居果子巷驴驹胡同"，房子小得很，过日子紧紧巴巴，但是，当他得了次湖北乡试副主考的差事后，经济状况立即改观。据其自述史料，他一回到京城，就再娶了个小老婆，还承担了自己大哥一家老小在京的吃喝穿用，又出钱为大哥捐了个"通州卫所守御缺"，可想而知，张集馨当了一次乡试副主考，物质上是很有收获的。

咸丰二年（1852年）七月，曾国藩奉命主持江西乡试后，心情愉快地从京城出发，未曾想到，半路得其母亲去世的噩耗，按照清朝官员守制的规定，他得立即回老家守丧。其时的曾国藩已当了多年的京官，品级不低，是正二品的礼部侍郎了，然而依然宦囊羞涩，为筹措在京一家老小回湖南老家的路费，他只得厚着脸皮到处借钱。贵人自有天助。虽然他因母丧不能出任江西省乡试的正主考，但是，江西方面依然派人立即送来了"奠分银一千两"，这让曾国藩喜出望外，解决了好大的难题。也就是说，只要该官员被皇帝委派为一省主考官了，除了正常的"出差补助"之外，另外那一份各省"赠送"的礼金是决然少不了的，区别只在多少而已。

乡试主考官的这一明一暗两笔收入，在当时，可以使一名在京平时生活拮据的官员立即"富裕"起来。以道光年间大概一两银子可买一石米来计算的话，则乡试正主考的三千两银子"津贴"可买3000石米，

合计54万市斤，假如再以现在每市斤米售价为人民币2元的价格来换算的话，则担任一次乡试主考官的合法收入约折合人民币108万元。

对于在翰林院里供职的"清汤寡水"的词臣们，皇帝心里有数，一般来说，会调剂个乡试正、副主考官的临时差事安慰贴补一下。譬如，曾国藩、张集馨、文廷式等，在翰林院时就都被委派过乡试考官，运气好的文臣还不止当过一次。

据说，晚清翰林院京官们有"红翰林"与"黑翰林"之说，以升迁快慢、得到考试差事多少来区分，升迁快、得到考试差事多的翰林被称为"红翰林"，譬如张集馨就于道光十四年（1834年）、道光十五年（1835年）分别到湖北、河南当了副主考；曾国藩在道光二十三年（1843年）、咸丰二年（1852年）都被皇帝典派为正主考，算是皇恩优渥。反之就是"黑翰林"，晚清历史上，据说最有名的"黑翰林"就是后来当过民国北洋政府总统的徐世昌，任翰林十五年，无一级升迁，也没有得到过一次典试"肥差"，气得脸色常年发青。

甲午海战后，日本强索遣送清军战俘费

中日甲午战争已过去近 130 年，有关那场战争的记述分析文章，连篇累牍，蔚为壮观，但是，极少有谈到战后双方是如何处理战俘问题的。

1895 年 4 月 17 日，清政府与日本签订了《马关条约》，5 月 8 日，中日《马关条约》在烟台换约，条约第九款约定："本约批准互换之后，两国应将是时所有俘虏尽数交还，中国约将由日本所还俘虏并不加以虐待，若或置于罪戾。"那么，中日之间是如何交付战俘的呢？

日本正式提出交换战俘

1895 年 7 月 4 日，日本临时代理外务大臣西园寺公望给驻华日本公使林董发出《有关交换俘虏事项之训令》的电报。第二天，7 月 5 日，林董向清朝总理外国事务衙门发了一个照会，转达了日本政府的请求："现在我国（日本）之清国俘虏，应派专船，大约八月二十日，在大沽交付清国当该官员。倘该火轮不克一次尽数搭载，分作两回。其第二次交付，应于大约九月二十日外……"同时，日本在这个照会里也要求清政府提供被俘日军的具体情况。

7 月 8 日，日本驻天津领事荒川已次也发函给当时的北洋大臣李鸿章，沟通双方互遣战俘事宜，李鸿章回复日本领事，表示按照条约同意接受清军战俘事宜，并承诺发文给清军前线各部队确查日本战俘数字。

总理各国事务衙门也代表清政府向日本驻华公使表示同意如此办理。

7月19日，日方正式告知清政府遣返清军战俘的方案：被俘清军关押在日本本土的有988名，关押在海城的有598名；确定了战俘交付的地点，在海城的清军战俘改送到"鞍山站南之乾线堡"交付，在日本的战俘依然于大沽交付给清政府；并再次提到了本国战俘的问题。

日本一再催问本国战俘的情况，清政府不得不愈加重视查找日本战俘之事。经过一番严令搜寻，8月4日，直隶总督李鸿章发电给总理各国事务衙门，汇报前线清军查找日本战俘的情况，说是"去岁十月内，毅军探马在复州境内擒获日本书记富冈竹之助一名"，一直随同清军行军，但是在本年年初的一次战斗中被日军炮火给打死了，"混于乱军中掩埋，无可辨认"，其意是，目前清军淮军中并无日本俘虏。

但是，盛京将军裕禄于8月15日又汇报清朝当局，在奉天（今辽宁省），清军抓了些日军战俘，共计11名，"现仍均住辽阳，听候送还"。同时，裕禄把11名日军战俘的名单开了出来。于是，总理各国事务衙门赶紧把该情况通知了日本，并且同意交换俘虏。

中日实施交换战俘，246名清军战俘去向不明

按照计划，日本遣送清军战俘的船只"丰桥丸"于1895年8月11日上午4点从日本横滨出发。8月18日早晨六点半，"丰桥丸"进入大沽，日军陆军中佐村山邦彦作为日方负责人在新城向清政府官员交付战俘976名，这比7月19日日本通知的清军战俘数字988名减少了12人。值得注意的是，这次日本遣返清军战俘事宜系一次交付完毕，比日本当初的遣返预案日期提前了，同时也没有如遣返预案中分8月20日、9月20日前后两次运输战俘，而是一次全部运输到华。

8月20日晚间，李鸿章派盛宣怀、罗丰禄、伍廷芳等官员宴请遣返清军战俘来华的日军官佐以及日本驻天津领事馆官员。

8月21日，日本公使林董正式发照会给清政府，确定日本将于8月26日在辽宁鞍山站南的乾线堡把关押在海城的第二批598名清军俘虏交给清军，同时，也接回11名日本战俘。

实际上，海城战俘交换时间是9月1日，地点是乾线堡。清军交付的日军战俘是原定的11名，"日本俘虏交回时，每名赏银四两，衣履一套"，但是，日军交付的清军战俘却是568名（戚其章《中日战争》）。这就意味着在8月21日至9月1日的短短11天时间里，日军所交付的清军战俘比原数字少了30人！

据当时的日方统计资料，甲午战争期间，清军被俘人员总计1790人，1895年两次交换战俘，日方共计交还战俘1544名（包括交接时，中方官员清点清军战俘时，伤病兵勇中又死亡4名，病重1名），其余246名战俘去向不明，日方也并未提及。

日本向清政府强索战俘遣送费

甲午战争结束后，清政府赔付日本2亿3000万两白银，但是，日本还是念念不忘遣送清军战俘的费用。

当清朝上下正在为筹措《马关条约》巨额赔款、赎辽款而绞尽脑汁，像无头苍蝇似的四处乱撞时，1896年4月9日，日本驻华公使林董向清朝总理各国事务衙门提出索要从日本遣还清军战俘的运输费等费用，并且开列了清单，共有五个项目，其金额计算到几钱几厘，分别如下：

一、雇用轮船运输清军战俘用款"六千七百元零三钱"（在此所列均系当时的日本银元）；

二、押解战俘用车运输费用"七百六十元七十三钱一厘"；

三、押解清军战俘来华的官员士兵的差旅费"五千五百六十五元一钱五厘"；

四、清军 976 名战俘在返华途中的饭钱"一千四百五十七元一十二钱";

五、零星报销款项"五十九元"。

共计"日本银货一万四千五百四十一元八十九钱六厘"(戚其章《中日战争》)。

接收战俘已经过去 7 个多月,既然日方正式提出结算遣返战俘运输费,也是题中应有之义。于是,总理各国事务衙门把《马关条约》以及日本就战俘事宜历次发来的相关照会,同日方开具的遣送清军战俘运输费清单认真对照。4 月 11 日,总理各国事务衙门发照会给林董,意思是:清政府承认林董所列的一、二、四、五项都可以支付,但是,第三项要求支付日方押解交接人员的盘川"前照(日方照会)并未言及",日本不该多出这一项的索款,这不符合当时的约定。而且,你们日本官员士兵本身就有饷银了,"不因此项差使重有所需",所以,中方不应该多支付"五千五百六十五元一钱五厘"的盘川(差旅费)。

但是,总理各国事务衙门又不敢得罪日本公使,在此照会的最后,加了句"若必需委员盘川,即希见复,以便转行北洋大臣如数补给可也"。清政府的回复像很无奈,又似乎很大度:尽管你们事前没有说定要支付"委员盘川",但是,如果你们坚决要这笔钱的话,我们也给!

很快,4 月 13 日,林董就发函给总理衙门,说虽然日方前面所发的照会中没有说明解送清军战俘的日本官员人等需要中方支付盘川,但是"一届清算之时,不可不列于搬运费内矣"。林董的答复很坚定,日方人员的盘川一定要中方支付,尽管前面双方文件中没有此项约定。

2 亿 3000 万两银子都同意赔了,清政府还在乎这区区几个散碎银两?在最高当局首肯下,4 月 19 日,清政府总理各国事务衙门发函给林董,通知他日本索要的遣送清军战俘运输费包括日方所有人员的盘川在内,按照日方开列的金额一分不少地支付,"本衙门已知照北洋大臣查照给发,即希贵大臣(指林董)转饬驻津领事收取可也"。

1895年日本遣还清军战俘总费用为日本银元"一万四千五百四十一元八十九钱六厘",按照当时一个日本银元兑换清朝行平银七钱一分折合计算,清政府共计支付日本遣返清军战俘费为清朝行平银一万零三百二十四两七钱四分六厘二毫。该款项由时任清朝北洋大臣王文韶责成天津海防支应局拨款给天津海关道,再转交给日本驻天津领事。

1895年之后,近代中国的半殖民地半封建化程度进一步加剧,"(清朝)北京朝不保夕地大致维持的收支平衡遭到破坏"(费正清、刘广京《剑桥中国晚清史》),清政府的财政状况日益恶化,但是,在甲午战败的背景下,清朝政府不得不完全照日本的要求,对日本遣返清军战俘所列的所有费用如数买单,毫无转圜余地。

历史对比链接:

根据《中国战区中国陆军总司令部受降报告书》记载,1945年8月15日,日本投降后,在中国战区等待遣返的日俘、日侨总数逾213万,如果把苏联接收的东北地区侨民加上,总数超过370万人。

当时的中国政府紧急调用了国内80%以上的运输力量,日夜兼程地把日俘、日侨由各分散地集中到主要港口,还专门组织了1.2万多副担架和2万余人的护送队伍,对伤病的日俘、日侨实行特殊护送。

1945年11月17日,第一艘载有数千名侨民和数百名日本伤兵的遣送船由天津塘沽港开出——这是甲午战争后,日本遣送976名清军战俘返华的地区——拉开了战后中国战区遣送日俘、日侨的序幕。随后,青岛、上海、广州等地的遣送工作陆续展开。经过一年多的紧张运送,至1946年年底,中国境内的370多万日俘、日侨遣送完毕。

作为第二次世界大战的战胜国,且在战争中蒙受重大损失、伤亡的中国,将370多万日本战俘与侨民遣返回国,对日本战后复兴产生了不可估量的意义，这是毫无疑义的。

史料记载，中美双方曾于1945年10月25日至27日在上海召开遣送日俘、日侨的联席会议，当时会议估计，三个月内将为日本俘侨提供的粮食就多达128.2万余大包，共需款102.574亿元。而实际上，中国战区遣返日本战俘、侨民，先后延续时间达1年多。如此要问：中国为遣返日俘、日侨到底花费了多少钱？目前，笔者还没有查找到确切记载数字。这与日本在甲午战后，既强割了台湾、攫取了无数在华利益，又获得了空前巨额赔款后，还板着面孔强索捉襟见肘、千疮百孔、面临着巨大财政危机的受害国支付遣返战俘费用，1895年至1945年，时隔整整50年，可作一比。

英法驻华使馆拖欠清政府房租

2005年10月2日,网上有一则"旧闻",标题是《耍赖8年未交房租 美驻日大使馆欠债2000万日元》。据当时的《日本时报》报道,美国从1998年开始就没有为设在东京的美国驻日本大使馆支付租金,假如按照双方在1983年签订的合同,一年的租金为250万日元(约2.45万美元),算下来,美国8年来已经至少欠下了2000万日元(约20万美元)。毫无疑问,这点钱对于财大气粗的美国来说实在是九牛一毛,但即便如此,当时的美国政府就是不愿意痛快地还债,真正上演了一场"欠钱是老大"的国际闹剧。

把历史的镜头向前拉,晚清历史上也发生过类似的驻华使馆拖欠租金的情形——那次的"房客老大"是英国和法国。

19世纪50年代后期,英法联合发动对华战争的目的之一,是强迫清政府允许他们在北京建立使馆。《清史稿》记载:"(咸丰)十一年(1861年)二月,法公使布尔布隆偕英使普鲁斯由津如京,此为各国公使驻京之始。"第二次鸦片战争战胜方的英国和法国的驻京公使,强行要求住进清朝官员的衙门府邸里,并且美其名曰"租借",虽在天子脚下,但是清政府挡也不敢挡。于是,英国驻华公使堂而皇之地住进了皇族奕樑的府邸,法国公使住进了大臣纯堪的府邸,惹得俄、德等其他国家垂涎三尺,蠢蠢欲动。

既然说是"租借"，当然得有租金。英、法两国公使仿佛是商量好了似的，对于他们占用的府邸"每年各愿交租银一千两"。而英、法两国在广州的领事馆，也仿效其公使馆"租借"官府衙门的做法，法国领事馆抢先一步"租借"了广东藩台衙门，英国领事"先亦欲效尤，令该国领事租住将军衙门"，被当时的两广总督劳崇光费尽口舌地劝阻，想以广州北门内观音山麓的长春仙馆来替换，但是英国人嫌其太偏僻，百般责难，硬要"租借"将军府。最后的折中方案是：把将军府二堂后院"租借"给了英国作为广州领事馆。前院是清朝将军办公，后院是英国领事办公，堪称颇有当时特色的"中西合璧"。这对于当时的清政府与广州地方官员来说实在是无奈之举。英国广州领事对于所租借的房屋"情愿每年交租银二百两"，参照英法两国在北京的做法，法国广州领事馆的租金可能也是这个数字。

但是，过了两年多时间，英国、法国公使馆的租金迟迟没交给"房东"。

1863年10月30日，清朝恭亲王奕䜣上了道奏折："臣等查该二国（英国、法国）所住两府，现已二年有余，应扣修理之银，约可分别扣清……现在该公使等，既未提及租银一层，臣等若与言及，该公使等必将以修理未竣为辞。租银为数有限，转形中国较及锱铢，不如示以大方，不与计较。倘嗣后该二国或有与臣等较量之事，即可据以间执其口，或亦羁縻之一法也。"恭亲王的意思很明了：不就是一二千两银子嘛，小意思啦，"房客"不给我们也不要，不要比要好啊，关键时候，我们还好"拿捏"他们一下，这是个好机会！最高当局一听，很有道理啊，御批："依议。"

第二年，即1864年1月，英国公使普鲁斯派人给总理各国事务衙门送来了一张1000两银子的银票。根据之前的协议，两年的租金应该是2000两银子啊，为什么少付了1000两银子呢？英国人给出的答复是，另外1000两银子帮"房东"代付了两年房屋修理费。原来如此，总理衙门的官员没再多追究那1000两银子。但最关键的问题来了：拖欠房租的"房客"主动送租金来了，收还是不收？总理各国事务衙门大臣们好一番研究：收吧，前一年才向皇帝打过免收英、法两国公使馆租金的报告，言之凿凿，白纸黑字，而且，御批还同意了。不收吧，于情于理不合啊，日后恐怕也难以交代。

解铃还须系铃人。最后，总理各国事务衙门的"头儿"奕䜣不得不又打了个报告："臣等查此项租价，该公使如不提及，自未便向其讨索，若既照原议送来，亦未便拒绝不收。"最后，英国公使馆在租房的第三年，把租金交给了清政府——这让清朝大臣很意外，尽管意外，还是收了下来，因为涉及国际事务，那不只是一个钱的问题。

大清王朝的铁路惊梦

铁路路权是国家主权的象征。晚清几乎所有的重臣都关注、经办过铁路,然而,咔嗒咔嗒的铁轨之声,却是近代文明送给晚清的一场无法抹去的惊梦……

"咔嗒咔嗒",惊醒了古老的黑甜酣梦

1825年9月27日,世界上第一条行驶蒸汽机车的铁路在英国境内通车营业。

40年后,这"洋玩意儿"出现在中国。"同治四年(1865年)七月,英人杜兰德以小铁路一条,长可里许,敷于京师永宁门外平地,以小汽车驰其上,迅捷如飞。"当时"京师人诧所未闻,骇为妖物,举国若狂,几致大变"。

1866年,英国商人铺设从上海到江湾镇的一小段铁路,10年后,此段铁路进一步顺延到吴淞。1876年7月3日,这段全长约14.5公里的铁路正式通车营业,即中国近代史上著名的吴淞铁路。

铁路出现的早期,清政府想方设法地破坏。倡此议者包括当时的名臣曾国藩与沈葆桢,"自沈幼丹(即沈葆桢)任江督时,力主曾文正公铁路不宜筑之议,决意将重价购回拆毁"。

于是,吴淞铁路的寿命只有16个月,京师永宁门外的小铁路更是

没几天就被清政府拆毁了。清政府拆除吴淞铁路所花成本是28.5万两白银，更可笑的是，在当时交通工具简陋的情况下跋山涉水七百多公里，将拆除的铁轨和运营车辆等物全部运到台湾弃置。

1867年6月3日出版的《纽约时报》曾郑重其事地探讨，究竟在中国哪些地方修筑铁路能获得清廷的同意？但是，就当时而言，这只能是个梦。

清政府为什么不愿意造铁路？

首先是晚清政府僵化、专制。"作淫声异服、奇技奇器以疑众，杀。"（《礼记·王制》）中国古代统治者几乎都是仇视新事物，蔑视"高科技"的。19世纪90年代之前，铁路、蒸汽机车就被保守派视为"奇技淫巧"一类，根本就不愿意引进。

其次是迷信思想在作怪。当时全国上下甚至"饱学之士"都认为铁路会"妨碍我风水"。坏自家风水的事，决然不能做！

还有一条，因为"开设铁路，洋人可以任便往来""尽东其亩"，清朝统治者极力抵御西方的控制。

1879年，洋务派首领李鸿章为了将唐山开平煤矿的煤炭运往天津，奏请修建唐山至天津北塘的铁路，保守派以铁路机车"烟伤禾稼，震动寝陵"为由，要求将铁路缩短，仅修唐山至胥各庄一段，剩下的胥各庄至芦台间开凿运河。原来可建铁路一步到位的事，成了铁路运输加运河运输。

更绝的还在于：掌权派认为，唐山至天津一带，离诸皇陵很"近"，为避免机车"震动寝陵"，火车车厢应该由骡马牵引！

1887年还有文章认为："轮车之道贵径直而忌迂曲，毁庐舍，迁坟墓，既足以扰民……况蚩氓每惑于风水之说，牢不可破，一有举动，必致张皇，将至劝谕俱穷，纷然不靖。"（1887年2月19日《申报》之《轮车铁路利弊论》）

一百四十多年前的铁路,吓破了大清王朝的胆子。

洋务先驱与保守势力论战,亟亟奏起"铁路梦"

左宗棠平定西北,吃尽运输不继的苦头,"安西抵哈密计程十一站,千里而遥,经由戈壁,无台站,无水草,沙砾纵横,人马每多困踬"(佚名《清史列传》)。1885年,他在前线写信建议朝廷造铁路。

其实,在中国造铁路"讨论"了二十多年。

第一次大"讨论"是1865到1868年间。1864年前后,上海的外商建议在上海与苏州之间修铁路,被誉为西方铁路之父的麦克唐纳·斯蒂芬森为中国拟了一个《中国铁路计划》,以及1865年北京修小铁路等事件,都引起国内关于铁路的大"讨论"。这时讨论者主要从军事角度考虑,认为外国人在中国国土上修筑铁路,便于他们长驱直入控制中国。

1868年的"讨论"还关注到了经济作用,认为洋人在中国造铁路是"占我商民生计"。江西巡抚刘坤一说得很形象:铁路让洋人修筑,那么就会像"吸血管"一样"抽"中国人的鲜血,最终导致的结果将是"譬人一身,膏血既尽,则躯体随之"(《筹办夷务始末(同治朝)》卷五十五)。

倡导"师夷长技"的李鸿章更提出"与其任洋人在内地开设铁路电线,又不如中国自行仿办,权自我操",但是,"两宫(慈安、慈禧)亦不能定此大计(建铁路)"。

第二次大争论始于1880年。福建巡抚刘铭传奉诏至京,条陈:"铁路之利于漕赈、商矿,以及厘捐、行旅者,不可殚述;而于用兵一道,尤为急不可缓之图……转运枪炮军火,朝发夕至,十八省合为一气,一兵可抵数兵之用。"(佚名《清史列传》)这让清政府大为心动。

当时正值中俄伊犁边境争端,全国性的防务问题摆到了桌面上,清政府把刘铭传的《筹造铁路以图自强折》交大臣们讨论。

早在8年前，李鸿章因俄国侵占伊犁就曾首倡"改土车为铁路"。这一次，就刘铭传的折子，"(李)鸿章议有九便"(佚名《清史列传》)，赞成刘铭传的方案，还建议由其督办铁路公司。

大学士张家骧对修铁路完全持反对态度，认为建铁路"恐洋人深入内地，借端生事；恐民不乐从，徒滋纷扰；恐虚糜帑项，赔累无穷"。

一方是要求修铁路的洋务派地方大员，另一方是反对修铁路的顽固派——大多是朝廷官员，双方针锋相对。

顽固派们说，铁路一开，将导致社会动乱，会惊动山川之神、龙王之宫、河神之宅，"山川之神不安，即旱潦之灾易召"。因此铁路不能修。

铁路再好，洋务派没有事实支撑，因此，占据了道德制高点、张口即引经据典的守旧派反而得势。清政府裁定"铁路断不宜开"。

第三次铁路大争论是晚清关于铁路修建的一场最大的争论。1888年11月，李鸿章提出把津沽铁路延到北京通州，一石激起千层浪，以大学士恩承、尚书徐桐为代表的数十名京官上书阻止修筑铁路，但都是些陈词滥调，被李鸿章一一批驳。

与此同时，政治明星张之洞提出缓建津通线，另建京城到武汉的卢汉线，还以"七利说"全面击败了顽固派。

由于唐津铁路用事实证明了铁路的优越性，加上有醇亲王做后台，清廷最终采纳了洋务派之一的张之洞的建议，第三次铁路大争论，以洋务派胜利告结。

其实，身为直隶总督的李鸿章在铁路争论如火如荼的时候，就不动声色地搞铁路"试验田"了。1881年5月，李鸿章开始唐山到胥各庄的铁路工程，铁路当年11月修成，总长10公里，为中国自己修建的第一条铁路。

而后，李鸿章以运煤招商为名，把唐胥铁路逐渐延伸，修出了唐津铁路。其时，第三次铁路大讨论在唾沫横飞。自己做的饭，吃着香。李鸿章坐火车从天津到唐山，260多里地只用了一个半时辰，他大为得意。

1894年春，李鸿章督办的"关东铁路"之关内部分建成通车，然而，随着甲午战败、洋务派失势，加上《马关条约》的天价赔款，清廷没再修关外部分。"试验田"工程谢幕。

但是，李鸿章已经通过实践击破了顽固派的"迂论"，正式拉开了中国大建铁路的序幕。1896年10月，近代洋务运动干将盛宣怀被委任为铁路总公司督办，负责除了京奉铁路及其支线之外的全部官办铁路。

1905年9月，京张铁路开工，四年后通车，这是第一条完全由中国人设计、建造的铁路，其设计师詹天佑被称为"中国铁路之父"。

帝国主义列强频伸魔爪抢中国铁路，上演贪天大梦

中日甲午战争之后，各国在华势力争夺的一个重要目标就是铁路的直接修筑权。

德国人实现占领胶州湾的图谋后，立即就"雷厉风行"地修筑胶济铁路。为什么抓得这么紧？当时的德国驻上海领事道出了其中奥妙："盖我铁路所至之处，即我占地之所及之处。"这就是外国势力"筑路圈地"的战略所在：铁路筑到哪里，帝国主义对中国领土的占领就延伸到哪里！

外国势力抢造中国铁路大致分为两个阶段：一个阶段是1895年至1900年；另一个阶段为1900年至1911年。

第一个阶段。中日甲午战争后，俄国联合德、法两国出面干涉，使日本把辽东半岛退还中国。千疮百孔的清政府面对骤然增加的甲午大赔款束手无策，沙俄联手法国贷款4亿法郎，帮清政府填了这个大窟窿，趁机攫取了在中国建造"东三省铁路"的权利。"曩者日本议款于辽东九城，要我割让……议者遂谓俄人睻我，多欲引为奥援，国家降心相从，许其筑路于东三省。"（佚名《清史列传》）就是指这件事，"东三省铁路"于1903年7月完工通车，1924年后改称"中东铁路"。此外，沙俄又强行修建南满支路，完全夺取了纵横东北的铁路修筑权。

1896年6月，法国迫使清政府签订了广西龙州至云南镇南关铁路修建合同，取得铁路修筑权。

1897年7月，俄、法支持比利时银行团与清政府签订了《芦汉铁路借款合同》，实际控制了芦汉铁路。

1898年，德国攫取了山东胶济铁路修筑权，美国夺取粤汉铁路借款权和修筑权，英国夺取了津浦路、苏杭甬路、广九路、浦信路等路权。1896至1900年间，帝国主义强得了八次铁路借款权。帝国主义疯狂争夺中国的铁路，在当时引起了震惊，有文章指出："通中国之铁路，均属西人之铁路，路成而中国亦遂不国矣！"（《国闻报》1898年8月24日）

为什么外国势力如此热心于贷款给清政府修铁路呢？

一是外国金融资本家可以从中获得不错的利息；二是外国银行出借这种贷款并不需要提供分文现款，只给清政府该银行的支票，规定清政府只能向债权国的企业购买铁路器材，正好解决19世纪90年代欧美各国出现的钢铁产能过剩，以及经济大萧条问题；三是外国势力通过提供贷款可以控制中国铁路生命线。

第二个阶段是1900年至清朝覆灭。

据统计，1900年后，外国势力在中国直接修建、经营的铁路有滇越、沪宁、安奉等线，同期有外国资本参与修造的则有粤汉、正太、陇海等线。

值得一述的是，1905年后，俄国把长春到旅顺、大连的铁路让给日本，日本改称为"南满洲铁道"，并特任帝国参谋总长儿玉源太郎为"创设委员长"，军事色彩相当浓厚。铁路营业后，客票和货物运费须用日元付给，沿线各站常驻2万左右的日本警备队，还建有许多"附属设施"，掌握着行政、司法、警察等权。相当长时间内，我国东北铁路修筑权为俄、日两国所把持。

1911年，中国境内的铁路全长为9292公里，其中由帝国主义直接或间接投资而控制的为8342公里，达90%左右（宓汝成《帝国主义与中国铁路1847—1949》）。自1895年甲午战争以来的16年间，清政府为修建铁路所举借的外债累计达45952万余元（宓汝成《帝国主义与中国铁路1847—1949》）。据清朝资政院编的1911年"预算"，估计当年全国的财政收入为30191万两白银（费正清、刘广京《剑桥中国晚清史》），即41932万元左右，就是说，即便1911年全中国不吃不喝不花一文钱，也还不完铁路外债，这还不包括利息。

由此可见，大清朝的铁路到底控制在谁手里？

从外国势力手中收回路权，提倡民间建铁路

晚清最后十来年，大建铁路，或者借洋债官办，或是交给商办。

1889年，清廷正式批准卢汉铁路建设，张之洞说："筹办铁路，其最要以不外耗为本……何谓外耗？借洋款，用洋铁，必致坐受盘剥。"意思是中国造铁路应尽力自己修造，避免"借洋款，用洋铁"。

1901年，张百熙在奏疏中提出"曰铁路矿产，宜准令中外合办"（佚名《清史列传》）。官员的建议、修造铁路的实践以及当时局势，对清朝的铁路商办起到了促进作用。

清朝最后十年，一个深得民心的运动是从外国人手中收回铁路财政和铁路建筑的权利（李恩涵《晚清的收回矿权运动》）。外国资本势力深入掠夺中国铁路的行为，激起了国人的民族意识，"拒外债，保路权"，1903年以后的四年里，保路斗争风起云涌，商办铁路公司先后在全国十五个省份出现（宓汝成《中国近代铁路史资料》），最具代表性的是粤汉、苏杭甬两条铁路的斗争。

一条是粤汉铁路。收回粤汉铁路主权的斗争，是全国收回路权斗争的发端。1897年，湘、鄂、粤三省绅商得到清政府许可自设公司修建粤汉铁路，但因筹款不到位，没有施工。1898年，清政府与美国合兴公司签订了《粤汉铁路借款草合同》，1900年7月又签订了借款续约，规定粤汉铁路归其承办。

绅商对清政府出卖路权极其不满，没想到美国人还违反规定，未经中方认可就把粤汉铁路三分之二的股票卖给了比利时商人，而且，到1904年秋，干路寸轨未铺。还有不到一年时间，再怎么着也不可能实现"在五年内完成包括支路在内的全部工程"了。

绅商们在广州、汉口愤然掀起了声势浩大的"废约争路"、恢复权利的运动。中央政府不得不与美国公司交涉，终于用675万美元的高昂代价，于1905年8月收回了粤汉铁路路权，交给绅商筹款修筑，直到1911年，该铁路都是商办经营。

另一条是苏杭甬铁路。1905年、1906年，浙江、江苏两地绅商成立了两省的铁路公司"浙路公司"与"苏路公司"，自办铁路。但是，清政府对1898年同英国怡和洋行签订的苏杭甬铁路草约心有顾虑，同英国公使交涉，却毫无进展。

1907年秋，袁世凯担任外务部尚书，为处理苏杭甬铁路问题开了"方子"："部借部还"和借款、造路分为两件事办理。这看似规定苏杭甬铁路由中国自己造，实际上还是让英国公司通过借款控制了路权。11月，江浙一带绅商频频集会反对借外债修铁路，舆论激烈，甚至有人说："现在政府，直是外国人之政府，吾等必不听其命令。"（新加坡《中兴日报》1907年12月2日）

1908年3月,苏杭甬铁路改为沪杭甬铁路,清政府同英商签订了《沪杭甬铁路五厘利息借款合同》,规定由英国公司代购外洋材料机器,借款期内"选用英人作总工程师",重大问题"由总办与总工程师商酌办理"。

苏浙两个铁路公司继续于1910年向清政府提出废约、退款和撤回英国总工程师的要求。1911年,清政府只得再同英国人协商,废除英国公司对于沪杭甬铁路的贷款,撤回英国总工程师。沪杭甬铁路的保路斗争最终胜利。

在以上两条铁路收回路权运动的带动下,1905至1911年间,收回路权的斗争几乎遍及全国绝大部分省区。

政府丧失公信力,强制铁路国有,诱发惊天噩梦

1911年5月8日,清政府"皇族内阁"成立,第二天就发出《上谕》将"干路均归国有,定为政策","操盘手"是邮传部大臣盛宣怀。

"粤、川、湘、鄂四省所抽所招之公司股票,尽数收回,由度支、邮传两部特出国家铁路股票。"(《清史稿》卷一百四十九)实施方案是:以前民间修铁路的投资,湖南、湖北的照本发还,广东的发还六成,其余四成算作没有利息的国家铁路股票,四川商人的投资,因为已经亏空了不少,所以只退还700万两白银。铁路国有的命令,激起轩然大波。

一方面,绅商感觉被政府"坑"了。

1905年,清政府同意把粤汉铁路湖北段归该省地方政府管理,湖南段和广东段交给私人经营。张之洞去世后,粤汉铁路建成遥遥无期,更谈不上绅商们的利润回报了。

政府突然提出铁路国有,不啻从饿虎嘴中夺食!在国人尤其是筹资的绅商们看来,铁路权在外国人手中的时候,政府睁一只眼闭一只眼,在老百姓手上,政府立即就凶巴巴地来"抢"!而且,这与1903年国家修筑铁路政策相违背。

另一方面，政府觉得自己被绅商们"骗"了。

铁路修建非常缓慢，1908年，清政府派出四路人马去"查勘"，这一查，问题多多。商办铁路股东之间不仅有派别斗争，而且，公司账务管理不善、高级职员贪污成风，效率低下，工程质量很差。

及至1911年，粤汉铁路公司实收资本约1600万元，其中已花的大约1000万元只铺设了72公里长的铁轨，商办公司信誉扫地。大多数股东抗议铁路国有，与其说是因为私营企业的告吹，还不如说是因为他们收到偿还的现金只有自己当初投入资金的六成（费正清、刘广京《剑桥中国晚清史》）。

川汉铁路的资金只有六分之一到位，管理也成问题，1910年，出纳人员"亏倒路股百九十余万"（《清史稿》志一百二十四）。

政府对于商办铁路的评价是：绅商集股，各设公司，奏办有年，多无起色。清政府坚定地认为，铁路具有重大战略意义，不能让私营企业家去办！

清政府决定把川汉和粤汉两铁路统统收归国有，再向四国（英、美、德、法）银行财团举借六百万英镑作为修筑粤汉铁路之用。为此，四川、湖北、湖南、广东的绅商人士强烈反对，这几个省的督抚被责成去镇压骚乱，但连他们也对绅商颇表同情（费正清、刘广京《剑桥中国晚清史》）。这样一来，问题就复杂化了。

最初只是经济领域的官民之争，现在渐渐成为民间对抗政府的政治抗争。政府形象和信誉已跌落谷底，失去了公信力。铁路国有化被看作政府与西方银行勾结出卖国家主权的行为，绅商们以反对借外债为由反对铁路国有，进而保护自己的利益，最终引爆了1911年的"火药桶"。

"然不揣其本，不清其源，变法太锐，求治太急，朝局水火，萧墙干戈，忧未艾也。"这是盛宣怀在1898年对"百日维新"的评价，或许,这也可作为他1911年推行铁路国有政策的写照。

"操盘手"盛宣怀不可避免地成了替罪羊。"今盛宣怀事前毫无预备,徒仰仗借款,突然将批准各案奏请一律取消……陷朝廷以不信,示天下以可疑,群起抵抗……盛宣怀刚愎自用,不洽舆情,已可概见,应如何惩处,以儆将来。"(《清史稿》卷一百四十九)尽管清政府把责任朝盛宣怀身上推,还撤了他的职,但是大清朝已没有"将来"了。

综合来看,清政府的铁路干路国有,笔者认为有以下诸点失误:一是政府失信于民,不顾政府形象,强夺民众之利;二是措置操切,失之盲目自大,新政策不能稳妥推进,不注重方式方法;三是用人失策,政府框架中缺乏顺应时代、通权达变的经世人才;四是晚清积聚多年的民众宿怨、社会矛盾,没有得到有效化解,历史性地堆积到"铁路国有"的火山口上。

于是,铁路成了时代鼎革的导火索,成为统治中国267年的大清朝的一场噩梦。

参考文献

1. （西周）周公旦.《周礼》（徐正英、常佩雨注本）.北京：中华书局，2015.
2. （东周）左丘明.《国语》（陈桐生注本）.北京：中华书局，2014.
3. （汉）司马迁.《史记》.北京：中华书局，1982.
4. （宋）司马光.《资治通鉴》（胡三省注本）.北京：中华书局，2009.
5. （汉）班固.《汉书》（颜师古注本）.北京：中华书局，2016.
6. （南朝宋）范晔.《后汉书》（李贤等注本）.北京：中华书局，2000.
7. （晋）陈寿.《三国志》（裴松之注本）.北京：中华书局，2015.
8. （北齐）魏收.《魏书》.北京：中华书局，2017.
9. （唐）魏征等.《隋书》.北京：中华书局，2015.
10. （宋）欧阳修，宋祁.《新唐书》.北京：中华书局，2015.
11. （元）脱脱等.《宋史》.北京：中华书局，1985.
12. （明）宋濂等.《元史》.北京：中华书局，2013.
13. （清）张廷玉等.《明史》.北京：中华书局，2013.
14. 赵尔巽等.《清史稿》.北京：中华书局，2010.

15.（清）国史馆.《清史列传》（王锺翰点校本）.北京：中华书局，2005.

16.（唐）郑处诲.《明皇杂录》（田廷柱点校本）.北京：中华书局，2015.

17.（唐）刘肃.《大唐新语》（许德楠、李鼎霞点校本）.北京：中华书局，2013.

18.（唐）张鷟.《朝野佥载》（赵守俨点校本）.北京：中华书局，2012.

19.（宋）潘汝士.《丁晋公谈录》（杨倩描、徐立群点校本）.北京：中华书局，2013.

20.（宋）邵伯温.《邵氏闻见录》（李剑雄、刘德权点校本）.北京：中华书局，2012.

21.（宋）钱易.《南部新书》（黄寿成点校本）.北京：中华书局，2014.

22.（宋）赵彦卫.《云麓漫钞》（傅根清点校本）.北京：中华书局，2007.

23.（宋）沈括.《梦溪笔谈》（金良年点校本）.北京：中华书局，2016.

24.（宋）叶梦得.《石林燕语》（李欣注本）.西安：三秦出版社，2004.

25.（宋）朱弁.《曲洧旧闻》（孔凡礼点校本）.北京：中华书局，2013.

26.（宋）李心传.《建炎以来朝野杂记》（徐规点校本）.北京：中华书局，2013.

27.（宋）陆游.《家世旧闻》（孔凡礼点校本）.北京：中华书局，2012.

28.（宋）孟元老.《东京梦华录》（王莹注本）.北京：中国画报出版社，2016.

29.（明）陈洪谟.《继世纪闻》（盛冬铃点校本）.北京：中华书局，2007.

30.（明）于慎行.《榖山笔麈》（吕景琳点校本）.北京：中华书局，2007.

31.（明）叶权.《贤博编》（凌毅点校本）.北京：中华书局，2008.

32.（明）沈德符.《万历野获编》（杨万里点校本）.上海：上海古籍出版社，2012.

33.（明）李清.《三垣笔记》.北京：中华书局，1982.

35.（明）叶盛.《水东日记》（魏中平点校本）.北京：中华书局，2007.

36.（清）顾炎武.《日知录校注》（陈垣注本）.合肥：安徽大学出版社，2018.

37.（清）昭梿.《啸亭续录》（何英芳点校本）.北京：中华书局，2010.

38.（清）陈其元.《庸闲斋笔记》（杨璐点校本）.北京：中华书局，2007.

39.（清）钱泳.《履园丛话》（张伟点校本）.北京：中华书局，2006.

40.故宫博物院明清档案部 编.《李煦奏折》.北京：中华书局，1976.

41.（清）梁章钜.《归田琐记》（于亦时点校本）.北京：中华书局，1981.

42.（清）梁章钜，朱智.《枢垣记略》.北京：中华书局，2008.

43.（清）龚炜.《巢林笔谈》（钱炳寰点校本）.北京：中华书局，1997.

44.（清）金埴.《不下带编》（王湜华点校本）.北京：中华书局，2008.

45.赖洪波，李若彬 编.《林则徐在伊犁》（日记、诗钞、书信）.伊犁：伊犁哈萨克自治州地方志编撰委员会，1987.

46.（清）翁曾翰.《翁曾翰日记》.南京：凤凰出版社，2014.

47.（清）欧阳兆熊，金安清.《水窗春呓》（谢兴尧点校本）.北京：中华书局，2007.

48.（清）左宗棠.《左宗棠未刊书牍》.长沙：岳麓书社，1989.

49.（清）张佩纶.《张佩纶日记》.南京：凤凰出版社，2015.

50.（清）黎庶昌，王定安等.《曾国藩年谱》（李瀚章、李鸿章审定本）.长沙：岳麓书社，2017.

51.徐珂.《清稗类钞》.北京：中华书局，2012.

52.吕思勉.《中国通史》.北京：群言出版社，2017.

53.孟森.《明史讲义》.北京：中华书局，2011.

54.钱穆.《国史大纲》（修订本）.北京：商务印书馆，2004.

55.钱穆.《中国经济史》.北京：北京联合出版公司，2014.

56.侯厚培.《中国货币沿革史》.太原：山西人民出版社，2014.

57.戚其章 编.《中日战争》.北京：中华书局，1994.

58.漆侠.《中国经济通史》（宋代经济卷）.北京：经济日报出版社，1999.

59.马南邨.《燕山夜话》（合集）.北京：北京出版社，1979.

60.邓广铭.《北宋政治改革家王安石》.北京：生活·读书·新知三联书店，2017.

61.张后铨 编.《招商局史》（近代部分）.北京：中国社会科学出

版社，2007.

62.唐浩明 编.《曾国藩日记》.长沙：岳麓书社，2015.

63.陈锋.《清代盐政与盐税》（第二版）.武汉：武汉大学出版社，2013.

64.张雁南.《唐代消费经济研究》.济南：齐鲁书社，2009.

65.陈江.《明代中后期的江南社会与社会生活》.上海：上海社会科学院出版社，2006.

66.张明来，张含梦.《中国古代商业文化史》.济南：山东大学出版社，2015.

67.黄仁宇.《明代的漕运》.张皓，张升 译.厦门：鹭江出版社，2018.

68.牟复礼，崔瑞德 编.《剑桥中国明代史》.张书生 译.北京：中国社会科学出版社，1992.

69.费正清，刘广京 编.《剑桥中国晚清史》.中国社科院历史所编译室 译.北京：中国社会科学出版社，1985.

70.木宫泰彦.《中日交通史》.陈捷 译.太原：山西人民出版社，2015.

71.上田信.《明清时代：海与帝国》.高莹莹 译.桂林：广西师范大学出版社，2014.

跋

中华文明已有五千多年。五千多年来,政治、军事、经济、文化以及自然和气候变化等都可能改变历史的步伐和轨迹,而其中,经济的功能正如大家所周知,是基础。

广义上的经济是人类生存、社会发展和时代变革或进步的极其关键的因素。古今中外,关于经济的雄文大著,汗牛充栋,灿若星河。而本书的这个"另类"是指在宽泛驳杂的历史阅读基础上,从自己的角度,独立观察,独立思考,以较为平易的文字来叙述我国古代经济领域的历史或者掌故,其必然有与众不同之处,并非刻意追求奇特、怪异。但愿这一点不让诸位失望。

《千年手账——中国古代经济的另类观察》中的文章,如从架构上来看,既有我国古代社会"宏观的"国计民生和商业,也有"微观的"个体的衣食住行。乍一看,似为庞杂,实际上内里有条线。什么"线"?我的想法,这条"线"就是"生活"。人有人的生活,团队有团队的生活,组织有组织的生活,国家有国家的生活,以此类推,古代王朝也有王朝的生活。

"左史记言,右史记事",是我们老祖宗的好传统,左史、右史就是记录古代国家和君王的事迹的官员,没有他们,现在的我们哪能拥有如此详细完备、传承文明的中国古代史?中华文化之所以在世界文明史上能有如此巨大的影响力和传播力，应该说跟古代史家的担当和勤奋密切相关。

众所周知，历史有所谓的正史和野史之分，简单说，正史是官方修订的历史文本，而野史是民间叙写的历史文本。它们的利弊好坏，见仁见智，不是我所能、所想在这里讨论的话题。但是，多年的多类型历史文本阅读给我以启发，并使我养成了一个习惯，就是记录一些生活中的事情。我还会经常取出20多年前的文字记录跟家人分享，实践证明，大家都很感兴趣。一个朋友说，你这记录就像流行的"手账"。不承想，我一个古板的人（妻子一直如此评论我），还赶上了一个"流行"。生活有了"手账"，往事历历在目，乐趣多多，俨然一部可存可读可传的通俗"家乘"。

以我俗眼来看，经济这个宏大的主题，在皇皇巨著之外，或许也应该有些"手账"。本书所选文章，包含古代国家理财收税、民间百姓婚嫁住房、士人官员之间人情往来、市井商界纷繁百态，等等，一一搜集整理，分门别类、尽我所能地呈现出来，而且，文章尽量做到史料性和可读性兼顾。"手账"应该是鲜活的真实，而非插科打诨的演义。

往事越千年。"千年"是泛指，前面可以加"N"，"思接千载，视通万里"，也能给人以无限神往和遐想。读历史，既要看微观，也不可放弃宏观，于是，脑海里突然就冒出"千年手账"这个书名。书中所汇集文章，部分是几年前《看历史》杂志上我的专栏文章——承当时编辑部诸位编辑老师的厚爱，这个专栏开了两年多时间，其中真切感受到编辑老师们做事的认真、宝贵的默契和暖暖的关心——当成都时代出版社副总编庞惊涛跟我提出，拟以当时在《看历史》上《古代经济手账》专栏的文字为基础汇集丰富成一本书时，我欣然领命。

一切历史都是现代史。现代也正在一点一点地成为历史。其实，我们所见的历史皆可称为古人之"手账"，那么，今天的"手账"难道不是明天的历史？"我伸我见，我为我文，不必不学古人，亦不必强学古人；不必不从今人，亦不必盲从今人。"或许，这是阅读历史类书籍的一个小态度吧。

在衷心感谢出版社领导和编辑老师们辛勤付出的同时，希望读者能喜欢这本集子，限于作者的见解和学识，瑕疵难免，也请读者不吝批评指正！

李晓巧

壬寅春，于金陵润石堂

图书在版编目（CIP）数据

千年手账：中国古代经济的另类观察 / 李晓巧著
. -- 成都：成都时代出版社，2023.4
ISBN 978-7-5464-3179-6

Ⅰ. ①千… Ⅱ. ①李… Ⅲ. ①中国经济史—古代—文集 Ⅳ. ① F129.2-53

中国版本图书馆 CIP 数据核字 (2022) 第 216169 号

千年手账：中国古代经济的另类观察
QIANNIAN SHOUZHANG ZHONGGUO GUDAI JINGJI DE LINGLEI GUANCHA

李晓巧 / 著

出 品 人	达　海
选题策划	庞惊涛
责任编辑	陈　胤
责任校对	阚朝阳
责任印制	黄　鑫　陈淑雨
封面设计	成都九天众和
装帧设计	成都九天众和
插　　图	李嘉澍

出版发行	成都时代出版社
电　　话	（028）86742352（编辑部）
	（028）86615250（发行部）
印　　刷	成都博瑞印务有限公司
规　　格	165mm×230mm
印　　张	22.25
字　　数	300 千
版　　次	2023 年 4 月第 1 版
印　　次	2023 年 4 月第 1 次印刷
书　　号	ISBN 978-7-5464-3179-6
定　　价	78.00 元

著作权所有·违者必究
本书若出现印装质量问题，请与工厂联系。电话：（028）85919288